수업 양장점

정성으로 지은 그림책 & 프로젝트 수업 이야기

✦ 정성으로 지은 그림책 & 프로젝트 수업 이야기 ✦

김수미, 이민아

도서출판
수류화개

| 목차 |

Ⅰ. 수업 양장점을 오픈합니다

1. 만남 … 009
김수미가 전하는 이민아와의 만남 / 이민아가 전하는 김수미와의 만남

2. 개업기 … 016
이민아 디자이너 개업기 / 김수미 디자이너 개업기

3. 수업 브랜드 히스토리 … 023
김수미 디자이너 수업 철학 엿보기 / 이민아 디자이너 수업 철학 엿보기

Ⅱ. 열두달 그림책 수업 룩북

1. '나'를 탐구하는 삼월 … 037
있는 그대로의 나 받아들이기 / 매일 하는 것의 의미 / 실수로부터 배우기 /
나만의 특징을 '특별히' 여기기 / 나를 둘러싼 가장 중요한 환경, '가족' 탐구하기

2. '자연'과 함께하는 사월 … 069
마지막 섬을 지키기 위해 우리가 할 수 있는 일 /
환경을 위해 조그만 손으로 우리가 할 수 있는 일 / 아름다운 대한민국

3. '우리'가 무르익는 오월 … 091
칭찬의 말, 공감의 말을 연습해요 / 함께하는 교실 공간 디자인하기 /
위로의 말, 조언의 말을 연습해요

4. '좋은 삶'을 고민하는 유월 … 114
민주주의 어렵고 아름다운 것 Ⅰ / 민주주의 어렵고 아름다운 것 Ⅱ /
우리의 모습 그대로[Just the way we are] /
흑인의 삶도 소중하다[Black lives matter]

5. '시'와 '쉼'이 있는 칠팔월 ... 140
   12살, 짜릿한 몸과 마음의 변화 / 빗대어 표현해보는 더 솔직한 내 마음 /
   부모님은 내가 태어난 날 어떤 마음을 품으셨을까 / 여행자의 마음 나누기 /
   시골, 농사, 할머니 참 다정한 단어들

6. '예술'과 만나는 구월 ... 174
   오일 파스텔 그리기 / 지우개 도장 만들어 판화 찍기

7. '읽는 기쁨'이 가득한 시월 ... 186
   열세 살, 안 불량한 국어 여행을 떠나다 /
   다름을 존중하는 아름다운 세상을 꿈꾸다 / 한글, 그 우수함과 아름다움에 대하여

8. '꿈'을 길어 올리는 십일십이월 ... 211
   다양한 진로 가치 살피기 / 선택의 갈림길에서 현명한 선택하기 /
   나의 꿈 담은 미래 자서전 만들기

Ⅲ. 사이즈별 프로젝트 수업 룩북

1. **11세 사이즈(4학년) ... 235**
   우리는 꼬마 창업가 / 세종시 공공기관 유 퀴즈! / 지역 인물 만화 작가 도전기 /
   편견과 차별 극복을 위한 나눔 장터 열기

2. **12세 사이즈(5학년) ... 271**
   산지, 하천, 해안, 섬, 평야 어디로 떠날까?

3. **13세 사이즈(6학년) ... 281**
   떠나요! 세계 여행 / 우리가 만드는 수학여행

에필로그 ... 305

I.
수업 양장점을 오픈합니다

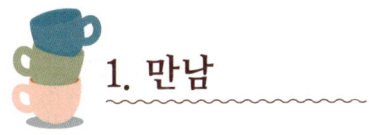# 1. 만남

김수미가 전하는 이민아와의 만남

 이민아를 처음 만난 것은 2018년 PDC(학급 긍정 훈육법) 모임에서였습니다. 그날 그녀는 모임에 한 시간 정도 늦게 도착했는데, 선약으로 음악수업연구회 모임이 잡혀있었고 그녀는 그 모임의 회장으로 모임을 정리하고 오느라 늦었다고 했습니다. 늦어서 미안하다는 이야기를 전하며 새로운 사람들에게 공손하고 살갑게 인사를 건네는 이민아에게서 단정하고 건강한 기운이 뿜어져 나왔습니다. 근무를 끝내고, 연구회 하나를 끝내고, 두 번째 모임에 부리나케 달려온 사람 같지 않게 이민아에게는 싱싱하고 손상되지 않은 기운이 있었습니다.

 '참 깨끗해서 들이마시고 싶은 사람이다.'

 이민아에 대한 저의 첫인상입니다. 그리고 궁금해졌습니다. 제가 꼭 서열을 따지는 그런 어려운 사람은 아닙니다만, 본능적으로 또래의 여성을 만나면 그녀가 언니일까, 동생일까 궁금해지더라고요. 인생이든, 교직 생활이든 앞서 조금 먼저 걸어간 '언니'가 필요하다고 생각한 때라 아마 김수미는 그녀가 '언니'이길 바란 것도 같습니다. PDC 모임장이 이민아와 김수미는 동갑이라고 알려주었습니다.

'나도 한 동안 하는데 저분도 동안이네.'

이민아에 대한 저의 두 번째 인상입니다. 이후 그녀와 어떤 대화를 나누었는지, 그녀가 어떤 인상을 남겼는지 쓸 수 있으면 좋겠지만 그런 일은 일어나지 않았습니다. 그녀가 첫 인사를 나눌 때 우리는 마지막 인사를 나누던 중이었거든요. 모임을 가진 학교를 나서니 하늘이 까맣게 물들었습니다. 한 아이도 소외되지 않는 학급 분위기를 만들려고 퇴근 후까지 모여 고민하는 사람들이 이상하고 귀하다는 생각이 그날 밤 한 귀퉁이를 밝혔습니다. 그리고 모임이 끝날 것을 알면서도 굳이 멀리서 달려와 첫인사를 건네고 가는 이민아가 눈에 밟혔습니다. '굳이' 무언가를 하는 사람들에게서 뿜어져 나오는 건강하고 또렷한 기운이 나를 각성시켜 쉬이 잠들지 못한 밤이었습니다.

바로 그 첫 모임으로부터 멀지 않던 어느 주말, 김수미는 이민아와 하룻밤을 함께 보내게 됩니다. 이 무슨 운명의 아니 교육청의 장난인가요. 교육청에서 주최한 1박 러닝 퍼실리테이터 연수에서 이민아와 김수미는 운명처럼 같은 방을 쓰게 되었습니다.

수업 얘기를 하다 밤을 새운 건 그날이 처음인 것 같아요. 김수미와 이민아는 수업에 대한 열망, 수업 나눔에 대한 열망, 성장에 대한 열망을 긴긴 밤 지치지도 않고 펼쳐 놓았습니다. 이상하고도 아름다운 밤이었습니다.

'나 정말 이렇게 나이 들어도 되나.'

종종 훌쩍 큰 제자들이 찾아오면 몰라보게 자란 모습에 감격하면서도 반면 나는 제자리걸음인 것 같아 아이들을 보내고 수심에 잠길 때가 있습니다. 기뻐야 하는 순간인데 동시에 마음이 서늘해집니다.

분명 유명한 책에서 하루 세 시간, 그러니까 일주일에 스무 시간씩 총 1만 시간을 연습하면 어느 한 분야의 진정한 전문가가 될 수 있다고 한 것 같은데 그 규칙이 나만 빗겨나가는 것 같은 건 기분 탓일까요. 벌써 최소 1만 3천 시간 이상을 수업하는 데 썼을 텐데도 저는 여전히 교사로서 제가 충분히 무르익었는지 확신하기가 어렵습니다. 교사가 교실에서 만들어 내는 변화는 미미하고 또 정량화할 수 없어서요.

김수미와 이민아가 같이 보낸 그 밤은 마음의 주파수가 맞아 통한 날이었습니다. 이민아도 같은 고민을 품고 있었거든요. 정말 이렇게 나이 들어도 되나, 나 잘하고 있나, 내가 오십 개의 눈을 책임질 만한 그릇이 되는 사람인가. 그 밤은 같은 고민을 품고 있는 동료가 있음에, 그 사실만으로도 위로가 된 그런 아늑한 밤이었습니다.

교사 월급의 절반은 보람이라는데, 급변하는 세태 속 교사에 대한 시선도 많이 달라졌습니다. 보람은 고사하고 '교사의 열정은 민원을 부른다.'는 자조적인 명언이 공감을 얻는 실정이지요. 이런 혼돈 가운데, '그럼에도 불구하고' 김수미와 이민아는 밤을 새워 '수업'을 이야기했습니다. 얼마나 아름다운 일인가요.

"우리 다음에 또 만나." 우리들의 마지막 인사가 으레 주고받는 인사가 되지 않도록 저는 늦은 밤까지 수업을 나누는 모임을 만들었고 그 모임에 이민아를 초대하였습니다. 그리고 그 모임은 그날 이후 꾸준히 지속되고 있습니다. 2명에서 시작한 모임이 현재는 10명이 정기적으로 모일 정도로 규모가 커졌습니다. 그리고 김수미와 이민아는 정성스레 지어놓은 수업을 놓고 커피와 빵을 곁들여 수다 떠는 것을 좋아하는 3년차 수업 친구가 되었습니다.

여전히 그 밤보다 우리가 더 나은 교사가 되었는지 알 수 없지만, 여기 종이 위에 우리들이 디자인한 수업 이야기를 조심스레 꺼내놓습니다. 이 수업들이 '훌륭한' 수업인지는 모르겠으나 김수미와 이민아의 고민과 정성이 들어간 수업인 것만은 분명합니다.

김수미와 이민아는 한 땀 한 땀 정성스레 수업을 짓는 수업 디자이너입니다. 수업 수다를 떨다 보면 수업에 대해서, 더 나아가서는 삶에 대해서 수많은 '영감'을 얻고 '성찰'을 하게 됩니다. 이 책은 이민아와 만나 즐거운 수업 수다를 나눈 지난 수업들의 기록입니다. 마치 미숙한 자식을 내어놓는 양 쑥스럽고 수줍은 마음이 많습니다. 물론 이민아만요. 사실 김수미는 눈치와 염치가 없어서 신이나 글을 썼습니다. 이 책에 담긴 우리들의 수업이 더 많은 동료에게 수업에 대한 '영감'을 불러일으킨다면 좋겠습니다.

어서 오세요,
여기는 김수미·이민아의 수업 양장점입니다. 고민과 정성으로 지은 수업들을 만나보세요.
그럼 즐거운 시간을 보내기 바랍니다.

이민아가 전하는 김수미와의 만남

사람 사이의 이끌림과 인연에 대해 믿으시나요? 천생연분은 태어날 때부터 새끼손가락에 안 보이는 실이 묶여있다는 믿거나 말거나식의 이야기가 전해 올 만큼 사람들은 인연에 대한 공공연한 믿음이 있습니다. 친구 사이의 인연은 어떨까요? 김수미는 저에게 그런 소중한 인연이라 감히 말하고 싶습니다.

PDC를 공부하는 모임에서 만난 그녀의 첫 인상은 '당당하고 멋진 사람'이었습니다. 연수자에게 자기 생각을 말하고 질문을 주고받으며 분위기를 주도하는 김수미를 보며, 그저 조용히 듣는 것을 즐기고 사람이 많은 자리에서 이야기하는 것을 꺼리는 나와는 다른 모습에 동경의 마음도 생겼습니다. 하지만 김수미와의 첫 인연은 그렇게 짧은 인사로, 대화 한 마디 나누지 못한 채 얼굴과 이름만을 겨우 익힌 채로 끝이 났습니다.

그러던 어느 날, 교육청에서 개최한 '그림책 수업' 연수에서 김수미를 또 만나게 되었습니다. 김수미가 나를 알아보았는지는 모르겠지만, 저의 눈길은 그녀에게 갔습니다. 김수미에게서는 멋지고 당찬 아우라가 풍겨나고 있었기 때문입니다. 김수미와 나에게는 '그림책 수업'이라는 공통 관심사가 있구나 싶어 내심 혼자 즐거웠지만, 소심한 저는 결국 인사를 건네지 못하고 돌아왔습니다.

김수미를 만나게 된 세 번째 인연은 1박 2일로 진행된 러닝 퍼실리테이터 연수에서였습니다. 교사는 학생의 배움을 퍼실리테이트(촉진, 조장)하는 존재가 되어야 한다는 요지를 담은 연수를 들으며 학생 주도의 수업에 대해 생각해보는 하루를 보냈습니다. 연수를 들은 그날 김수미와 저는 룸메이트가 되었고, 연수가 끝난 저녁 우리는 마치 십년지기가 다시 만난 것처럼 밤이 깊을 때까지 교육에 대한 수다를 떨었습니다. 정확히 어떤 이야기들이 오갔는지는 기억나지 않지만, 당시 교실에서 갖고 있던 고민들, 앞으로 공부하고 싶은 것들, 나아가 어떤 교사, 어떤 사람이 되고 싶은지까지, 오늘 처음으로 대화를 나눈 사람들이라는 생각이 들지 않을 정도로 깊은 대화가 오갔습니다. 그날 김수미는 저에게 많은 영감을 주었고 배울 것이 많은 사람이라는 생각이 들어 인연을 이어나가고 싶어졌습니다.

그날의 대화 중 우리 인연을 엮어준 것은 '책과 배움'이었습니다. 저는 나의 부족함을 발견할 때 주로 그 해답을 연수나 책에서 찾곤 했습니다. 혼자 가면 빨리 가고 함께 가면 멀리 간다고 했던가요. 저는 함께 교육과 관련된 도서를 읽고 나누는 모임, 그리고 수업에 대해 이야기 나누는 모임이 고팠습니다. 김수미에게 "나중에 그런 모임을 만들게 되면 꼭 연락 줘!"라는 말을 마지막으로 남기고 그녀와 헤어졌습니다.

그렇게 시간이 흐른 뒤, 정말 김수미에게 연락이 왔습니다. '그들쌤(그림책 들려주는 선생님)'이라는 모임을 하고 있으니 함께 할 수 있는지 물어왔습니다. 저는 망설임 없이 함께하겠다 답을 했고 그 인연이 지금까지 이어오고 있습니다.

우리가 함께 어떤 공부를 하며 인연을 이어가느냐고 묻는다면 '우리의 삶을 나누고 공부한다.'고 이야기하고 싶습니다. 우리의 모임은 각자의 삶에서, 교실에서 필요하다고 느끼는 것, 각자가 공부하고 싶은 것을 공부하는 모임입니다. 우리는 모두 다른 사람이고 서로 다른 교실에 서 있으며, 다른 아이들을 만나고 있기에 삶에 대한 물음과 관심사가 모두 같을 수는 없습니다. 나에 대한 탐구를 시작했을 뿐인데, 자연스레 교실 속 고민에 대해서도 답을 찾아가는 신통한(?) 일을 지금도 경험하고 있습니다.

수업에 대한 이야기를 나누다보면 대화가 깊어져 자연스레 '나'는 어떤 사람인지, 어떤 교사가 되고 싶은지, 만나는 아이들을 어떤 아이들로 기르고 싶은지 등 교육자로서의 삶과 교육 철학까지 다루게 됩니다.

이제는 우리의 관심사가 명확해졌습니다. 바로, 수업, 그림책, 아동문학 작품 함께 읽기입니다. 아이들의 삶과 관련된 수업을 실천하는 것에 대해 이야기하다 보니 자연스레 '프로젝트 수업'에 대해 공부하게 되었습니다. 교사가 전하고 싶은 이야기를 은유적으로, 효과적으로 적용할 수 있는 매개체이자 아이들과 귀한 대화의 물꼬를 터줄 '그림책', '아동문학'에 대해서도 함께 공부하게 되었습니다.

오늘도 우리는 삶을 나누기 위해 모입니다. 교육자로서 사는 삶은 수많은 아이들에게 영향을 주는 삶이기에 그 어깨가 무거운 것이 사실입니다. 그렇지만 이 무거운 어깨의 짐은 함께 나누면 훨씬 가벼워짐을 알기에 오늘도 우리는 함께 모여 밤이 깊어가도록 교육에 대한 이야기를 나눕니다.

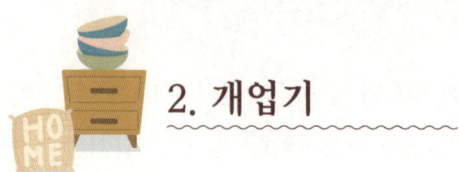

2. 개업기

이민아 디자이너 개업기

 수업 양장점에 오신 것을 환영합니다. 저는 수업 양장점의 수업 디자이너 이민아입니다. 어느새 교실에서 아이들과 함께 하는 삶을 시작한 지 10년이 되어갑니다. 이제 조금씩 저의 결에 맞게 수업을 디자인하고 있어요.
 일반적인 기성복 가게와는 달리 양장점은 디자이너의 철학과 고유의 디자인이 담긴 옷들로 손님을 맞습니다. 양장점에서는 고객의 신체 사이즈와 요구 사항에 꼭 맞도록 고객 맞춤형 옷을 제작합니다. 저희 수업 양장점도 그렇습니다. 수업 디자이너의 철학과 삶이 담겨있는 수업을 디자인하고, 그해 만난 아이들의 흥미와 관심에 맞게 수업을 만들어나갑니다.
 거창하게 운을 떼었지만, 저는 제 수업이 특별하다거나 잘한다라고 한 번도 생각해본 적 없습니다. 저는 그저 교실에서 평범하게 하루의 수업을 지어가는 평범한 수업 디자이너일 뿐입니다. 저는 아직도 제 수업을 내보이거나 공유할 일이 생길 때면 많이 주저합니다. 그렇지만 제 나름의 고민이 담긴 수업의 성공담과 실패담을 적어보면서 지난 10년간 저의 수업 디자이너 인생을 돌아볼까 합니다. 혹시 모르지요. 누군가에게는 수업에 대한 제 고민과 성찰의 기록이 도움이 될지도 모르는 일이니까요.

그동안 수업에 대한 고민과 성찰의 결과, 수업에는 '교사의 삶과 철학'이 담겨야 한다는 결론을 내렸습니다. '교사의 삶과 철학이 담긴 수업'이라니. 말부터 참 어렵습니다. 저는 왜 이런 결론을 내렸을까요?

교직 초반을 떠올리면 저는 교사라는 직업에 대해 큰 고민 없이 교단에 선, 서툶과 열정만 가득한 그런 교사였습니다. 진심으로 아이들을 대했지만 그 방법은 한없이 서툴렀습니다. 교대에서 배운 지식은 머릿속을 그득 채우고 있었지만 이 지식을 어떻게 교실에서 적용해야 할지 잘 몰랐습니다. '실천지'는 하루 아침에 길러지는 것이 아닌데, 교직에 선 처음 몇 해는 야생에 맨몸으로 던져진 것처럼 매일이 두렵고 외로웠습니다. 이 마음을 숨기기 위해 저는 아이들을 더 엄격하게 대했습니다. 어떻게 해결하는 것이 맞을지 알 수 없는 사건과 사고를 끊임없이 맞이하며 고달픈 나날을 보냈습니다. 수업보다는 생존을 위한 나날을 살며 하루살이처럼 다음 날 수업을 준비하기에 바빴습니다. 길고 지치는 하루의 끝에는 서글픔과 공허함이 있었습니다. 교사라면 느낀다는 '보람'이라는 감정이 나에게만 어려운 것 같아 슬펐습니다.

부족함, 공허함과의 이별을 위해 저는 진정한 '공부'를 시작하게 되었습니다. 그동안의 공부가 입시, 선발을 위한 수동적인 공부였다면, 이때부터의 공부는 적극적으로 저의 삶을 바꾸기 위한 공부였습니다. 도서관에서 학급운영, 수업과 관련된 선배 교사들의 책을 잔뜩 빌려다 읽기도 하고, 그 책 저자 선생님들의 온라인, 오프라인 연수를 찾아다 녔습니다. 열심히 배우고 교실에서 실천했습니다. 그러면서 조금씩 조금씩 저의 교실이 좋아지는 것을 느끼기 시작했습니다.

책의 저자들이 공통으로 전하는 메시지가 있었습니다. 바로 '자신을 알고, 자신만의 교육철학을 세워라.'였습니다. 또 그것을 찾기 위해서는 수업을 한 뒤 '기록'이 필요하다고 말씀하셨습니다. 저는 제 수업에 대한 기록을 시작했고, 수업에 대한 기록은 오히려 저는 누구인지, 무엇을 중요하게 생각하는 사람인지에 관해 진지한 고민을 하게 만들어 주었습니다. 10대 때 해야 할 정체성이나 삶의 방향에 대한 고민을 제 때 하지 못했다는 것도 깨닫게 되었습니다. 심지어 '교사'라는 직업을 선택할 때에도 내가 정말 선생님이 되고 싶은 것인지 깊은 고민 없이 가족들의 의견에 맞춰 선택했습니다. 뿌리가 약한 나무처럼 쉽사리 바람에 흔들릴 수 밖에 없는 삶이었습니다. 성찰과 기록을 시작한 것은 정말 다행이라고 생각합니다. 저는 매일 나에 대해, 아이들에 대해, 수업에 대해 배워가며 조금씩 성장하고 있기 때문입니다. 결국 삶은 빠르기보다 방향성이니까요.

저는 수업 시간에 아이들에게 삶과 관련된 고민이나 문제를 던져줍니다. 아이들이 문제를 해결하는 과정에서 스스로 공부하고 찾아가게 하는 것을 선호합니다. 저는 주로 수업 초반에 문제를 해결하는 데 필요한 기초적인 지식을 강의를 통해 알려줍니다. 수업 중간에는 아이들이 문제를 해결하는 데 필요한 자료를 제공하거나 어려움을 겪을 때 도와주는 역할에 머물 때가 많습니다. 진정한 공부는 아이들이 삶 속에서 느낀 문제 상황을 해결해나가는 과정 그 자체라고 생각합니다. 아이들이 스스로 어렵게 공부해나갈 때, 평생 활용할 수 있는 지식과 능력, 태도를 쌓을 수 있습니다.

'교사의 삶과 철학이 담긴 수업'은 완성형이 아니라고 생각합니다. 지금도 찾아가고 있고, 어쩌면 평생 찾아갈 것이라는 생각도 들어요. 일단 지금은 '배움의 주체인 아이들이 수업 중에 더 고민하고 스스로 문제를 해결하려고 노력해야 한다.'는 교육철학을 갖고 있습니다. 이 교육철학이 더 공고해질지 변화할지는 앞으로 저의 수업과 성찰이 결정해주겠지요.

'교사는 자신의 삶을 가르친다.'는 말처럼 제가 원하는 수업을 찾아가는 과정이 바로 저의 진정한 삶을 찾아가는 과정 같습니다. 저의 개업기는 여기까지입니다. 이제 수업을 통해 저의 삶을 하나씩 찾아간 과정을 들려드릴까 합니다.

김수미 디자이너 개업기

안녕하세요, 저는 수업 디자이너 김수미입니다. 저는 초등학교 교사로 근무한 지 올해(2022년)로 11년 차에 접어듭니다. 낮에는 아이들을 가르치고 밤에는 인스타그램에 [수미클래스]라는 닉네임으로 제가 디자인한 수업을 공개하고 있습니다. 퇴근 후에 완벽하게 직장인 모드를 OFF하고 온전한 휴식을 가질 때도 있지만 보통은 수업을 돌아보고 기록하는 시간을 갖는 편입니다. 워낙 '기록'하는 일을 좋아하는 사람이라 랜선 동료들과 온라인에서 수업에 대한 아이디어와 인싸이트를 나누는 시간을 기쁜 마음으로 누립니다.

SNS에 모든 수업을 다 기록하는 것은 아니고, 개인적으로 애착이 담긴 수업을 엄선하여 박제(?)해 두는 편입니다. 기록을 통해 발견한 사실이 하나 있습니다. 개별 수업을 하나씩 올릴 때는 몰랐는데 벌써 몇 년간 모인 수업들을 살펴보니 [수미클래스]에는 그림책을 활용한 수업 사례와 글쓰기로 마무리 지은 수업 사례가 많다는 사실을 발견하게 되었습니다. 심지어 과학 전담 교사 시절도 식물의 구조를 탐구하고 나서 아이들에게 시를 쓰게 했더군요.(정말 지독한 선생님입니다.) 이 작고 소중한 사실을 발견하고 나서 [수미클래스] 피드를 다시 보니, 게시물 하나하나가 '어린이들의 학습 결과물'이 아니라 '좋은 책을 나누고 싶은 교사 김수미의 마음', '글을 쓰는 삶의 유익함을 전하고 싶은 교사 김수미의 마음'으로 달리 보였습니다.

 나는 무엇을 매개로 아이들 앞에 서는 걸 좋아하는지, 나는 무엇을 가지고 수업하는 일이 기쁜지, 나는 나를 만난 아이들의 어떤 면이 유창하고 울창해졌으면 하는지 알게 되었습니다. 과거의 점들이 모여 선을 이루는 순간이었습니다.

 초등 교사는 한 사람이 10개 교과목을 모두 가르칩니다. 끝이 없는 것 같은 교과내용학과 교과교수법 앞에서 전문성을 위한 공부는 밑 빠진 독에 물을 붓는 것 같았습니다. 해도 해도 부족한 날이 많아 신입 교사 시절 저는 금방 소진되고 초라해졌습니다. 수업이 즐겁지 않은 건 아니었는데 즐거움 이상의 만족감을 얻고 싶었습니다. 10개 교과목을 쫓아다니느라 이리 뛰고 저리 뛰며 홀로 북 치고 장구를 치는데 대체 나의 시간과 에너지는 어디를 향하는지, 내 스페셜리티는 어디에 있는지 알 수 없어 공허해질 때가 많았습니다.
 저는 제 밖에 놓인 교육학의 세계를 잘 모르기 때문에, 나의 경험이 아직 적기 때문에 이런 문제가 생긴다고 생각했습니다. 해가 갈수록 끝없이 확장해가는 교육의 범주 앞에서 매번 작아지는 저를 발견하며 오로지 취미 생활에만 매달리고 도피하는 날을 보내기도 했습니다. 그러다 뜻하지 않게, 큰 의미 없이 시작한 '기록'을 통해서 저를 발견하게 되었습니다. 그게 제 인생의 '유레카!' 모먼트입니다. 덕업일치를 이루려면 무엇보다 '나'를 가장 잘 알아야 한다는 것을 깨닫게 되었습니다.

왜 이렇게 수업이 즐거울까, 날마다 설렐까, 왜 나는 이리도 들떠있을까. 이제는 그 이유를 확실히 말할 수 있습니다. 전에는 제 MBTI가 속된 말로 '대가리 꽃밭'인 ENFP라서 그런 걸 거다라고 대충 눙쳐 생각하곤 했거든요. 기질적으로 타고났다며 스스로 제 팔자를 교사하기 딱 좋은 팔자로 점쳐보기도 했습니다. 그런데 '기록'들이 알려주는 저는 무던히 애쓰는 사람이더라고요. 수업 속에 제가 사랑하는 것을 가득 담아놓으려고 애쓰는 사람. 수업하는 기쁨은 내가 사랑하는 것을 어린이들과 나누려는 노력 끝에 얻어낸 값진 것이라는 것을 '기록'을 통해 깨닫게 되었습니다. 원래도 저는 저를 좋아하지만 제가 두 배쯤 더 좋아지는 순간이었습니다.(넘치는 자기애를 너그러이 눈감아주시길 바랍니다.) 어떤 이들은 SNS가 인생의 낭비라고 생각하기도 하지만, 제 경우 SNS는 자기 발견의 기회를 제공해 준 소중한 공간이었습니다. 여전히 제가 성장하고, 또 여러 선생님들이 함께 성장하고 있는 공간이기도 하고요.

교사가 자신만의 교사 교육과정을 브랜딩할 때 학생에 대한 이해, 교육과정에 대한 이해는 빼놓을 수 없는 중요한 요인입니다. 그러나 이보다 선행되어야 할 것은 '교사 자신에 대한 깊은 이해'라는 것을 제 경험을 통해 이야기 드리고 싶습니다. 내 수업 속에 어떤 것을 가져다 두면 좋을까 오래 고민한 교사는 빙빙 돌아가더라도, 조금 늦더라도 결국 찾더라고요. 자기 수업의 알맹이를요. 자기 색깔이 분명한 브랜드는 쉽게 무너지지 않습니다. 선생님 고유의 알맹이가, 선생님이 사랑하는 것이 담긴 수업도 마찬가지입니다. 학생들이 오래 찾는 수업 맛집이 될 것입니다.

  제 수업에 책과 글쓰기가 함께하는 한 저는 오래오래 수업이 즐겁고 설레는 사람으로 살아갈 수 있을 것 같습니다. '덕업일치'를 이룬 저는 성공한 사람이 아닐까요? 선생님은 선생님의 수업에 어떤 '나'를 담고 싶으신지요?

* 내가 좋아하는 것은 무엇인가요?

    나는 _____를 좋아한다.
    나는 _____를 좋아한다.
    나는 _____를 좋아한다.
    나는 _____를 좋아한다.
    나는 _____를 좋아한다.

* 나와 시간을 보낸 아이들이 어떤 아이들이 되길 바라나요?

    나는 우리 아이들이 _____를 잘하면 좋겠다.
    나는 우리 아이들이 _____를 잘하면 좋겠다.
    나는 우리 아이들이 _____를 잘하면 좋겠다.
    나는 우리 아이들이 _____를 잘하면 좋겠다.
    나는 우리 아이들이 _____를 잘하면 좋겠다.

 3. 수업 브랜드 히스토리

김수미 디자이너 수업 철학 엿보기

주제가 아주 커다랗습니다. '교육철학'이라는 단어를 보니 학부 시절, 듀이와 피터스의 교육철학을 배우다 한없이 헤매던 마음이 떠오르기도 합니다. 교사의 삶을 이야기할 때 '나'를 발견하는 일을 빼놓을 수 없다고 이야기한 것 기억하시나요? 저는 지금부터 교사 김수미를 이야기하기 위해 먼저 어린 김수미에 대한 이야기를 조금 해보려고 합니다.

언어를 향한 사랑은 언제부터 제 안에 싹트기 시작한 걸까요. '유년'이라는 단어를 품고 눈을 감으면 저는 눈앞에 어린 수미가 한글을 익히고 있는 장면이 펼쳐집니다. 저는 제 키의 세 배쯤 되는 책장 앞에 쭈그리고 앉아 있습니다. 가장 아래에 꽂힌 학습 교재를 꺼내 듭니다. 아마 한글 유창성 신장에 도움이 되는 교재인 것 같아요. 오늘은 과일에 관한 단어를 읽고 그림 스티커를 붙이는 활동이 대부분이군요. 글자와 매칭이 되는 과일 그림 스티커를 찾아 붙입니다. 문지르면 과일 향기가 나는 과일 그림 스티커예요. 노란색 바나나 스티커가 저의 손때로 인해 익을 대로 익어 갈변한 바나나가 될 때까지 문지르고 또 문지릅니다. 어린 저에게 '바나나'라는 글자에 대한 감각은 코팅 면에서 매끄럽게 떨어지는 바나나 스티커의 촉감, 실제 바나나보다 훨씬 오묘하고 짙은 인공 바나나 향료의 향, 하하하 유쾌한 웃음소리처럼 입 밖으로 동그랗게 퍼지는 [바나나] 소리 같은 것이었습니다.

언어를 익힌다는 건 눈, 귀, 손, 코의 감각이 새로워지는 일이라는 걸, 내게 금세 커다란 만족감과 뿌듯함을 선물하는 일이라는 걸, 내가 오래 사랑할 일이라는 걸, 저는 바나나 모양 스티커를 붙이던 그때 안 걸까요.

마음자리에 외로움을 쉽게 들이는 어린이는 혼자 잘 노는 법을 일찍 익힙니다. 읽고 쓰는 일은 내가 나를 데리고 노는 가장 탁월한 방법이었습니다. 피아노는 피아노 선생님이 볼펜으로 손가락을 툭툭 때릴 때마다 조금씩 멀어졌고 그림은 보는 눈만 있어서 내가 그린 그림이 어딘가 찌그러지고 볼품없다는 걸 너무 빨리 알게 되어 싫증이 났습니다. 수영은 수영장에 자꾸 찝쩍거리는 남자애가 있어서 싫었습니다. 그래서일까요. 읽고 쓰는 일은 혼자만의 시간을 투명한 만족감으로 채울 수 있는 유일한 일처럼 여겨졌습니다. 이 일은 준비물도 퍽이나 간단합니다.

1. 조용한 내 시간 한 귀퉁이
2. 몇 권의 책
3. 노트와 연필
4. 그리고 빈 마음.

이거면 충분합니다.

어릴 적 저의 아버지는 제가 너무 어릴 때부터 아프기 시작하셨고 그래서 어린 제게 자주 엄격하게 대하셨습니다. 아버지는 무엇이든 정확하고 빨리, 단호하고 확실하게 가르치려 하셨습니다. 젊은 나의 어머니와 아버지는 늘 하루가 간절한 사람들이었습니다. 나의 어머니와 아버지의 삶에는 아버지의 건강에 대한 슬픔과 걱정이 가득해서, 저는 자주 그분들의 삶에 내가 너무 작은 것 같아 실망하고 슬퍼했습니다. 하지만 내색할 순 없었습니다. 부모님의 슬픔에 나의 슬픔을 보태고 싶지 않았습니다.

마음에 외로움이 깃들면 그냥 책을 읽고, 또 읽었습니다. 그럼 저는 금세 씩씩한 아이가 되어 무언가를 쓰고 싶어졌습니다. 주로 편지를 썼습니다. 수신자는 주인공, 또는 자주 나. 그리고 거의 항상 나의 부모님에게로.

나의 부모님은 나의 편지에 자주 답을 써주는 분들이었습니다. 읽고 쓰는 일로 개인 시간을 가꾸는 법을 몸소 먼저 보여준 분들이기도 했습니다. 부부 싸움 후에는 한 마디도 안 나누다가 식탁 위에 장문의 편지를 서로 올려두었습니다. 저녁이면 아무 일 없었다는 듯 다시 이야길 나누고 밥을 먹는 그런 이상한 사람들이기도 했습니다. 저와 함께 서점에 자주 갔고 책은 종류와 내용을 가리지 않고 어떤 책이든 사고 싶은 만큼 살 수 있게 해주었습니다. 내가 아주 예민하고 여린 아이라는 것만 빼고 나에 대한 모든 것을 아는 분들이었습니다.

제가 원해서, 또는 달리 어쩔 수 없어서 저의 유년은 읽고 쓰고 공상할 시간이 많았습니다. 정말 술을 사랑하는 사람은 주종을 가리지 않듯, 저도 읽을거리라면 장르를 가리지 않았습니다. 신문, 신문 사이에 끼워 넣은 광고지, 동화, 어린이 잡지, 위인전, 과학 도서 전집, 소년소

녀 가장 수기집, 소설, 전래 동화, 만득이 시리즈, 학급 신문, 전과, 학습지, 옥편, 예뻐지는 주문(예를 들면 달빛 잘 드는 창가에 물을 반쯤 채운 그릇을 가져다 두고 미를 관장하는 어떤 여신님의 이름을 7번 정도 눈을 감고 부른 뒤, 이어 몇 가지 어려운 주문을 따라 외우고 잠자리에 들며, 다음날 아침 그 물로 세수를 하라는 등의 매우 구체적인 지시 사항이 담김), 영어로 된 스누피 만화책, 부모님에게 배송되어 온 간행물, 백과사전, 교과서, 문학, 비문학, 이로운 것, 유해한 것(?) 뭐든 가리지 않고 즐겁게 읽었습니다.

장르를 넘나드는 읽기 경험은 나와 타인이 구축한 개념 세계를 탐구하는 일에 본능적인 호기심을 품을 수 있도록 도와주었습니다. 세계에 대한 호기심은 편식 없이 철학, 수학, 과학, 문학, 예술 등 여러 분야를 가리지 않고 맛있게 읽는 독자의 삶을 지탱해주었습니다. 그 호기심은 어느새 너무 단단한 것이 되어 험난한 입시 교육 앞에서도 짐짓 배짱 있는 척 허세를 부리는 청소년 김수미가 될 수 있게 해주었습니다. 호기심이 크다고 공부를 '잘' 하는 건 아닌데도, 어쩐지 청소년 김수미는 학문 앞에서 기죽지 않았고 공부라는 건 나를 덮칠 파도가 아니라 내가 잡아타고 놀 파도라는 다소간에 터무니없고 건방진 생각을 했습니다.

평생을 학생의 신분으로 학교에 있다가 다시 교사의 신분으로 학교에 돌아오니 마치 학생으로 산 일은 나의 머나먼 전생 같고, 교사로 살아가는 일만이 저의 현생 같기도 합니다. 학창 시절 잡아타고 놀 파도로 여긴 학문 세계를 교사가 되어 다시 '교육과정'이라는 문서 속 '성취기준'이라는 문장으로 만납니다. 성취기준은 학생들이 알아야 할 지식과 기능, 그리고 태도로 이루어져 있습니다. 교사가 올해 만난 아이들에게 무엇을, 어떻게 가르쳐야 할지 알려주는 표준이 되는 내용입니다.

교사는 학생들에게 무엇을 얼마큼 가르칠지, 학생들이 배웠다고 판단할 수 있는 학습의 증거는 무엇으로 삼을지, 머뭇거리는 학생들에게 어떤 피드백을 줄지, 올해 만난 아이들의 특성을 고려하여 어떤 학습 경험이 그들에게 최선일지 고민하고 또 고민합니다. 역할극, 책 만들기, 보고서 쓰기, 노래 만들기, 영상 만들기, 매체 활용 발표 활동, 학생이 직접 가상의 경험을 하며 학습 내용을 익히는 모의 체험 활동 등 수 많은 활동 중 이번 학습 주제에 가장 탁월하게 매칭되는 활동이 무엇일지 고민합니다. 어떤 활동을 가져오면 우리 반 아이들이 흥미를 갖고 참여하고 또 의미 있는 배움을 만들어갈까 고민합니다.

저는 상단의 예시 활동과 같이 학생 주도적으로 수행하는 학습 활동을 운영하기 위해서는 무엇보다 책과 언어를 통해 개념을 익히는 학습이 선행되어야 한다고 생각합니다. 인풋이 있어야 아웃풋이 생기는 것은 인생의 진리에 가깝잖아요. 학습 주제에 대해 어떤 것도 새롭게 배우지 못한 아이들에게 지식의 적용 단계에 가까운 활동을 제시하면 그 시간은 이미 알고 있는 내용을 반복하는 시간이 되거나 선행을 한 아이들이 자신의 우월함을 뽐내는 시간이 될 우려가 있습니다.

아이들이 세계를 탐구하기 위해서는 일정량의 책과 언어가 필요하다고 생각합니다. 특히 학문 세계로의 진입이 '처음'인 초등학교 학생에게는 더욱 책과 언어의 허들을 함께 손잡고 넘어줄 어른이 꼭 필요한 것 같습니다. 한때 어린이던 김수미도 시기마다 필요한 책과 언어를 통과해 지금의 김수미가 되었고, 그때마다 손잡아준 어른이 곁에 계셨듯이요. 어른 손을 잡고 껑충껑충 여러 책과 언어를 지나온 어린이는 기쁜 마음으로 다음을 준비합니다. 세계를 탐구하는 아이들 곁에는 책, 언어, 어른이 꼭 있을 일입니다.

빈 시간이 많았던 유년, 그 시절 읽은 것을 자양분 삼아 건강한 줄기를 뽐낸 청소년기를 지나 '다시' 교실로 돌아온 저의 삶에 책, 언어, 어른은 빼놓을 수 없는 키워드가 되었습니다. 아이들 곁에 철마다 필요한 책을 가져다 두는 일, 아이가 언어를 유창하고 적확하게 사용하는 사람이 되도록 돕는 일, 아이들 곁에 좋은 어른이 되는 일. 이 세 가지를 잘하는 교사가 되자고 자주 다짐하게 됩니다.

그런데 처음부터 뚜렷하게 이런 다짐을 한 것은 아닙니다. 처음부터 지금의 '나'를 이루는 경험이 잘 정리되어 나만의 개성과 신념이 담긴 교실을 위한 키워드가 뽁 뽁 뽁 튀어나온 것은 아닙니다. 신규 시절 저의 교실에는 넘치게 많은 다짐과 당위, 목표가 존재했습니다. 스스로가 스스로에게 너무 많은 역할을 요구하고 많은 것을 잘하길 재촉하며 지치고 흔들리기를 반복한 시절이 있었습니다.

교실 속 내가 뭐든 다 잘할 수 없다는 것, 아이들이 가르친 대로 다 배우는 건 아니라는 것, 그러니 뚜렷하고 일관된 배움의 길을 딱 한 길만이라도 1년 내내 정성스레 내어보자는 것. 아이들이 나와 함께한 시간을 떠올릴 때, 모두가 같은 마음으로 추억할 수 있는 그 한 갈래의 길만큼은 한번 열심히 내어보자는 것. 이런 마음은 자아가 무너지고 작아진 뒤에나 떠올릴 수 있었습니다. 그러니 무너지는 것도 나쁘지만은 않습니다. 다시 쌓아 올릴 기회가 생기는 일이기도 하니까요. 한 번 무너져 본 사람은 필사적으로 자기 공간에 내가 좋아하는 것, 잘하는 것을 잔뜩 가져다 가꾸게 됩니다.

제가 공들여 닦는 길에는 '읽기'와 '쓰기'가 있습니다. 아이들과 함께 만들어가는 모든 수업 시간이 즐겁지만 특히 수업에 읽을거리를 수놓는 것, 배움을 글쓰기로 마감질하는 것을 좋아합니다. 오랜 시간을 걸쳐 저의 교육 철학이 한 문장으로 정리되었습니다.

'지적 탐구를 통해 의미 있는 변화를 만드는 개인을 기른다.'

선생님의 문장은 무엇입니까? 선생님 유년의 핵심 기억과 선생님이 사랑해 마지않는 일, 아이들이 선생님과 함께한 시간 중 기억했으면 하는 단 한 가지의 경험은 무엇입니까? 제가 마주했던 커다란 질문을 여러분께 다시 드립니다.

이민아 디자이너 수업 철학 엿보기

'철학'이라는 말만 들어도 일상과는 동떨어진 느낌, 무겁고 어려운 느낌이 들지 않으신가요? 더구나 '교육철학'이라니요. 매 순간 어떻게 살아가야 하는지, 무엇이 옳은지 판단이 안 서는 세상에서 교육철학에 대해 생각해보는 것은 더욱 어려운 일이지 않을까 싶습니다. 저 역시 제 삶에 대한 철학과 교육철학에 대해 생각한 지 얼마 되지 않았습니다.

교사는 매일 교실에서 선택해야 할 것이 얼마나 많은가요? 교사의 말과 행동은 아이들이 반짝거리는 눈망울로 집중해서 지켜보고 있습니다. 부모님의 '선생님 말씀 잘 들어라!'는 이야기가 때로는 너무 무겁고 무섭게 느껴집니다. 아이들은 어쩜 그렇게 교사의 말투나 행동을 금세 배워 따라 하는지, 한시도 긴장을 놓을 수 없습니다. 교사의 행동과 말은 다수의 아이들에게 의식적, 무의식적으로 큰 영향을 줍니다. 교육대학교 다닐 시절에 배운 '잠재적 교육과정'이라는 것이 생각 나는데요. 오히려 문서화된 교육과정보다 매일 만나는 교사가 보여주는 이 '숨어있는 교육과정'이 더 중요하고 큰 영향력을 미치는 것이 아닌가 싶습니다.

잠재적 교육과정까지 끌어와 이야기를 하고 있는 이유는 아이에게 큰 영향을 주는 교사이기에, 교사 자신이 어떤 사람인지 질문하는 것이 꼭 필요하다는 이야기를 하고 싶어서입니다. '나'를 한번 정리하고 나면 더 일관성 있게 말과 행동을 할 수 있어 아이들도 혼란스러운 일이 적습니다.

저는 주로 학년 초에 학급살이를 고민하면서 내가 어떤 사람인지 다시 스스로에게 묻습니다. '교육철학'보다 먼저 다루어야 할 질문은 '당신은 누구십니까?'입니다. 질문에 대한 답을 담아서 학부모님들께 보낼 편지를 작성합니다. 편지 안에는 제가 누구인지, 어떤 삶을 살아왔는지, 무엇을 좋아하는지에 대한 내용과 우리반 1년 학급살이에 대한 내용이 담겨있습니다. 부끄럽지만 제 이야기를 해볼게요. 저는 존재 자체를 가르치는 것이 교사라고 생각해 저 스스로 더 좋은 사람이 되기 위해 노력합니다. '좋은 사람'에 대한 관점이 다양할 텐데요. 제 기준에서 이런 사람이 되기 위해 노력하고 있습니다.

제 일은 스스로 해결할 수 있는 사람이고 싶습니다. 제가 어렸을 때 백혈병 판정을 받았습니다. 입이 짧던 제가 음식을 먹지 않아 단순 빈혈이 온 것을 병원에서 백혈병이라고 오진한 것입니다. 온 집안이 난리가 났지만 일주일 사이에 저의 건강상태는 금방 좋아져 퇴원했습니다. 그러나 지옥 같은 일주일을 보내신 부모님께 백혈병 오진 사건은 인생의 트라우마로 남았습니다. 그 일 이후로, 부모님은 저의 건강과 안위를 1순위로 여기며 만사를 제쳐두고 저를 챙기셨습니다. 사춘기를 지나면서 부모님의 관심은 점점 답답하게 느껴졌습니다. 내가 생각하기에 스스로 해낼 수 있는 간단한 일들도 부모님께서 매사 신경 쓰고 걱정하는 것 같아 죄송하기도 하고, 부모님께서 부모님의 삶을 온전히 살고 계시지 못한 것 같아 속상했습니다. 그래서 저는 어려움이 있을 때, 주변에 바로 도움을 청하기보다는 최대한 스스로 문제를 해결하려고 노력합니다. 때로는 '같이 하면 금방 끝날 일을 혼자 고생스럽게 다하려고 한다.'는 이야기를 들을 정도로 우둔하게 뭔가를 홀로 하기도 했습니다. 점차 나이가 들어 갈수록 인생은 혼자 살아갈 수 없고 다른 사람의 도움을 받아야 한다는 것도 깨닫게 되었습니다. 하지만 여전히 도움을 청하는 것은 신중한 편입니다. 성향은 쉽게 바뀌지 않더라고요.

배움을 좋아하는 사람이 되고 싶습니다. 저는 황희 정승이 '네 말도 옳고 네 말도 옳다.'라고 이야기한 일화를 좋아합니다. 편을 드는 것이 아니라 공감과 이해를 해주며 자연스럽게 문제를 해결해버리는 그 지혜로움을 존경합니다. 지혜로움은 '배움'에서 나온다고 생각합니다. 내가 알고 있는 것을 진리라 여기지 않고 함부로 판단을 내리지 않는 그 포용력을 배우고 싶습니다. 저는 어렸을 때부터 자기계발서를 즐겨 읽었습니다. 저에게 자기계발서는 타인의 삶에서 배울 점을 찾고 영감과 활력을 얻을 수 있는 통로입니다. '지금 이렇게 사는 게 맞을까?' 하는 생각이 들 무렵, 제 손에 들고 있는 자기계발서는 앞으로 나아갈 길을 제시해주는 느낌이었습니다. '나'라는 존재가 어제보다 나아지는 것, 방향성을 갖고 살아가는 것, 다른 이들을 이해할 수 있는 것은 모두 다 '배움' 덕분인 것 같습니다.

배움이 제 삶의 키워드이다 보니 '계획과 성찰' 역시 중요한 일부가 되었습니다. 어렸을 때부터 일기 쓰기를 꾸준히 지도해주신 엄마 덕분인지 하루의 일과를 계획하고 실천하고 돌아보는 일은 여전한 저의 일상입니다. 어떤 일을 시작하기 전, 월별, 주별, 일별로 차곡차곡 계획을 쌓아두면 마음이 편안합니다. 계획을 하나씩 실천하고 그 일을 플래너에서 지워낼 때의 뿌듯함은 저만 아는 소소한 즐거움입니다. 요즘은 매일 일기를 쓰진 않지만 감정의 조각을 모아두고 싶거나, 훗날 다시 복기해보고 싶은 일이 생길 때에는 기록을 남기며 성찰합니다. 소심하고 조심성 있는 성격이라 '오늘의 나는 왜 그랬을까?' 돌아보는 질문을 자주 스스로에게 던집니다.

이 세상에 태어난 이상 주변에 '관심'을 갖고 살고 싶습니다. 나를 둘러싼 주변을 돌아보고 내가 주변에 미치는 영향에 주의를 기울이며 살고 싶습니다. 저는 환경문제나 미니멀 라이프에 관심이 많습니다. 관심 있게 주변을 살펴봤더니 제 삶에서 바꾸어 나가야 할 부분이 보여 조금씩 삶의 방식을 바꿔가려 노력 중입니다.

이렇게 저에 대한 이야기를 하고 보니, 제가 교실에서 아이들에게 자주 하는 말이나 행동이 연결되는 것이 보입니다.《미움받을 용기 2》에 '교육의 목적은 자립이다.'[1]라는 말이 나오지요. 저는 이 말에 전적으로 동의합니다. 아이의 자립을 돕는 것이 부모나 교사의 할 일이라고 생각합니다. 이를 위해 학기 초부터 생활 교육에 공을 많이 들입니다. 학생들이 스스로 정해야 할 규칙도 있지만, 학생이라면 기본적으로 갖추어야 할 태도는 3월부터 가르치고 지도합니다. 인사하기, 청소하기, 정리하기, 준비하기, 제출하기 등은 교사나 친구가 대신해주지 않고 스스로 할 수 있게 합니다.

수업 중에도 삶의 문제를 스스로 해결해나가는 '프로젝트 수업[2]'을 선호합니다. 학생의 삶과 관련 있는 프로젝트 과제를 제시하고, 학생과 수업 목표 지점을 공유합니다. 그리고 학생이 목표 지점에 도달할 수 있도록 단계적으로 돕습니다. 공동 과제를 수행할 때는 각자의 역할, 기여한 바를 정확히 명시하여 제출하게 합니다. 자신의 문제를 스스로

---

[1] 기시미 이치로·고가 후미타케, 《미움받을 용기 2》, (인플루엔셜, 2014) p. 42.
[2] 프로젝트 수업이란 실생활에서 접하는 실제적인 문제나 비슷하게 제시되는 문제를 학습자들이 협력적인 상호 작용을 통하여 해결해나가는 과정에서 배움이 일어나는 수업 형태다. 이 책에서 프로젝트 수업은 프로젝트 학습, 프로젝트 기반 학습, 문제 중심 학습을 통칭하는 용어로 활용한다.

해결할 수 있는 '자립심'은 제 수업에 있어서 중요한 키워드입니다.

또, 아이들이 각자 하고 싶은 것을 공부하는 '개인 프로젝트'를 운영합니다. 개인 프로젝트는 아이들이 하고 싶은 공부를 스스로 정해 자투리 시간마다 실천하고, 학기 말에는 재능 장터를 통해 자신의 배움을 친구들에게 가르치며 나누는 활동입니다. 스스로 배우고 성장하는 즐거움을 아이들이 느껴보았으면 좋겠다는 마음에 시작한 활동입니다. 매일의 삶과 성장을 계획하고 성찰하는 '매일공책'도 작성합니다. 아침에 등교해 오늘 내가 이루고 싶은 일을 적어보고, 하교 시간에는 내가 이룬 것이나 앞으로 더 실천해야 할 것을 쭉 정리하며 하루를 반성합니다. 자신의 행동에 대해 지속적으로 반성하고 성찰할 수 있는 기회를 마련해주고 있습니다.

자기 중심화되어가는 아이들이 주변에 관심을 갖게 하는 프로젝트 수업을 운영하고 있습니다. 예를 들어 매년 환경, 인권, 봉사 등을 주제로 학년 말에 학생들과 장터를 열어 기부하는 활동을 하고 있습니다. 혼자 잘사는 삶이 아니라 함께 잘사는 삶에 대해 관심을 가질 수 있는 수업 시간을 마련하려고 노력합니다. 주변을 둘러보며 나의 도움이 필요한 곳에 관심을 갖는 따뜻한 마음을 가진 아이들로 자라났으면 좋겠습니다.

나에 대해 적어보는 것, 그리고 나의 존재가 어떻게 교실 속에서 드러나는지 성찰하는 일은 쉽지는 않지만 참 의미 있는 작업입니다. 글을 쓰는 행위는 나 자신과 대화하는 것이라고 합니다. 여러분께도 이 시간을 권해드립니다. 아이들이 돌아간 조용한 교실에서 나 스스로에게 질문하고 답하는 시간을 가져보면 어떨까요?

Ⅱ.
열두달 그림책 수업 룩북
LOOKBOOK

* 룩북: 룩북은 모델, 사진 작가, 스타일, 스타일리스트가 시즌별 의류 라인을 보여주기 위해 모은 패션 사진 모음을 말한다.

* 수업 룩북: 수업 룩북은 수업 디자이너 김수미·이민아가 월별 맞춤 수업 사례를 보여주기 위해 모은 수업 모음을 말한다.

* 수업 룩북에 등장하는 학생 이름은 모두 가명임을 밝힌다.

 1. '나'를 탐구하는 삼월

있는 그대로의 나 받아들이기

핵심 키워드 #긍정적자아개념 #자기수용 #자기자비 #자존감

관련 성취기준 EI 1.2.3 자신의 장점을 통해 자신감을 갖고 행동할 수 있다.[1]

수업 주제 나만의 특징을 담은 '세상에 하나뿐인 특별한 나' 그림책 만들기

활용 그림책 모리 에토, 《세상에 하나뿐인 특별한 나》, 주니어김영사

그림책 소개 《세상에 하나뿐인 특별한 나》는 평범한 어린이 로이가 일상에서 타인과 다른 자신만의 특징들을 발견하여 이를 사람들에게 말하고 또 사람들로부터 다시 확인하는 서사를 담고 있습니다. 이 과정에서 아이가 있는 그대로의 자기 모습을 받아들이고 편안해져가는 모습이 아름답게 그려집니다. 그림책을 읽을 때, '월리'와 비슷한 빨간색 스트라이프 티셔츠를 입고 있는 로이를 사람들 틈에서 찾는 재미도 있답니다.

---

1 이 책에 제시된 관련 성취기준 중 E로 시작하는 성취기준은 교육부(2016)에서

수업 디자인 Talk

그림책 《세상에 하나뿐인 특별한 나》는 이렇게 끝을 맺습니다.

"친구들과 비슷비슷하게 보내는 하루하루지만 오늘도 꼭 찾아볼 거야. 나만의 특별한 것은 무엇인지."

좋은 일이든 나쁜 일이든 있는 그대로 나를 둘러싼 환경과 나의 특성을 받아들이자는 메시지가 무척 좋아서 이 책을 발견한 이후로 매년 아이들과 교실에서 읽고 있습니다.

아이들의 자존감을 돌보는 수업 활동으로 '장점 찾기'는 초등학교 교실에서 거의 빠지지 않는 활동입니다. 아주 사소한 것이라도 나를 나답게 만드는 특성이라면 모두 '장점'이 될 수 있다고 일러두며 장점 찾기 활동을 시작하지만 어쩐지 아이들은 '장점'을 'strength'로 이해합니다. 아이들은 누가 그러라고 간섭하지 않아도 스스로 장점이라 일컬은 일에 대해 더 우위에 있는 친구가 목소리를 내면 슬며시 썼던 것을 지웁니다. 아니면 빨개진 손으로 작성한 것을 가리면서 "그렇게까지 좋은 점은 아닌데 쓸 게 없어서 일단 썼어요." 같은 따가운 말을 덧붙이곤 합니다.

아이들이 형성한 자아상은 대체로 아이를 둘러싼 중요한 어른이 아이에게 보여준 모습인 경우가 많습니다. 어른이 아이를 설명할 때 '우리 아이가 많이 소심해서', '내성적이라서', '부끄러움이 많아서', '자기주장을 잘 못해서' 같은 말을 늘어놓는 것을 본 아이들은 대체로 그 언어를 벗어나지 못합니다. 어른들은 어떤 표현을 살갗처럼 아이에게 붙

발행한 〈2015 학교 진로교육목표와 성취기준〉을 바탕으로 제시한다.

여 놓고서 다시 아이에게 그것들을 박박 뜯어 떼어버리라 말합니다. 그 표현을 떼지도 받아들이지도 못하는 아이들은 자주 움츠러듭니다. 그리고 그 언어 밖에 무수히 많은 나를 설명할 수 있는 언어가 있음에도 그 말이 내 것이 될 수 있다는 생각을 하지 못합니다.

 이런 아이들은 매년 교실에 있었습니다. 말을 잃거나 표정을 잃은 아이들을 보면 마음이 슬퍼집니다. 이미 자기 앞의 수식어를 제한해 둔 아이들이 자기 앞에 어떤 말도 붙을 수 있으며, 어떤 말이 붙어도 괜찮다는 것을 배웠으면 좋겠습니다.

기억에 남는 수업 장면 Talk

 《세상에 하나뿐인 특별한 나》를 읽고 나서 아이들과 나의 특징, 나만이 할 수 있는 것, 나만 겪은 사건을 담아 나만의 그림책 한 쪽 만들기 활동을 하였습니다. 흔히 하는 '장점 찾기'와 이 활동의 차이점이 있다면 상대 우위가 있는 나의 특성을 탐색하는 것이 아니라 있는 그대로의 나를 들여다보는 활동이라는 점이 다릅니다. 또, 한 쪽 만들기 활동은 누구나 품고 있는 내면의 창작 욕구를 채울 수 있는 아주 좋은 기회를 제공합니다.

 창작물을 만들어 내는 수업은 교사의 섬세한 수업 설계를 필요로 합니다. 자기 이야기를 써 본 경험이 없는 아이들에게 온전한 창작물 한 권을 만들게 하는 것은 너무 난이도가 높은 과제일 수 있거든요. 하지만 한 쪽 정도 써보는 일은 아이에게 나도 한번 해볼 만하다는 용기를 갖게 합니다. 내가 쓴 한 쪽이 한 권의 우리 반 작품을 만드는 데에 기여했다는 성취감은 아이들에게 오래 남기도 합니다.

이번 책 만들기 활동은 아이들이 나만의 특징을 탐색하여 글로 써보는 것이 주된 활동입니다. 그림책이라는 형식을 갖추는 것은 보조적인 역할을 하고 있기 때문에 아이들이 삽화로 인해 부담을 느끼지 않는 장치를 만들어 두는 것이 필요하였습니다.

삽화를 그릴 때, 뼈대 그리기(bone sketch) 활동지[2]를 제공해 그림 그리는 과정을 단순화하였습니다. 뼈대 그리기 활동지는 다양한 뼈대 모양을 제공하여 아이들이 이를 기준으로 삼아 그림을 그릴 수 있게 보조하는 활동지입니다. 같은 뼈대에서 저마다 다른 그림이 만들어지는 것을 보며 아이들이 서로의 기발함과 탁월함에 감탄했습니다.

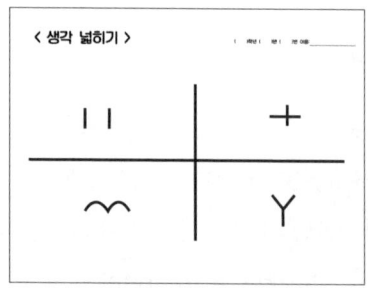
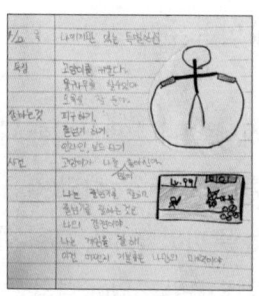

〈 뼈대 그리기 활동지 〉 〈 학생 노트 사진 〉

그림을 다 그린 후에는 아이들이 완성한 뼈대 그림을 잘라 색지 위에 붙이게 하였습니다. 배경 채색에 대한 부담을 덜어주기 위함입니다. 만약 뼈대 그리기 활동지 위에 아이들이 작성한 글을 배치한 뒤, 다시 배경을 색칠하는 방식으로 활동을 진행했다면 시간은 더 많이 드는데 반해 완성도는 훨씬 떨어져 보였을지도 모릅니다. 뼈대 그림을 잘라 예

---

[2] 이 활동지 아이디어는 '송병국, 이동혁, 임인숙, 유성자, 김연희, 박은주, 이승아, 《현장중심 진로교육》(미래엔, 2018), p. 32~35'에서 얻었다.

〈 학생 완성작 〉

쁜 색지 위에 붙이고 주변에 글을 쓰니 아이들 작품에 콜라주 작품 같은 톡톡 튀는 생기가 생겼습니다.

자신의 특징을 쉬이 쓰지 못하는 친구에게 조심스레 그 친구의 특징을 쓴 포스트잇을 건네는 장면, 허공에 눈알을 굴리며 뼈대 그림을 구상하는 장면, 각자 쓴 한 쪽씩을 모아 책 한 권을 만들어 두고 뿌듯해하는 장면, 평소 말수가 적은 주민이 '나는 글씨를 지렁이처럼 써! 이건 나의 특별한 재주야!'와 같은 문장을 만들고 수줍게 웃는 장면, 말수는 적지만 미소는 자주 얼굴에 띄우는 성재가 '웃음을 잘 못 참는 건 내가 특별해서가 아닐까?'를 작은 글씨로 써 내려간 장면. 아이들의 지문 같은 문장들, 그리고 그날의 분위기를 저는 아직도 가슴에 품고 있습니다.

수업을 닫으며

2022년 스승의 날에 아끼는 제자가 긴 편지를 써왔습니다. 편지 중반부에 이런 말이 있었습니다.

"저는 작년에 선생님 반이었던 것이 정말 정말 큰 행운이었던 것 같아요. 작년 처음 반에 들어갔을 때 애들은 전부 모르는 애들이었고, 선생님은 성공했다고 생각했는데 맞았어요! 제가 정말 자존감이 낮았었는데 선생님 덕분에 제가 좋아하는 것과 잘하는 것을 찾게 되었고 자존감이 높아져서 중학교에 왔답니다."

자기가 어떤 보석을 품고 있는지 모르는 아이들 마음을 닦아주고 싶을 때마다 함께 읽은 책들이 후루룩 머리를 스쳤습니다. 그때 머릿속에 가장 먼저 《세상에 하나뿐인 특별한 나》가 떠올랐습니다. 어떤 책들은 해님 같아서 아이가 젖고 축축해질 때마다 그 마음을 보송하게 말려주는지도 모르겠어요. 아이의 마음을 잘 말려 널고 싶은 날, 너무 뜨겁지도 너무 강렬하지도 않은 이 책과 함께 마음 한번 자연건조시켜 볼까요?

수업 흐름도

① 《세상에 하나뿐인 특별한 나》 그림책 읽기
② 나만의 특징 떠올려 쓰기
③ **뼈대** 그리기로 삽화 만들기
④ 색지에 삽화 붙이고 글 배치하기
⑤ 우리 반 그림책 읽기

매일 하는 것의 의미

핵심 키워드 #계획 #실천 #자주적인 삶 #자기이해

관련 성취기준 EⅣ 2.1.2 일상의 여러 가지 일을 계획을 세워 실천해보고 계획의 중요성을 말할 수 있다.
[6도01-02] 자주적인 삶을 위해 자신을 이해하고 존중하며 자주적인 삶의 의미와 중요성을 깨닫고 실천 방법을 익힌다.

수업 주제 습관의 특성을 알고 내가 갖고 있는 습관을 되돌아보며 좋은 습관 기르기

활용 그림책 허은미, 《쿵쿵이의 대단한 습관 이야기》, 풀빛

그림책 소개 호주머니 한쪽에 손을 무심한 듯 걸치고 코를 후비고 있는 귀여운 고릴라 그림의 표지로 시작하는 이 책은 아이들과 습관에 대해 자연스럽게 이야기 나눌 수 있는 책입니다. 이 책은 쿵쿵이라는 좋지 않은 습관을 가진 아들 고릴라와 쿵쿵이 엄마가 좋은 습관을 갖기 위해 함께 노력하는 과정이 담겨 있습니다. 습관이 무엇인지조차 모르는 쿵쿵이에게 쿵쿵이 엄마는 직접 자신의 행동도 바꾸고 함께 실천하며 노력한답니다. '부모가 자식에게 줄 수 있는 가장 큰 선물은 평생 지고 갈 좋은 습관을 물려주는 것이다.'라는 말이 쿵쿵이와 쿵쿵이 엄마 마음을 쿵 울립니다. 과연 쿵쿵이와 쿵쿵이 엄마는 좋은 습관을 갖게 되었을까요?

수업 디자인 Talk

이 책은 마치 자기계발서를 그림책 버전으로 옮겨놓은 듯한 책입니다. 좋은 습관을 지녀야 하는 이유, 좋은 습관 만드는 방법을 아이들

에게 말로 설명한다면 잔소리로 들릴 수 있겠지만, 부드럽게 그림책을 읽어준다면 자연스럽게 아이들에게 다가갈 수 있습니다. 특히 저처럼 자기계발서를 좋아하는 사람은 아이들에게 꼭 보여주고 싶은 그림책입니다.

모든 자기계발서는 '실천'에 의미가 있습니다. 자기계발서를 통해 반짝 영감을 받는 것도 중요하지만 영감을 받은 에너지로 자신의 삶을 변화시켜야 진정한 의미가 있습니다. 그런 의미에서 아이들도 이 책을 통해 받은 그 에너지를 삶 속 습관으로 가져가도록 활동을 디자인했습니다.

학기 초나 방학이 시작할 때, 이 책을 읽어주며 '습관 만들기'를 도입합니다. 아이들은 침대 안에서 과자를 먹거나 짝다리를 짚거나 대충 이를 닦고 나오는 쿵쿵이의 좋지 않은 습관을 보면서 재미있어하기도 하지만 내심 반성하기도 합니다. 독서가 갖고 있는 매력 중 하나가 자연스럽게 나의 삶을 반성해보고 더 좋은 나의 모습을 갖게 하는 것이 아닐까 합니다. 아이들이 책을 읽으며 없애고 싶은데 없애기 힘든 습관, 새롭게 갖고 싶은 좋은 습관을 자연스럽게 떠올립니다. 쉽게 생각해내지 못하는 아이들에게는 부모님께서 나에게 자주 해주시는 말을 떠올려보라고 조언합니다. 조금 더 욕심을 낸다면 건강, 미덕, 공부, 독서로 삶의 영역을 나누어서 만들고 싶은 습관을 떠올려 보게도 합니다. 어느 한 분야에만 치우치기보다 삶의 여러 분야를 생각해보게 할 의도에서 나누어 보았습니다. 네 영역의 습관을 다 만들어도 되고 자신이 만들고 싶은 단 한 가지 습관을 떠올려봐도 괜찮습니다. 중요한 것은 나에게 맞는 수준과 정도로 꾸준히 '실천'하는 것이니까요.

학생들이 자신의 새로운 습관 목록을 꾸준히 살펴보며 실천할 수 있게 하는 장치를 교실에 만들어두어야겠죠? 우리 반 아이들은 아침 시간, 하교 시간에 자율적으로 '매일 공책'이라는 것을 작성합니다. 어른들도 아침마다 매일 해야 할 일의 체크리스트를 적고 하나씩 지워가면 그날 할 일을 잊지 않고 하게 됩니다. 학생들도 아침에 오자마자 매일의 건강, 미덕, 공부, 독서 습관 계획을 세웁니다. 일과 시간 동안 실천하고 하교 전에 아침에 기록한 목록을 살펴 실천한 것을 지웁니다. 익숙해지기까지 넉넉히 한 달 정도의 시간이 걸리지만, 익숙해지고 나면 아이들이 성취감을 갖고 실천하는 모습을 볼 수 있습니다. 습관 목표를 처음 세울 때에는 교사나 부모님께서 함께 도와주시는 것이 좋습니다. 의욕만 앞선 원대한 목표는 실패하기 마련이거든요. 저는 보통 1학기 학생 상담 주간이 오면 아이들이 세워놓은 습관 목표를 함께 살펴보고 점검합니다. 그리고 가정으로 보내 보호자께서도 아이의 습관을 점검해 보시게 합니다. 가족과 함께 만들고 싶은 습관에 대해 이야기 나누고 오게끔 숙제도 내줍니다.

    저학년은 '손바닥 다짐'이라고 불리는 방법을 활용하기도 했습니다. 잘 보이는 곳에 부착해두면 어린 아이들도 매일 자연스럽게 살펴볼 수 있습니다. 손바닥 다짐은 나승빈 선생님 블로그에서 참고한 활동인데, 빈 종이에 자신의 손바닥을 그리고 손가락 마디를 따라 선을 그려 손바닥을 14칸으로 나눕니다. 손바닥 안에 자신이 실천할 것을 적고 실천할 때마다 매일 한 칸씩 색칠합니다. 흔히들 습관은 적어도 14일 동안은 실천해야 내 것으로 자리 잡는다고 합니다. 14일 동안 실천해야 할 것과 실천 상황을 눈으로 직접 확인할 수 있어 좋은 방법입니다. 또 다른 방법은 명렬표를 교실 앞에 붙여 놓고 아이들이 실천할 때마다 스티커를 붙이는 방법입니다. 전체 친구들의 실천도를 확인해 보기 좋고 아이들이 서로 격려를 나누기 좋았습니다.

기억에 남는 수업 장면 Talk

　어른들에게도 좋지 않은 습관을 버리거나 새로운 습관을 만드는 일은 굉장히 어렵습니다. 교실에서 아이의 좋은 습관을 만들기 위해서는 매일 계획하고 실천하고 반성하는 루틴을 만들어야 합니다. 또, 홀로 고군분투할 때보다 주변 친구들과 함께할 때 실천 의지가 높아집니다. 매주 월요일 1교시는 지난 주 내가 힘써 지킨 것들을 발표하고 다음 주 다짐을 공언하며 보냈습니다. 이 시간은 스스로 자신을 칭찬해주는 시간이자 다른 친구의 성취를 축하해주는 시간, 서로에게 배움을 얻는 소중한 시간입니다.

　자신과 의견이 다른 학생이 있으면 자기도 모르게 감정적으로 대응하여 친구 관계에 어려움을 겪던 수민이는 '친구에게 예쁜 말하기'를 미덕 습관 목표로 삼아 몇 달간 꾸준히 실천했습니다. 매주 습관 나누기 시간마다 자신이 노력한 것을 찾아 발표했고, 실패한 날은 주변 친구로부터 격려 받는 시간을 가졌습니다. 수민이는 노력 끝에 '우리 반에서 예쁜 말과 행동으로 친구를 대하는 사람' 목록에 이름이 몇 번이나 오르게 되었습니다. 아이들 눈에도 수민이의 노력이 느껴졌나봅니다.

　아이마다 목표로 삼은 행동이 다릅니다. '친구에게 예쁜 말하기', '반찬 골고루 먹기', '아침에 스스로 일어나기'. 누군가의 강요에 의한 목표가 아니라 아이들 스스로 필요성을 느낀 뒤 세운 목표라 아이의 의지가 발휘되고 변화의 폭이 넓어짐을 느낍니다.

수업을 닫으며

OECD의 DeSeCo 프로젝트에서 제시한 개인 핵심 역량에는 '자율적으로 행동하기'가 있습니다. 여기에는 자신의 인생 계획이나 프로젝트를 구상, 실행해나가는 능력이 포함되어 있습니다. 교사나 부모의 역할은 아이가 자율적으로 자신의 삶을 계획하고 성찰해나가는 기회를 마련해주는 것이 아닐까 합니다. 뭐든 자꾸 해봐야 늡니다. 내가 내 삶의 무언가를 직접 계획하고 실행하는 경험을 아이들이 쌓아갈 수 있기를 바랍니다.

수업 흐름도

① 《쿵쿵이의 대단한 습관 이야기》를 읽고, 나의 습관 돌아보기
② 내가 만들고 싶은 습관 계획하기
③ 습관 만들기를 실천하고 반성하기
④ 친구들에게 일주일간 열심히 실천한 습관 발표하기

실수로부터 배우기

핵심 키워드 #3월 #첫만남프로젝트 #실수해도괜찮아

수업 주제 잘못하거나 실수했을 때 어른이 어떻게 도와주면 좋을지 이야기 나누기

활용 그림책 존 버닝햄, 《에드와르도 세상에서 가장 못된 아이》, 비룡소

그림책 소개 《에드와르도 세상에서 가장 못된 아이》에는 말썽쟁이 에드와르도가 등장합니다. 에드와르도는 잘못할 때마다 어른들에게 '버릇없는 녀석', '시끄러운 녀석'이라고 혼이 납니다. 그리고 아이는 마치 그 말이 참임을 증명하겠다는 듯 더 버릇없고 시끄러운 행동을 어른들에게 선보입니다. 그러던 어느 날, 에드와르도는 자신의 행동에 대해 이제껏 듣지 못했던 따뜻한 말을 한 어른으로부터 듣게 됩니다. 에드와르도를 바꾼 그의 말에는 어떤 힘이 있는지 그림책에서 직접 확인해보시길 바랍니다.

수업 디자인 Talk

《에드와르도 세상에서 가장 못된 아이》는 5학년 아이들을 처음 만났을 때 읽어주려고 선택한 책입니다. 책에는 에드와르도의 작은 허물을 견디지 못하는 어른들이 무수히 등장합니다. 또 말썽쟁이 에드와르도의 행동 중에서 어여삐 살필 점을 기어코 찾아낸 여자 어른도 등장합니다. 이 그림책은 한 해를 시작하는 저의 다짐이기도 합니다. 무수한 어른들과는 다른 모습으로 아이 곁에 머물겠다는 다짐, 아이의 말과 행동을 나도 깊숙이 들여다보겠다는 다짐, 아이의 말과 행동 안에 있는 곱고 아름다운 점을 기어코 발견하고 마는 어른이 되겠다는 다

짐. 어렵지만 꼭 지키고 싶은 그런 다짐들입니다.

속으로 조용히 혼자 다짐해도 되지만 굳이 그림책까지 가져와 아이들 앞에서 공연히 공언을 하는 이유는 제가 건망증이 심한 교사이기 때문입니다. 아이들이 에드와르도를 목격하고, 에드와르도 곁의 어른들을 목격하고, 그리고 3월 첫날의 저를 목격한다면 양심상 저도 제 다짐을 쉽게 잊진 못하겠지요. 마음이 무뎌지고 시큰둥해졌을 때 제가 저의 지난 다짐을 떠올리며 두 귀와 양 볼이 빨개지기를 바랍니다.

5학년 담임 교사는 처음이라 '열두 살'은 어떤 존재일까, 이 책엔 어떤 반응을 보일까 오래 상상하며 겨울 방학을 보냈습니다. 키라는 열두 살에 무려 '부자'가 되었다는데. 내가 만날 열두 살 아이들 마음은 차고 넘칠지, 또는 빈곤할지, 나와 함께 어떤 이야기를 나눌 수 있을지, 우리가 함께 어떤 이야기가 될 수 있을지 궁금한 마음으로 2월을 보냈습니다. 교사도 아이도 모두 낯설고 설레는 개학 첫날, 이 그림책과 교사의 다짐은 아이들에게 어떻게 흘러 들어갈까요? 3월 교실 첫날 모습을 상상하며 글쓰기 도움 자료를 만들었습니다.

아이들과 그림책을 읽으며 책 대화를 나눈 후, 종종 지금 떠올린 마음과 생각을 붙잡아 바로 글을 쓰게 합니다. 생각과 마음을 나누는 일은 대화만으로도 충분하지만, 아이들이 갓 꺼낸 따끈따끈한 마음과 문장이 금세 휘발되어 사라지는 것이 안타까웠습니다. 아이들이 발바닥이 뜨거운 사람처럼 펄쩍펄쩍 뛰며 무언가를 말할 때, 말하고 싶은 그 마음을 글로 써보도록 권하고 있습니다.

글로 써보게 하는 것은 '기록의 힘'을 알기 때문입니다. 저는 일기 쓰는 것을 좋아해 몇 년째 블로그에 일기를 쓰고 있는데, 그 일기를 다시 읽을 때마다 종종 놀라곤 합니다.

'내가 이런 (멋진) 생각을 했었나?'
'과거의 내가 지금의 나보다 더 현명한 것 같은데?'

블로그가 [N년 전 오늘]하고 알림을 띄우면 저는 그날의 일기를 다시 읽으며 과거의 나로부터 삶의 영감을 얻고 삶의 태도를 배웁니다. 쑥스럽지만 기쁜 일입니다. 과거의 나와 지금의 나는 무엇이 같고 다른지 데이터에 기반하여 살필 수 있는 기회도 기록한 자만이 누릴 수 있는 특권입니다. 아이들도 이 기쁨을 누렸으면 좋겠습니다. 그래서 좋은 책을 읽고 충분한 대화를 나누고 난 뒤에는 그때 길어 올린 마음과 생각을 기록해보도록 권유합니다. 기록의 힘을 믿고 아이들이 꾸준히 써보게끔 독려합니다.

충분한 대화 시간을 가져도 황량한 광야에 연필을 들고 홀로 서 있는 사람처럼 글쓰기를 막막해하는 아이가 있습니다. 그런 아이를 위해 단계적으로 생각을 열 수 있는 글쓰기 도움 질문을 제공합니다. 《에드와르도 세상에서 가장 못된 아이》를 읽은 날은 다음과 같은 질문을 건넸습니다.

선생님의 다짐

선생님의 교실에는 늘 에드와르도 같은 어린이가 있었습니다. 모든 사람들이 실수를 하듯, 어린이들도 실수를 하거든요. 선생님도 에드와르도처럼 어린 시절에 잘못한 일들이 많아요. 그래도 실수가 배움의 기회가 될 수 있도록 응원해주고 너는 세상에서 가장 사랑스러운 아이라고 북돋아주신 어른들이 곁에 있어서 성장할 수 있었지요. 이제는 선생님이 여러분 곁에서 그런 어른이 되어줄게요. 우리는 모두 실수하고 잘못할 수 있어요. 그 순간이 바로 여러분이 '자라나는 순간'이랍니다. 여러분이 자라나는 모든 순간순간을 곁에서 응원할게요!

(1) 눈을 감고 나의 1학년, 2학년, 3학년, 4학년 생활을 잠깐 돌이켜 봅시다. 나에게도 '에드와르도'와 비슷한 때가 있었나요?
(2) 잘못하거나 실수했을 때, 어른들이 어떻게 도와주시면 좋을까요?
(3) 드디어 고학년이 되었습니다. 올 한 해 어떤 아이로 성장하고 싶나요?

아이들이 어떤 마음을 꺼내놓을까 홀로 이 생각 저 생각에 2월의 마지막 며칠 밤은 잠을 설쳤습니다.

기억에 남는 수업 장면 Talk

아이들이 말 그대로 그림책에 빠져들 것 같은 자세로, 모두 거북목이 되어 교사가 들려주는 그림책을 감상하였습니다. 아이들이 이야기 속 어린이는 변함없이 미숙한데 주변 어른들의 달라진 말이 아이의 변화에 톡톡히 한몫했음을 발견했습니다. 천천히 읽어주었을 뿐인데 열두 살 아이들이 제가 왜 이 책을 읽어주었는지 금세 알아차렸습니다. 주파수가 잘 통하는 아이들을 만나면 말을 멈추고 물끄러미 그 얼굴을 바라보게 됩니다. 어쩌면 그렇게 잘 익은 고구마, 옥수수, 감자들 같을까요. (그만큼 알곡 차고 여물고 고소한 귀여움이 있다는 말입니다.)

글쓰기 시간에 몇 번씩이나 교탁으로 나와서 이렇게 써도 되는지 묻는 아이가 있었습니다. 활동 과정에 격려가 많이 필요한 아이입니다. 꺼내놓으려 한 생각을 지지해주고 쓰고 싶은 마음은 어떤 것이라도 써도 된다고 눈빛으로 답해주었습니다.

어떤 아이들은 정말 그림 같은 모습으로 글을 씁니다. 특히 시우의 모습이 그랬습니다. 시우는 신중히 글을 씁니다. 한참을 고민하고 한 문장 한 문장 씁니다. 멍을 때리는 건가 싶었는데 가만히 지켜봤더니 처어언 처어어어언히 아주 처어언 처어어어어언히 운동장에 눈 내리는 풍경처럼 글을 쓰고 있었습니다. 그 밖에도 몰두한 눈코입, 비장하게 귀 뒤로 꽂아 넘긴 머리칼, 한 자 한 자 꼭꼭 눌러쓴 글자들이 아름답던 새 학기 첫 날의 풍경이었습니다.

아이들이 매만져 내놓은 보석 같은 문장을 공유합니다.

Q. 잘못하거나 실수했을 때, 어른들이 어떻게 도와주시면 좋을까요?

    진아 잘못하거나 실수를 한다면 어른들이 나를 위로해주고 보듬어주셨으면 좋겠습니다. 위로의 말을 들으면 실수를 해도 마음이 편해지고 진정될 것 같습니다.

    시훈 일단은 너무 나무라시면 아이들이 놀라니까 어떻게 된 건지 차근차근 아이한테 물어보시면 좋을 것 같아요.

    준혁 제 의견은 열심히 들어주시고 질문이나 대답을 부드럽게 해주셨으면 좋겠어요. 그러면 저는 어른들 덕분에 큰 힘이 생길 것 같아요.

    혁준 저는 저 스스로 다른 친구를 용서하거나 사과를 하는 것이 더 쉽고 편하고 좋아서 많이 간섭하지 않았으면 좋겠습니다.

Q. 드디어 고학년이 되었습니다. 올 한해 어떤 아이로 성장하고 싶나요?

<u>지율</u> 아파트에서 이웃을 만나면 인사하고 무언갈 받았을 때, "고마워", "감사합니다"라고 말할 수 있는 아이가 되었으면 좋겠습니다.

<u>명찬</u> 부끄러운 것보다 당당하고, 걱정 안 하는 학생이 되고 싶어요.

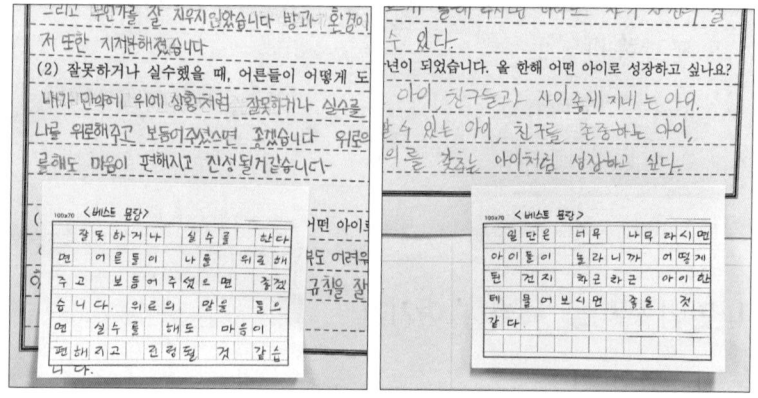

수업을 닫으며

학교에서 맞이하는 봄은 마냥 예쁘고 편안한 계절은 아닙니다. 긴장과 설렘이 공존하는 오묘한 계절입니다. 아이들이 처음 들어선 교실에서 편안하게 숨을 내쉬었으면 좋겠습니다. 실수를 두려워하지 않고 나의 부족함을 탓하지 않았으면 좋겠습니다.

'모든 아이와 눈 맞추기, 모든 아이 하루에 한 번 꼭 격려하기, 가벼운 농담, 사랑하는 눈빛, 안전하고 기대고 싶은 어른' 같은 말들을 일기에 끼적여 적어 봅니다. 일기 언저리에 '아이를 보는 어른의 눈은 느슨하고 다양한 렌즈여야 한다.' 같은 문장도 함께 써 봅니다. 기록의 힘을 믿으면서, 첫날의 다짐을 기억하면서.

수업 흐름도

① 《에드와르도 세상에서 가장 못된 아이》 그림책 읽기
② 책 대화 나누기
③ 글 쓰고 나누기

나만의 특징을 '특별히' 여기기

핵심 키워드 #긍정적자아개념 #나 #다양성존중 #다름존중

관련 성취기준 EI 1.1.1 자신을 긍정적으로 받아들이는 태도를 가질 수 있다.

수업 주제 나만의 시선으로 사과 바라보기

활용 그림책 이노우에 마사지, 《하나라도 백 개인 사과》, 문학동네

그림책 소개 알록달록 예쁜 사과가 지나가는 사람들의 눈길을 끕니다. 사과 앞을 지나치는 사람들은 사과를 보며 저마다 다른 생각을 합니다. 농부, 의사, 선생님, 경찰 등 모두 저마다의 시선으로 사과를 바라봅니다. 나도 이 사과에 나만의 시선을 얹어볼까요? 그럼 이 사과는 하나라도 백 개인 사과일 테니까요.

수업 디자인 Talk

학교마다 교육과정을 구성하기 나름이겠지만 대체로 많은 초등학교에서 진로교육에 할당된 수업 시간이 많지 않습니다. 짧은 시간에 자기 자신에 대한 이해를 바탕으로 변화하는 직업 세계를 탐색하고 일과 직업에 대한 건강한 의식까지 모두 심어주기가 여간 어려운 게 아닙니다.

저는 확보된 진로 수업 시간에는 자신에 대한 객관적 이해를 통해 긍정적 자아개념을 형성하는 데에 집중하는 편이고 변화하는 직업 세계에 대한 이해나 일과 직업에 대한 건강한 의식은 교과와 연계하여 지도하는 편입니다. 예를 들면 수학 표 만들기 단원에서 빅데이터와 관련한 직업을 알아보고 정리하여 발표하고 사회 법을 주제로 한 단원에서 법과 관련된 직업을, 과학 다양한 생물 단원에서 첨단 과학과 관련한 직업을 알아보는 식입니다.

진로교육은 단순히 어떤 직업을 가질지, 어떤 학교와 학과에 진학할지와 관련된 단편적이고 일시적인 교육이 아닙니다. 진로교육은

1. 나는 어떤 사람인가?
2. 나는 어떤 가치를 실현하며 살 것인가?
3. 살며 마주하는 인생의 여러 역할들을 어떻게 조화롭게 이루며 살 것인가?

같은 커다란 질문을 해결할 역량을 길러주기 위해 장기적인 관점에서 접근해야 하는 교육활동입니다. 그래서 진로교육은 '자신에 대한 깊이 있는 이해'에서 출발하여 이를 바탕으로 자아존중감을 기르는 것이 무엇보다 선행되어야 합니다. 아이들과 '나'에 대한 이야기를 안전하고 편

하게 열어가기 위해 저는 그림책을 많이 의지합니다. 아이들은 그림책을 읽으며 글과 그림이 만들어 내는 제3의 공간에서 내 안의 무수한 나를 탐색하고 '나'를 발견합니다.

그림책《하나라도 백 개인 사과》를 6학년 진로 수업 시간에 읽어주었습니다. 《하나라도 백 개인 사과》에는 똑같은 하나의 사과를 보더라도 저마다 사과에 대한 다른 이해와 해석을 만드는 장면이 펼쳐집니다. 흑백의 그림에 사과만 빨갛게 예쁜 빛을 띠고 있다가 책의 마지막에는 사과 주변도 푸르고 싱그러운 색으로 함께 물드는 것이 아름다운 그림책입니다. 책을 읽어주기 전, 아이들에게 표지와 제목만 보여주고 어떤 이야기가 펼쳐질지 물어보았습니다.

"왜 책 제목이《하나라도 백 개인 사과》일까?

아이들의 대답이 인상적이었습니다.

"표지에 그려진 사과는 다양한 빛깔들이 섞여서 아름다운 빛깔을 내고 있어요. 그것처럼 세상의 모든 것들은 여러 가지 다양한 특성들이 어울려서 자기 빛깔을 낸다는 이야기일 것 같아요."

"씨앗 하나를 심어 그것이 자라 튼튼한 나무가 되면 열매가 주렁주렁 많이 열리잖아요. 작은 씨앗도 정성스레 키우면 하나라도 백 개의 열매를 맺을 수 있다, 뭐 그런 이야기 아닐까요?"

"사과 하나도 용도가 많잖아요. 사과 쨈, 사과 쥬스, 사과 파이······. 다양한 상황에 잘 적응하는 유연한 태도를 이야기하는 그런 책일 것 같아요."

"사과가 아래에 그려진 박스를 그대로 다 차지할 정도로 매우 큰 사이즈거든요. 그만큼 특별한 사과인 거죠. 하나이지만 백 개의 몫을 해내는 사과. 아마 우리도 그렇다는 이야기일 것 같은데요. 맞죠, 선생님?"

그림책을 읽어줄 때는 그림만 보여준 채 글은 가려두고, 어떤 말이 나올지 아이들이 예측하게 하며 읽으면 훨씬 재밌습니다. 저는 그림책 분량의 1/3 정도가 넘어가면 꼭 글을 가려두고 어떤 말이 나올지 묻습니다. 아이마다의 개성, 고유함이 묻어나는 그 말을 듣는 시간이 늘 기다려집니다.

한참 아이들과 신나게 떠들며 책을 읽고 나서는 나만의 고유한 생각, 관심사, 특성을 살펴보고 '나만의 하나라도 백 개인 사과'를 만들었습니다. 그 해에 만난 6학년 아이들 중에는 벌써 '성적'이라는 단일 잣대로 자기를 평가하는 아이들이 있었고, 자신의 자아상과 부모의 기대상이 불일치해 자존감에 타격을 입은 아이들이 있었습니다. 아이들에게는 외부의 기준이 아니라 나의 관점으로 세상을 해석하고 바라보는 연습이 필요해 보였습니다. 아이들이 그림책 속 사과에 쏟아지는 사람들의 다양한 시선을 읽어 내면서 저마다 삶을 대하는 관점은 말 그대로 다른 것이지 '틀린' 것이 아니라는 것을 깨닫기를 바랐습니다.

아이들이 '나'의 이야기를 꺼내도록 돕는 활동지에 다음과 같은 안내 문구를 넣었습니다.

> '틀린 것이 아닌 저마다 다른 생각' 내 안에는 나만이 지닌 고유한 생각, 특성들이 있어요. 그것이 바로 여러분을 더욱 특별하고 소중하게 만드는 것들이지요. 한번 펼쳐나가 볼까요? 나의 관심사, 내가 잘하는 것, 내가 앞으로 잘하고 싶은 것들에 대하여.
> (크고 튼튼한 나무처럼 '나' 마인드맵 가지를 쭉쭉 뻗어 나가 보세요!)

아이들이 저마다의 특성을 마인드맵 가지 끝에 동글동글 달아두었습니다. 그리고 그 특성을 가지고 나만의 이야기를 만들었습니다. 이야기를 만드는 형식은 우리가 함께 읽은 책의 서술 방식을 모방하여 사과를 바라본 주인공('나')이 한 생각, 그리고 그에 대한 사과의 응답 형태로 만들어보기로 하였습니다.

자신에게 '완벽주의' 성향이 있다고 쓴 장용이는 나만의 이야기를 이렇게 만들었습니다.

걸어가고 있던 장용이가 사과를 보고 생각했어.
"저 사과는 완전히 동그랗게 생겼을까?"
사과는 생각했어.
"저 아이는 완벽한 걸 좋아하는 아이구나!"

과학에 깊은 애정이 있는 주리는 다음과 같은 이야기를 만들었습니다.

과학을 잘하는 주리가 지나가다 사과를 봤어.
"사과 안에는 포도당이 들어있지. 포도당의 화학식이 뭐였지?"
사과는 생각했어.

"이 아이는 과학에 관심이 많은 아이인 게 틀림없어!"

화가가 꿈인 수진이는 이렇게 만들었습니다.

지나가던 수진이가 사과를 보고 말했어.
"사과를 파랑색으로 칠해도 재밌을 거야."
사과는 또 생각했어.
"저 사람은 화가가 되고 싶은 사람일 거야!"

'나' 마인드맵을 촘촘히 그려낸 아이들은 어렵지 않게 '나만의 하나라도 백 개인 사과' 이야기를 스토리보드에 썼습니다. 꺼내놓은 이야기는 '책 만들기 스크랩북(5p)'에 옮겨 그림책을 한 권 제작해보는 경험으로 연장시켰습니다.

아이의 자기 탐구 결과물을 책이나 물성이 있는 무엇으로 만들 때에는 제작 과정에서 아이에게 무엇이 부담될지 미리 먼저 고민하고 그 부

〈사과 책 결과물〉

담을 줄여줄 방안을 마련해 둡니다. 아이에게 자기 탐구의 시간과 그 결과를 담아내는 과정이 부담스럽고 힘든 일로 기억되지 않았으면 하는 마음에 사전 준비가 가능한 부분이 있다면 미리 준비해 두려고 합니다. 묘수가 잘 보이지 않을 때는 아이들과 미리 상의해 고민을 덜기도 합니다. 이번 책 만들기도 '책 만들기 스크랩북' 세트를 교탁 위에 잔뜩 쌓아두고 어떤 재료를 활용해 책을 만들면 좋을지 아이들과 이야기를 나누었습니다. 최대치의 성취감과 최대치의 보람을 선물해 줄 수 있는 전략을 함께 고민했습니다.

제일 먼저 고민한 것은 사용할 재료였습니다. 대체로 시중에 판매하는 '책 만들기 스크랩북'은 코팅이 된 유광 재질입니다. 재질 특성상 매직이나 마카로 작업을 할 수밖에 없는 종이입니다. 매직이나 마카로 책을 만들게 되면 기존 그림책이 지닌 따뜻한 느낌은 전혀 담아낼 수 없고, 뭉툭하고 굵은 매직 특성상 삽화의 디테일도 떨어지게 되는 문제점이 있었습니다. 세밀하고 따뜻한 표현이 가능한 색연필을 사용할 수 있으면 좋겠다는 의견이 있어, A4 용지에 삽화를 색연필로 그리고 그 종이를 잘라 스크랩북 책 위에 덧대어 붙이는 것으로 작업 방식을 결정하게 되었습니다.

또 이번 책 만들기 활동에 반영한 작업 전략은 책의 삽화 일부를 활용하는 것이었습니다. 삽화의 부담을 절반쯤 덜어낸 아이들은 '나'를 어떤 글과 그림으로 표현할지에 초점을 맞춰 고민할 수 있었고 그림 그리기를 두려워하는 아이 한 명 없이, 모두 '나만의 하나라도 백 개인 사과' 책을 만들 수 있었습니다. 별 것 아니지만 이런 작은 디테일이 모여 작업 과정의 경험과 결과물의 질을 좌우합니다.

〈 사과 책 삽화 결과물 〉

기억에 남는 수업 장면 Talk

만든 책을 함께 읽던 날이었습니다. 누가 쓴 책인지 밝히지 않은 채 아이들에게 친구의 책을 읽어주었습니다. 알쏭달쏭해하며 누가 쓴 책인지 맞히는 과정이 재미있었습니다.

'사과를 1/4 조각으로 나누어볼까?'

"수학? 선생님 우리 반에 수학을 좋아하는 그런 애는 없는데요!"
"야, 뭐래! 딱 봐도 나잖아."
"뭐래, 너는 사과 먹방 찍고 싶다고 썼잖아!"

사랑의 시작은 관찰이라는데 아이들이 서로를 눈여겨보고 서로의 이야기에 귀 기울이는 모습이 그림책 속 사과처럼 풋내나고 싱그럽습니다.

수업을 닫으며

《AI시대 사람의 조건 휴탈리티》(한국경제신문사, 2020)의 저자 박정열은 인간 고유의 창의는 우리 자신에 대한 질 높은 성찰에서 비롯된다고 하였습니다. 탄탄한 자기 탐구 시간을 가져본 아이들이 미래 세상에 어떤 가치와 의미를 만들지 꼬리에 꼬리를 무는 고민을 이어나가면 좋겠습니다.

수업 흐름도

① 《하나라도 백 개인 사과》 그림책 읽기
② 나의 관심사, 잘하는 것, 특징 등 마인드맵으로 나타내기
③ '나만의 하나라도 백 개인 사과' 책 만들기

나를 둘러싼 가장 중요한 환경, '가족' 탐구하기

핵심 키워드 #긍정적자아개념 #다양한 가족

관련 성취기준
[4사02-06] 현대의 여러 가지 가족 형태를 조사하여 가족의 다양한 삶의 모습을 존중하는 태도를 기른다.

[6실01-03] 주변 가족의 모습을 통해 나와 가족의 관계 및 역할을 이해하고, 다양한 가족의 가정생활 공통점을 파악하여 가정생활의 중요성을 설명한다.

수업 주제 나의 뿌리, 나의 가족 표현하기

활용 그림책 제롬 뤼예, 《커다란 포옹》, 달그림

그림책 소개 《커다란 포옹》은 가족 구성원이 다양한 크기, 다양한 색상의 원으로 표현되어 있습니다. 재혼 가정의 탄생 과정을 아름다운 모양으로 풀어낸 그림책입니다. 둥근 원들이 서로 감싸고 포개지는 모습을 가만히 들여다보고 있으면 한 편의 근사한 애니메이션을 본 것 같기도 합니다. 마지막 장면을 펼치면 교실 여기저기서 "와아!" 탄성이 흘러나옵니다. 달라서 아름다운 우리의 삶에 대해 생각해보게 하는 좋은 그림책입니다. 다름에 대한 존중도 스미듯 배울 수 있습니다.

수업 디자인 Talk

'가족'이라는 울타리가 여리고 작은 아이들에게 어떤 의미인지 잘 알기에 가족의 소중함에 대해서, 가족의 다양성에 대해서 직접적으로 언급하기 주저될 때가 있습니다. 교사가 괜찮다고 말하지만 아이는 괜찮지 않을 수 있어서, 다른 아이들이 가족을 주제로 이야기하는 것이 어렵지 않을 때 어떤 아이는 아직 마르지 않은 눈물을 가슴 한켠에 품고 있을 수 있어서. 그래서 나의 '가족'에 대해서 말할 준비가 아직일 수 있어 그렇습니다.

실제로 현장에 있다 보면 아이 보호자의 장례식장에 갈 일이 생깁니다. 아픈 부모를 살피느라 훌쩍 커버린 아이가 상주 완장을 차고 식장

을 지키며 손님을 맞이하는 모습을 마주하면 어떤 표정을, 어떤 말을, 어떤 행동을 아이에게 보여야 하나 고민스럽습니다. 아이 앞에 나서기가 두려워집니다. 양어깨를 살짝 가볍게 쥐고 "다 끝나고 교실에서 만나자, 기다리고 있을게." 같은 말을 겨우 할 뿐입니다.

다시 어린이의 공간으로 돌아온 아이를 어떤 면에서 전과 같이 대하고 어떤 면에서 전과 달리 대해야 하는지 여전히 섬세하게 알지 못합니다. 나름 세워둔 미숙한 규칙이 있다면 돌아온 아이를 울지 않고 한번 안아주는 것, 그리고 전과 다를 바 없이 아이를 대하는 것, 고작 그 정도 할 뿐입니다.

팔뚝에 커다란 멍이 있어 살짝 티셔츠를 걷어 보면 작고 마른 등에 퍼렇고 빨간 멍이 뒤덮여 있는 아이도 만납니다. 이 아이를 만났을 때는 문제 해결 절차에 대해 아는 것이 아무것도 없는 3년차 초임 교사 시절이었는데 교내 복지사 선생님이 계신 것이 천만다행이었습니다. 실제로 아이와 보호자는 강제 분리를 하게 되었습니다.

새 아빠, 새 엄마 이야기를 수다스럽게 늘어놓는 아이부터 일기장 한편에 가정사를 써두고 구겨 놓는 아이까지. 내가 그 나이에 경험해 보지 못한 마음과 생각을 자신의 일부로 품고 살아가는 아이를 교실에서 만나는 것이 교사의 일입니다.

아이를 겨우 1년 만나는 제가 교실에서 할 수 있는 일이 별로 없는 것 같아 답답하다는 생각이 들 때가 많습니다. 그래도 아이에게 선생님의 말과 행동은 아주 오래 남지 않을까요. 헤매는 밤 나침반이 되진 못하더라도 그 길을 함께 걷는 다정한 달빛 정도는 될 수 있지 않을까요. 조그만 기대를 품어봅니다. 기다리고 기대하는 것은 교사의 일이니까요.

전문성 있게 아이 내면을 다 어루만지지 못해도 그림책 속에 재현된 다양한 가족 이야기를 들려주는 것은 제가 할 수 있는 일입니다. 다양한 가족에 대한 서사를 꾸준히 살피다 보면 병리적 현상에 가까운 '정상 가족' 담론이 무너지지 않을까 하는 기대를 품고서요.

앤서니 브라운의 《돼지책》, 배빗 콜의 《따로따로 행복하게》, 백희나의 《삐약이 엄마》, 정설희의 《나는 엄마가 둘이래요》, 전미화의 《달 밝은 밤》, 《씩씩해요》, 볼프 에를브루흐의 《내가 함께 있을게》, 제롬 뤼예의 《커다란 포옹》 같은 책을 함께 읽고 이야기를 나눕니다. 다른 모습을 결핍이나 틀림으로 해석하지 않고 서로의 다름에서 각자의 아름다움을 찾는 방법을 연습합니다.

소개할 수업은 제롬 뤼예의 《커다란 포옹》을 읽고 아이들과 나의 가족을 표현한 수업입니다. 간혹 이런 질문을 받을 때가 있습니다.

"학급에 이혼 가정 아이가 있는데 가족 표현 활동을 해도 괜찮을까요?"
"몇 살 정도가 되면 다양한 가족의 모습에 대한 이야기를 상처 없이 나눌 수 있을까요?"

영 애매한 답변일 수 있지만, 가족 이야기를 나눌 수 있는 '절대 기준' 같은 것은 없다고 생각합니다. 학급 분위기, 학급 규모와 상황, 아이와 보호자들의 성향 같은 것에 따라 이야기의 범위와 깊이가 달라질 것 같습니다.

나의 가족 표현 활동은 원 모양 색종이가 필요합니다. 다양한 색상, 다양한 크기의 '둥근 색종이'를 1인당 1세트씩 나누어 주었습니다. ('둥근 색종이'는 온라인 쇼핑몰에서 세트 당 1,000원 내외로 구매 가능합니다.) 내가 느끼는 우리 가족의 특징과 성향을 색으로 표현하게 하고 해당 구성원이 내게 미치는 영향력을 크기로 표현하게 하였습니다.

"우리 가족은 어떤 색이에요? 크기는요? 나와의 거리는 어때요?"

아이들이 색종이의 양면을 뒤집어 가며 골똘히 색을 고릅니다. '자기주장이 없는 나'를 표현하기 위해 연보라색을 고른 아이도 있었고, 엄마 아빠는 나를 연두색으로 낳아주셨지만 지금은 자라 초록색이 되었다며 자기 성장의 서사를 색에 담는 아이도 있었습니다. 똑같은 파랑색을 골라도 아이마다 파랑색을 고른 이유가 달랐습니다. 어떤 아이는 아버지의 강한 권위를 표현하기 위해 파랑색을 골랐고, 어떤 아이는 아버지의 바다처럼 넓고 포용력 있는 태도를 표현하기 위해 파랑색을 골랐습니다. 때문에 아이들이 왜 이 색을 골랐는지 꼼꼼히 서술하게 하였습니다. 그리고 작성한 내용은 원하지 않으면 주변에 공개하지 않아도 된다고 일러두었습니다. '영향력'에 대한 해석은 아이마다 달라서 그 구성원이 지닌 권위로 원의 크기를 고른 아이도 있었고, 내게 미치는 중요도로 크기를 정한 아이도 있었습니다. 어떤 아이는 '나'의 크기가 가장 크기도 했고, 어떤 아이는 '나'의 크기가 가장 작기도 했습니다.

색상과 크기를 정하였으면 이제 원을 배치합니다. 가족 구성원과 나의 심리적 거리를 배치로 표현해 보는 겁니다. 부모 속에 자녀가 쏙 담기는 형태로 배치를 하는 아이도 있고, 부모로부터 내가 최대한 멀리 뚝 떨어진 형태로 배치하는 아이도 있었습니다. 원을 포개 놓을 때에는 저 나름의 이유가 있었습니다. 예로 파랑색(아버지) 위에 노랑색(어머니)이 올라오게 원을 겹친 아이는 가정 내 의사결정권이 어머니에게 있기 때문에 노랑색을 파랑색 위에 얹었다고 말했습니다.

최종 산출물은 원으로 표현된 저마다의 우주였습니다. 겹겹이 포개지고 연결된 가족, 일렬로 길게 늘어선 가족, 저마다의 독립된 행성처럼 뚝 떨어져 있는 가족 등 다양한 작품이 나왔습니다. 완성된 후에

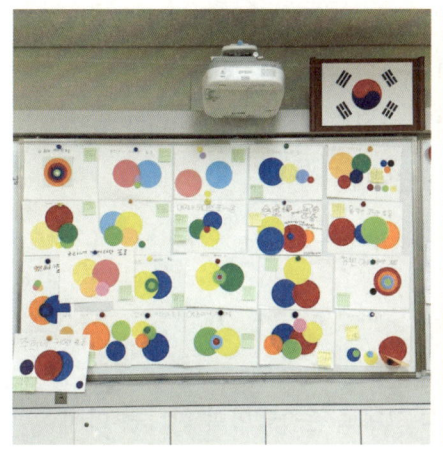

〈 커다란 포옹 결과물 〉

작품을 멀리 두고 감상했습니다.

"와!"
"선생님, 이거 완전 우주예요!"

아, 정말로 그건 우주였습니다.

기억에 남는 수업 장면 Talk

제 가족 이야기를 신나게 떠들며 작품을 만드는 아이도 있고, 조용히 홀로 작품을 만드는 아이도 있었습니다. 정숙한 분위기 속에서 활동을 진행할 필요는 없다고 생각해 어느 정도의 대화는 허용해주었지만, 어떤 아이에게는 내 원가족을 표현하는 데에 걸림돌이 될까 싶어 대화는 조금 지양했으면 좋겠다는 이야기를 활동 중간에 전하였습니다.
 교사가 의도하지 않아도 달라서 더 아름답다는 이야기가, 작품 속 형태에 옳고 그름이 없다는 이야기가 아이들 입에서 나왔습니다. 미처 기대하지 못했던 아름다운 마무리였습니다.

수업을 닫으며

 가족의 모습은 다르고 다른 특성 그대로 존중받아야 한다는 아이들의 배움이 아이의 삶으로 완결되려면 법과 제도의 차원에서 다양한 가족 정책이 수립되고 펼쳐져야 합니다. 다양한 형태의 가족이 사회적으로 받아들여지는 바탕은 아이 양육이 가족 개인의 문제가 아니라 공공의 문제로 다뤄지는 사회 분위기 속에서 만들어집니다. 《이상한 정상 가족》(동아시아, 2022(개정))의 김희경에 따르면, 최근 미혼모를 포함한 한부모 가족에 대한 지원이 늘거나 아동 복지를 가족의 책임으로 강요해온 관행이 사라지는 등 제도적인 면에서 개선이 있었습니다. 반가운 변화이지만 씁쓸한 이유는 이것이 아이의 죽음에 빚져 맞이한 결과이기 때문입니다. 아이들의 배움과 사회의 모습이 일치할 수 있도록 우리가 부지런히 연대와 지지의 목소리를 보태야겠습니다.

수업 흐름도

 ①《커다란 포옹》그림책 읽기
 ② 나의 가족 구성원의 특징을 원으로 표현하여 배치하기
 ③ 작품 감상하기

 ## 2. '자연'과 함께하는 사월

마지막 섬을 지키기 위해 우리가 할 수 있는 일

핵심 키워드 #생태전환교육 #환경난민 #지구온난화

관련 성취기준
[6국02-02] 글의 구조를 고려하여 글 전체의 내용을 요약한다.
[6국02-03] 글을 읽고 글쓴이가 말하고자 하는 주장이나 주제를 파악한다.
[6국03-04] 적절한 근거와 알맞은 표현을 사용하여 주장하는 글을 쓴다.

수업 주제 탄소 중립을 위해 우리가 해야 할 일 알고 실천하기

활용 그림책 이지현, 《마지막 섬》, 창비

그림책 소개 해수면 상승으로 사라질 위기에 놓인 섬나라의 한 노인에 관한 이야기입니다. 독자들은 섬나라 투발루를 떠올리며 이 아찔한 이야기가 단지 그림책 속 허구가 아님을 생각하게 될 것입니다.

> 이 책은 글 없는 그림책입니다. 작가는 색연필만으로 야생 환경의 아름다움과 환경 난민이 마주한 처절한 삶의 단편을 섬세하게 표현하였습니다. 독자는 글의 빈 자리에 더 많은 고민과 생각을 가져다 둘 수 있을 것입니다.

수업 디자인 Talk

생태전환교육이 선택이 아니라 필수인 시대의 아이들을 만나고 있습니다. 학기 말 교육과정 평가회 때 보호자 설문에서도 지속적이고 체계적인 생태전환교육에 대한 요구가 꽤 큰 비중을 차지합니다. 기후 환경에 대한 이슈는 비단 일부의 환경 운동가들만이 공감하는 사회 문제가 아니라 많은 사회 구성원들이 공감하고 공유하는 공동의 사회 문제라는 것을 알 수 있습니다.

많은 현장 교사들이 생태전환교육의 출발점으로 학생들과 문제의식을 공유하는 과정을 거칩니다. 기후변화로 인해 우리나라가 맞닥뜨린 문제부터 우리 눈에 보이지 않는 저위도, 또는 극지방 국가들이 겪고 있는 문제까지, 현재 도래한 문제부터 앞으로 도래할 문제까지. 대상 학년 아이들의 수준에 맞게 다룰 문제의 범위와 깊이를 설정합니다.

초등학교에서는 생활 속 직접 실천할 수 있는 행동 양식을 배우고 실천하며 주변 가족과 이웃에게 친환경적 생활 양식을 홍보하는 활동 위주의 수업을 많이 이어갑니다. 아이의 변화한 행동에 영향을 받아 보호자도 가정의 크고 작은 생활 습관을 바꾸게 되었다는 이야기를 전해 받는 것은 생태전환교육의 큰 기쁨과 보람 중 하나이기도 합니다.

잘 배운 아이들은 작은 물품 하나를 버릴 때에도 오래 고민합니다. 이 물품이 재활용이 가능한지, 가능하다면 어떻게 분리 배출해야 하는지 멈춰 서서 한 번 더 생각합니다. 혼자 해결하지 못할 때에는 교사에게 도움을 청합니다. 교사는 그때 아이들을 통해 배웁니다. 작은 일을 귀하게 여기는 마음을.

5학년 아이들과의 생태전환교육은 다양한 구조의 글을 읽고 이를 요약하는 국어과 성취기준을 중심에 두고 환경 기념일을 알아가며 이루어졌습니다. 식목일, 종이 안 쓰는 날, 지구의 날, 세계 채식인의 날 등 다양한 환경 기념일[3]에 관한 글을 읽었는데, 기념일이 제정된 이유를 살피고 해당 기념일 당일만큼은 실천할 행동 양식을 살펴 요약·정리하였습니다. 이 과정에서 아이들에게 깊은 배움이 일어났습니다. 조선의 문장가 유한준이 한 말이 떠오르는 순간이었습니다.

'사랑하면 알게 되고 알면 보이나니 그때 보이는 것은 전과 같지 않으리라.'[4]

아이들과 '지구의 날'을 홍보하는 카드뉴스를 만들어 아파트 엘리베이터에 부착했습니다. 이웃들의 반성과 뜨거운 지지[5]를 끌어냈습니다.

---

[3] 환경기념일에 관한 글은 교사가 여러 자료들을 수집한 뒤 5학년 아이들의 수준에 맞게 재가공하여 배부하였다. 가장 많이 참고한 책은 세계 51가지의 환경기념일을 풀어서 쓴 최원형의 《달력으로 배우는 지구환경 수업》(블랙피쉬, 2021)이다.

[4] 유홍준, 《나의 문화유산 답사기 1》(창비, 2011), p 12.

Ⅱ. 열두달 그림책 수업 룩북

여름날 에어컨을 틀지 않아도, 선생님이 구겨지고 사용감 있는 종이에 학습 자료를 복사해 나누어줘도 불평하지 않았습니다. 있어 보이는 키트를 활용한 미술 수업이 아닌, 한 번 쓰고 버리는 폐품을 활용하는 우리의 구질구질한 미술 수업을 자랑스러워했습니다. '세계 채식인의 날'을 배우고 나서는 편식이 심한 아이들도 자신의 식습관을 성찰해보기 시작했습니다. 가정 내의 과한 육식 섭취에 대해 이야기를 나누겠다는 아이, 영양 선생님께 비닐 포장된 디저트류는 줄이고 월 1회 채식의 날을 운영하자고 의견을 내겠다는 아이도 있었습니다. 사랑해서, 알게 돼서, 눈에 보이는 것들이 전과 같지 않아서 아이들의 눈빛이 아이다운 의욕과 열정으로 반짝였습니다.

 5학년 아이들과의 생태전환교육은 기후 위기 관련 상식 및 저탄소 생활 습관을 배워 이를 생활화하는 데에 수업의 초점을 두었다면, 6학년 아이들과의 생태전환교육은 나의 논리를 담아 한 편의 주장하는 글을 써보는 국어과 성취기준을 중심에 두고 이루어졌습니다. 5학년 아이들이 배운 내용을 잘 요약·정리하여 그 내용을 '전달'하는 캠페인 활동을 주로 경험했다면, 6학년 아이들은 특정 청자에게 나의 '주장'을 내세우는 활동을 경험하였습니다. 6학년 아이들이 경험한 과제는 고유의 판단을 요하는 것으로 난이도가 살짝 더 높다고 말할 수 있겠습니다.

---

5 '어른들에게 아픈 지구를 살릴 수 있는 방법을 알려줘서 고마워요. 지구를 사랑하는 고운 마음 간직하며 훌륭한 어른이 되어가길 응원할게.(502호 아저씨)', '지구를 사랑하는 어린이 반가워요. 덕분에 깜빡 잊었던 장바구니를 들고 나왔어요. 소등행사도 꼭 참여할게요. 예쁜 마음 고마워요.(1101호 아줌마)', '덕분에 지구와 환경에 대한 소중함을 다시 한 번 깨닫게 되었어요. 지구의 날 소등행사도 꼭 참여할게요.(20단지 주민)'과 같은 포스트잇 답장을 이웃 주민들이 엘리베이터 속 카드뉴스 아래에 붙여주었다.

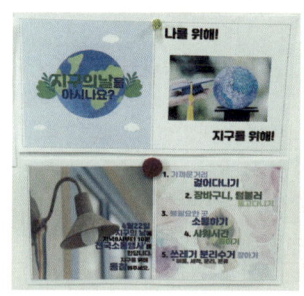  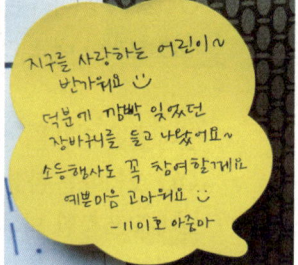

5학년 생태전환교육	6학년 생태전환교육
- 환경 기념일에 대해 요약·정리 하기 - 환경 기념일을 홍보하는 캠페인 활동하기	- 지속가능한 지구를 위한 주장 펼치기 - 주장을 뒷받침할 근거 수집하기

6학년 아이들은 재활용이 곤란한 일회용 용기에 제품을 담아 판매하는 A기업에 용기 재질의 변화를 주장하는 편지를 써 보냈습니다. 끈질긴 요구 끝에 기업 대표로부터 답장을 받는 쾌거를 이루었습니다.

"선생님 답장 솔직히 안 올 줄 알았는데 와서 너무너무 신기해요! 솔직히 우리는 아직 학생이고 힘이 없다고 생각했는데 우리가 하는 말, 우리가 쓴 글이 힘이 있다는 게 어쩌면 우리가 변화를 만들 수도 있다는 게 너무너무너무 신기해요!"

교사인 저도 이런 경험은 처음이라 가슴이 설렜습니다. 기업 대표로부터 받은 답장의 내용을 소개합니다.

○○초 학생 여러분, 안녕하세요
○○ 코리아 대표 ○○○입니다.

먼저 좋은 의견을 정성스러운 편지로 보내주어 감사합니다.
○○ 코리아는 환경 보호의 중요성을 인식하고 있으며, 우리 학생들이 보내준 소중한 의견들에 대해 아래와 같이 ○○ 코리아의 입장을 전합니다.

먼저, 여러분이 얘기해 준 일회용컵 PP소재는 국내에서 좀 더 재활용이 용이할 수 있게 다양한 방법을 연구하고 있습니다.

그리고, 포장용 실링 필름은 쉽게 분리해서 버릴 수 있도록 관련 기술을 개발하고 있으며, 여기서 더 나아가 실링 필름과 플라스틱 빨대 모두 재활용이 가능한 재질로 교체를 검토하고 있고 상반기에 여러 번 테스트를 시행했습니다.

또한 이렇게 친환경 소재 교체 및 개발 노력과 동시에, 환경 보호를 위해 ○○가 우선적으로 할 수 있는 방법을 고민하고 있으며 그 노력의 하나로, 다양한 형태와 기능을 가진 다회용 컵과 텀블러를 제작하고 증정하는 프로모션을 통해 ○○를 찾는 고객들이 일회용품 사용을 줄일 수 있도록 노력을 지속하고 있습니다.

○○초 학생 여러분,
미래의 주인인 ○○초 학생들이 보내 준 의견 하나하나 모두, 저와 ○○ 임직원 모두가 깊이 공감하고 있고 ○○에 대한 관심에 고마운 마음입니다. 빠른 시일 내에 하나하나 환경적인 문제를 개선하도록 노력하겠습니다.

고맙습니다.

아이들에게 답장을 복사해 한 장씩 나누어주었습니다. 냉장고에 붙여두고 부모님께 며칠을 자랑했다는 아이들 표정이 맑고 밝았습니다.

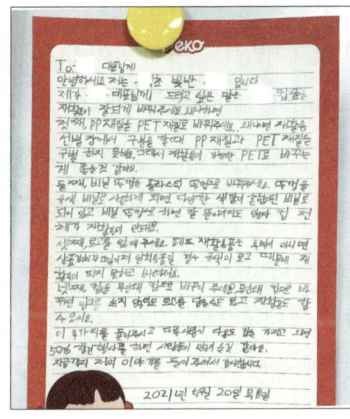
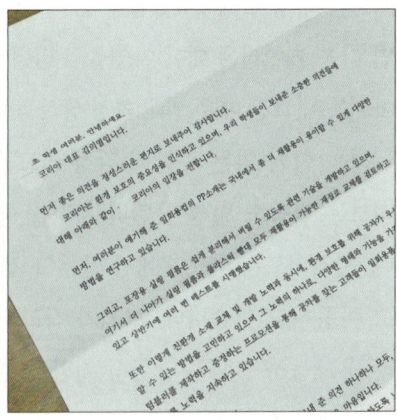

우리 배움의 마지막은 '타인의 삶'을 향했으면 했습니다. 나만의 문제가 아니라 우리의 문제라는 연대 의식이 아이들을 성숙한 시민으로 자라게 할 핵심 기억이 될 것 같아서요. 그래서 5학년 아이들도, 6학년 아이들도 수업을 마무리하는 단계에서 《마지막 섬》을 읽었습니다.

이 책은 이미 집, 고향 그리고 보통의 삶을 잃은 환경 난민에 대한 이야기를 담고 있습니다. 책을 읽다보면 기후변화 연구단체 '클라이밋 센트럴'의 과학자 벤 슈트라우스의 경고가 떠오릅니다. 그는 만약 지금보다 지구의 온도가 1℃가 더 오르게 된다면 전 세계 해안 도시들이 사라지게 될 것이라고 합니다. 아이들과 책을 읽고 마지막 섬을 지키기 위해 개인, 기업, 국가가 어떤 노력을 함께 지속해 나가야 할지 이야기 나누는 시간을 가졌습니다.

기억에 남는 수업 장면 Talk

책 속에 글이 있다면 어떤 내용일지, 다음 내용은 무엇일지 이야기를 나눠보는 과정이 재미있었습니다. 책장을 넘기기 전 잠시 멈춰서 기다려주면 다음 페이지에 대한 아이들의 타당하고 재치있는 예측이 쏟아집니다. 아이들이 그간 배운 생태 환경 상식을 엮어 이야기를 만들어갑니다.

책을 함께 읽는 중간에 감정 카드를 활용해 인물이 느낄 감정을 살펴보는 활동도 환경 난민의 처지를 공감해보는 데에 도움이 되었습니다. 감정카드는 학토재에서 만든 '느낌자석카드'를 늘 칠판에 부착해두고 사용하고 있습니다. 크기가 작고 자석 형태로 되어 있어 칠판에 부착이 가능하기 때문에 항상 칠판 오른쪽에 붙여두고 아이들이 필요할 때 살펴볼 수 있게 합니다.

이 책은 열린 결말로 끝이 납니다. 아이들이 상상한 책의 다음 이야기 중 일부를 담아봅니다.

"그게 유튜브에서 유명해지더니 그 캠페인은 전세계로 퍼지기 시작한 거야. 보잘 것 없었던 두 아저씨의 노력이 모든 사람에게 닿은 거지!"

"나와 사람들이 어떻게 하는지에 따라 기후 시계의 시간은 늘어날 수도 있고, 줄어들 수도 있지."

"지금 빨리 사람들, 국회의원, 공장 사장님들에게 빨리 환경 오염이 심각하다는 걸 알려줘. 작은 노력이 나중에 큰 노력이 될 수도 있으니까!"

"국가는 시민들이 노력하는 모습을 보고 마음을 돌렸어. 공장에서 석유, 석탄을 쓰지 않고 태양열 발전기로 공장들이 하나씩 바뀌었지."

"말 그대로 아무것도 사지 않는 운동이야. 그러다 보니 엄청나게 많은 가게들이 망했어. 정부는 어쩔 수 없이 환경을 지키겠다는 공약을 발표했고 사람들의 시위는 끝이 났지."

아이들이 펼쳐 놓은 이 흥미로운 이야기에 앞서 어떤 이야기가 펼쳐지는지 궁금하다면 꼭 《마지막 섬》을 읽어보길 바랍니다.

수업을 닫으며

수업을 닫으며 아이들과 함께 조동화 시인의 〈나 하나 꽃 피어〉를 낭독했습니다. '우리'는 힘이 있다고, '우리'의 힘은 셀 수도 있다는 이야기를 시에 기대어 전한 날입니다.

수업 흐름도

① 《마지막 섬》 그림책 읽기
② 주인공이 되어 어떤 대화를 주고 받을지 생각해보기
③ 주인공의 감정에 대해 이야기 나누기
④ 마지막 섬을 지키기 위해 개인, 기업, 국가가 어떤 노력을 해야 할지 생각하며 책의 결말 상상하기

환경을 위해 조그만 손으로 우리가 할 수 있는 일
- 우리 반 제로 웨이스트 8계명 -

핵심 키워드 #환경 #제로웨이스트

관련 성취기준
[4국05-02] 인물, 사건, 배경에 주목하며 작품을 이해한다.
[4미02-01] 미술의 다양한 표현 주제에 관심을 가질 수 있다.

수업 주제 환경을 위해 우리가 할 수 있는 일을 찾아 우리 반 제로 웨이스트 8계명 만들기

활용 그림책 권민조,《할머니의 용궁 여행》, 천개의 바람

그림책 소개 《할머니의 용궁여행》은 재치 있는 글과 그림으로 환경에 대한 경각심을 일깨워주는 그림책입니다. 당차고 구수한 사투리를 쓰시는 해녀 할머니가 주인공으로 등장하지요. 할머니는 평소처럼 전복을 채집하러 바다 깊숙이 들어갔다가 갑자기 용궁에 빨려 들어가게 됩니다. 그곳에서 할머니는 몇몇 아픈 해양 생물을 치료해주었습니다. 점점 길어지기 시작하는 치료 대기 줄. 할머니는 무사히 집으로 돌아갈 수 있을까요?

수업 디자인 Talk

  2020년, 코로나19가 전 세계적으로 유행하면서 우리 환경은 그 어느 때보다 몸살을 앓게 되었습니다. 어쩔 수 없이 모두가 써야 한 마스크, 투표를 하려면 모두가 껴야 한 일회용 장갑, 음식점에 가기가 꺼려지니 주문하게 되는 배달 음식, 함께 오는 플라스틱 용기와 일회용품

들. 몇 년 새, 저도 쓰레기를 얼마나 많이 만들고 살았는지 반성을 하게 됩니다. 세계은행보고서에 따르면 전 세계 폐기물 발생량은 2030년에는 26억톤에 육박할 전망이라고 합니다.[6] 2016년에 20억 2000만톤이었던 것을 고려하면, 불과 10여년 만에 폐기물이 6억톤이나 늘어났습니다. 경악스러운 수치입니다.

《할머니의 용궁여행》은 4학년 국어 수업 중, 이야기의 구성 요소에 주목하여 작품을 이해하고 구성요소 중 일부를 바꾸어 이야기를 바꾸어 써보는 차시를 어떻게 가르치면 좋을지 고민하다 찾은 책입니다. 인물, 사건, 배경이 매력적인 책인데 우리가 살고 있는 지구의 현실에 대해서도 생각할 거리를 주다니. 그 자리에서 이 책을 수업 자료로 선택하게 되었습니다. 구수한 사투리를 살려 재미있게 읽어주기만 했는데도 아이들은 이야기에 푹 빠져버린 것 같았습니다.

먼저 '사건'에 집중해서 해양 오염에 대해 이야기하는 시간을 가졌습니다. 삽화와 실제 해양 동물들의 사진을 비교해보며 환경오염의 심각성과 원인에 대해 이야기를 나누었습니다. 환경 문제는 더 이상 뒤로 미룰 수 없는 문제임을 금방 깨달았습니다. 동물을 사랑하는 아이들이 동물의 문제에 쉽게 몰입했습니다.

'제로 웨이스트' 이야기를 자연스럽게 꺼냈습니다. 제로 웨이스트란 자신의 삶이 조금 불편하더라도 쓰레기를 줄이며 살아가려고 노력하는 삶의 방식을 이야기합니다. 우리 반에서 실천할 수 있는 제로 웨이스트는 무엇이 있는지 함께 이야기 나누어보았습니다. 분리수거하기, 물건 끝까지 쓰고 버리기, 에너지를 절약하기, 텀블러와 손수건 쓰기

---

[6] 김지섭 기자, 〈코로나가 키워놓은 '쓰레기 더미'… 폐기물 처리 업체에 돈 더미〉, 《조선일보》2021년 10월 01일자. (https://www.chosun.com/economy/mint/2021/10/01/OKXRM3IZTFF5HDOSU65CMVPNPU/)

〈 제로웨이스트 8계명 〉

등 다양한 이야기들이 나왔습니다. 이렇게 우리 반 제로 웨이스트 8계명이 만들어졌습니다. 규칙을 붙이고 나니 꽤 그럴 듯해 보였습니다. 아이들도 마음에 꼭 드는 눈치였습니다.

　규칙은 실천을 했을 때 더 의미가 있지요. 학급 SNS에 가족과 함께 제로 웨이스트 8계명을 실천하고 그 결과를 인증해 올리는 과제를 주었습니다. 학급에서도 제로 웨이스트를 실천하기 위해 꾸준히 노력했습니다. 일주일에 한 번씩, 분리수거한 것들을 돌아보고 다시 분리수거하는 시간을 가졌습니다.

　환경과 관련된 번외 활동으로 쓰레기를 활용한 정크아트도 해보았습니다. 쓰레기를 활용해 예술 작품을 만들 수 있다는 사실에 아이들이 보람을 느끼고 즐거워한 시간이었습니다. 내가 지켜주고 싶은 멸종위기종 동물을 알리는 손수건 제작도 했습니다. 멸종위기동물 손수건을 완성한 아이들이 사물함에 손수건을 넣어두고 손을 씻을 때마다 사용하는 모습을 보면 뿌듯했습니다.

기억에 남는 수업 장면 Talk

　학급 SNS에 올린 우리 반 제로 웨이스트 8계명 사진을 보고 각 가정에서도 관심 있게 참여해 주셨습니다. 분리수거를 한 사진, 플라스틱 물병을 버릴 때 라벨을 떼고 버리는 사진, 카페를 이용할 때 텀블러를

〈 재활용품 활용하여 만들기 〉   〈 멸종위기종 손수건 〉

이용한 사진 등 환경을 생각하고 삶을 바꾸려는 노력들이 보여 감동적이었습니다. 많은 사진 중, 제일 기억에 남는 사진이 있습니다. 에너지 절약을 위해 배달보다 포장을, 플라스틱 용기보다는 가정의 용기를 가져가서 포장을 해오자는 규칙을 지키는 아이의 모습이 담긴 사진입니다. 아이가 앞머리 휘날리게 씽씽이를 타며 음식을 포장해 오는 모습을 사진으로 담았더라구요. 대견하고 자랑스러웠습니다. 교실 속 아이들과 함께 보며 한참 웃은 사진입니다. 아이 보호자께서도 그 장면을 사진으로 포착하기 위해서 얼마나 애쓰셨을까요. 학교 수업이 가정으로 확산되는 모습이 보람찬 수업이었습니다.

수업을 닫으며

내 삶이 조금 불편하지만 그 불편함들이 모여서 세상을 바꿀 수 있다고 생각합니다. '나 하나쯤이야'라는 생각보다 '나부터 시작해야지'라는 생각이 세상에 더 이롭습니다. 그동안 너무나 당연하게 누려온 깨끗한 공기, 물이 이제 더 이상 당연한 것이 아니게 되었습니다. 지금까지 당연하게 누려온 것들이 습관이 되어 조금만 방심하면 금세 환경을 오염시키고 있는 나를 발견하게 됩니다. 아이들과 제로 웨이스트 8계명을 실천하면서 저 역시 귀찮고 불편하지만 생활 습관을 바꾸기 위한 노력을 했습니다. 그럼에도 예전 습관을 되풀이할 때가 많았습니다. 아이들도 비슷한 경험을 했을 겁니다. 하지만 실수는 실패가 아닙니다. 제로 웨이스트는 삶의 방향성이라고 생각합니다. 아이들이 계속 실수하더라도 노력하는, 아낌없이 내어주기만 한 자연을 위해 불편함을 참아보는 삶을 살면 좋겠습니다.

수업 흐름도

① 《할머니의 용궁 여행》을 읽고 인물, 사건, 배경을 중심으로 줄거리 파악하기
② 인물, 사건, 배경을 바꾸어 나만의 이야기를 쓰고 발표하기
③ 우리 반 제로 웨이스트 8계명을 만들고 실천 인증사진을 학급 SNS에 올리기
④ 정크아트, 멸종위기 동물 손수건 만들기 등 환경과 관련된 번외 활동하기

아름다운 대한민국

핵심키워드 #우리나라 #국토사랑 #통일

관련 성취기준
[6사01-01] 우리나라의 위치와 영역이 지니는 특성을 설명하고, 이를 바탕으로 하여 국토 사랑의 태도를 기른다.

수업 주제 국토 사랑의 마음 기르기

활용 그림책 이억배, 《비무장지대에 봄이 오면》, 사계절

그림책 소개 분단의 상징인 비무장지대. 비무장지대는 민간인통제지역으로 인간의 출입이 자유롭지 못한 곳입니다. 인간에게는 허락되지 않은 금단의 땅이지요. 하지만 각종 산짐승과 새들은 자유로이 넘나들 수 있다는 아이러니를 품은 곳이기도 합니다. 비무장지대 전망대에 할아버지는 계절마다 손자와 함께 찾아옵니다. 그곳에서 할아버지는 그리운 고향, 이북 땅을 바라만 봅니다. 전망대에 찾아오기만 벌써 몇 십년째입니다. 할아버지는 다시 봄이 오면 굳게 닫힌 비무장지대의 철문을 활짝 열어젖히고 걸어 들어가 파아란 풀밭에 누워 고향 하늘을 바라보고 싶다는 소망을 품습니다.

수업 디자인 Talk

2022년의 봄은 혼돈 그 자체였습니다. 강원도에 산불이 발생해 무서운 속도로 번져나가고, 연일 반 아이가 코로나19에 확진됐다는 소식에 휴대폰은 무서운 빈도로 울려댔습니다. 뉴스에는 더 나은 대한민국을 약속하는 대선 후보자들의 선거 유세 장면이, 러시아의 침공으로 폐허가 된

우크라이나의 모습이, 울부짖는 우크라이나 사람들의 모습이 번갈아 등장하였습니다.

아이들도 국토에 대규모 산불이 났고 가까운 나라끼리 전쟁을 하고 있고, 바로 한 주 뒤엔 대선이 있다는 걸 알고 있었습니다. 보호자를 통해 뉴스 속 여러 사건을 바라보는 안목을 갖춘 아이들도 있었고 사건 자체에 대한 불안과 만성 공포를 가진 아이들도 있었습니다. 우리나라 아이들뿐 아니라 전세계적으로 종말론적 담론으로 인해 우울과 불안을 겪는 아이들이 많다고 합니다. 안타까운 일입니다. 그렇기 때문에 급변하는 외부 환경에 대한 이야기를 나눌 때에는 어떤 목적으로, 어떤 방향으로, 어느 깊이로 이야기를 나눌지 교사가 먼저 생각을 정리해 두어야겠습니다.

저 역시도 어린 시절에 911 테러, 대구 지하철 참사, 이라크 전쟁, 태풍 매미와 같은 재난을 겪어왔습니다. 그때마다 희망이 없을 것 같았는데, 매번 평화와 사랑을, 나눔과 연대를 가르쳐주신 어른들이 곁에 계셨습니다. 어른들은 문제에 주목하기보다 문제를 해결해가는 모습을 다음 세대인 우리에게 훨씬 더 많이 들려주셨습니다. 이제는 제가 아이들 곁에 그런 어른 노릇을 해야할 때가 아닌가 합니다.

5학년 아이들과 국토에 대한 학습을 산불과 우크라이나 이야기로 시작하도록 수업을 디자인했습니다. 사회 수업을 디자인할 때는 수업 주제와 관련 있는 뉴스를 많이 찾아보는 편입니다. 뉴스는 교과서가 담아내지 못한 세상의 이야기를 담고 있는 중요한 수업자료입니다. 산불과 우크라이나에 관한 뉴스는 국토의 소중함과 국토방위의 중요성, 전쟁과 우리나라의 지정학적 위치에 대한 이야기를 복합적으로 나눌 수 있는 귀한 수업 자료가 될 것입니다. 정답 없는 이야기를 나누겠지만, 재난에 대한 이야기가 종말론적으로 귀결되지 않도록, 코로나19로 이미 많은 것을 잃은 아이들이 상실감에 헤매지 않도록, 마음에 미움과 분노를 심어주지 않도록, 내일을 꿈꿀 수 있도록 힘 있는 수업을 해야겠다고 다짐해 봅니다.

산불이 휩쓸고 지나간 지역의 회복을 위해 쏟아지는 전국 각지의 도움의 손길과 NGO 단체의 활동, 우크라이나를 향한 전세계적인 지원과 캠페인 활동에 관련한 뉴스 자료를 추가로 수집하였습니다. 아이들이 절망 가운데에서 희망을 보도록, 연대와 사랑이 지닌 힘을 실감하도록 많은 자료를 수집했습니다.

수업은 강원도의 산불 이전 모습과 이후 모습, 아름답던 우크라이나의 모습과 폐허가 된 우크라이나의 모습이 담긴 사진을 비교하여 살펴보는 것으로 시작하였습니다. 아이들이 폐허가 된 우리 국토와 우크라이나 모습을 보며 탄식과 안타까운 마음을 많이 쏟아냈습니다. 국토의 소중함과 국토방위의 중요성, 연대가 지닌 힘을 절로 느낄 수 있는 시간이었습니다.

이후에는 우리나라의 위치와 영역이 지니는 특성을 디지털 지도를 활용해 탐구하도록 수업을 디자인하였습니다.

> (교사 강의) 위도, 경도, 우리나라 행정구역 알아보기
> (학생 활동) 우리나라의 지형(산맥, 강)을 클레이로 만들어 입체 지형도 만들기
> (학생 활동) 행정구역별 자연환경, 인문환경의 특징 조사하여 정리하기
> (학생 활동) 'OO도로 떠나는 2박 3일 수학여행 계획' 세워 발표하기

지도 문해력을 길러주기 위해 위도, 경도 등에 대한 개념을 먼저 강의했습니다. 우리나라의 지형을 직접 클레이로 만들며 탐색하는 시간

도 가졌습니다. 학습한 선행 지식에 바탕하여 최종 결과물로 〈OO도로 떠나는 2박 3일 수학여행 계획〉을 만들어 발표하였습니다. 결과물을 자세히 들여다보면, 강원도를 맡은 모둠의 발표에는 강원도의 자연환경적 특징이 담긴 점심 메뉴와 관광 스팟이 담겼습니다. 저는 도를 강원도, 경기도, 경상남도, 경상북도, 제주도, 전라남도로 나누어주었습니다. 학급의 모둠 수에 따라 행정구역의 수는 적절하게 배분하면 됩니다. 발표 후에 가장 알찬 여행 코스를 선정했는데 〈경상남도로 떠나는 2박 3일 수학여행〉이 뽑혔습니다. 무려 이틀동안 부산과 거제도를 오가는 빡빡한 일정이지만 신선한 해산물 요리와 해양 관광, 그리고 '롯데월드'라는 강적이 담긴 코스라 아이들에게 뜨거운 호응을 받았습니다. 선정된 코스대로 실제 수학여행을 떠난다면 정말 유의미한 학습 마무리가 되겠지만, 코로나19로 수학여행 예정이 없었기에 아이들에게 오늘 투표는 가상의 투표임을 알려주었습니다.

그런데 한 아이가 가장 많은 표를 받은 코스로 진짜 수학여행을 떠나는 줄 알고 잔뜩 신이 났던 모양입니다. 며칠 뒤 어머니께 전화가 걸려왔거든요. 혹시 수학여행 일정을 미리 알 수 있는지 여쭤보셨습니다. 온가족이 코로나에 걸려 아이도 격리될 상황인데 아이가 혹시 수학여행을 못가는 건 아닌지 너무 걱정하고 있다고 말씀해 주셨습니다. 어머니께 자초지종을 말씀드려 이 사건은 웃지 못할 해프닝으로 정리되었습니다. 아이에게 미안하기도 하고 삶과 연결된 수업이 지닌 힘에 대해서도 생각해보게 되었습니다.

학습한 행정구역, 행정구역별 주요한 자연환경, 인문환경은 백지도 위에 꾸준히 기록해보게 하였습니다. 아무리 즐겁게 배운 내용이라도 반복하지 않으면 잊기 마련이라 이번 단원에서 필수로 익혀야 하는 지식적인 부분은 사회 수업 시작 5분 전 꼭 확인했습니다. 결과물은 차

 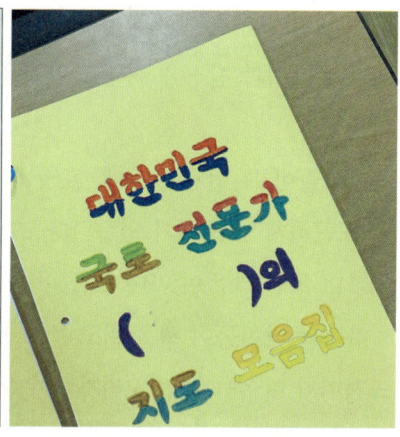

〈 수학여행 코스 사진 〉　　〈 국토 전문가 포트폴리오 표지 〉

곡차곡 모아 포트폴리오에 쌓아두었습니다. 개념 정리가 잘 안되는 아이들은 쉬는 시간에 포트폴리오를 넘겨보며 스스로 복습 시간을 갖기도 하였습니다. 사회시간은 지식 개념을 쌓는 시간과 사회 현상을 탐구해보는 시간이 적절한 비율로 버무려질 때(?) 아이도, 교사도 포만감을 느끼는 맛깔나는 시간이 되는 것 같습니다.

긴 여정의 학습을 닫는 그림책으로는《비무장지대에 봄이 오면》을 골랐습니다. 책을 읽은 아이들의 가슴 속 국토의 범위가 이북 땅까지 금세 확장될 것입니다. 상상력이 좋은 아이들이 비무장지대를 금세 머릿속에 떠올리고 비무장지대에 사는 멸종 위기 동물과 다채로운 식생을 가슴 위에 그려 볼 것입니다.

이억배 선생님의 한국적이면서도 세밀한 그림은 아이들이 책 속으로 포옥 몰입하게 만드는 힘이 있습니다. 교사가 찬찬히 글을 읽어주는 동안 아이들 눈이 바쁘게 움직입니다. 아이들 머릿속에서 각자의 '비무장지대에 봄이 오면'이 탄생하는 순간입니다. 문장이 소리로 태어나고 그림이 아이들의 관점을 만나 해석되는 바로 그 순간에, 아이들은 각자의 표정과 감정을 꺼내 그림책을 온전히 제 것으로 만들어버립니다.

아이들이 툭 던지는 말에, 표정에, 탄식에 어느 순간 교사의 목구멍이 뜨끈하게 막힐 때가 있습니다. 그럴 때는 꿀꺽꿀꺽 여러 번 침을 삼켜가며 목을 다듬어 가며 책을 더 천천히 읽어줍니다.

다음날 아이들이 책을 읽고 쓴 노트를 같이 살펴보는데 노트 사진이 뜨자마자 아이들 눈썹 꼬리가 시옷자 모양으로 내려갑니다.

"선생님 어제 이 책 진짜 감동적이었어요."
"선생님 정말이지 아름다웠어요."

아이들이 쫑알쫑알 그림책을 회상하는 모습도 작품의 일부가 되었습니다.

기억에 남는 수업 장면 Talk

수업의 매듭 활동은 산불 진화를 위해 애쓰신 분들께 감사 편지를 보내는 것으로 디자인하였습니다. 우리가 발을 딛고 사는 땅에 대해 충분히 배운 후라 의미 있겠다는 생각에 우리 학교 5학년 전체가 함께 편지를 쓰기로 했습니다. 산불 진화에 애써주신 여러 기관이 있겠지만, 우리 눈에 들어온 기관은 산림청 산불 진화 공중대원들이었습니다. 이 분들께 편지를 썼습니다. 어떤 아이들은 챙겨온 간식을 함께 포장하기도 했습니다.

편지가 다 무슨 소용이 있을까 싶을 때에는 이렇게 생각해보면 어떨까요. 아이들의 편지가 그들에게 '실질적'인 도움은 될 수 없겠지만, 타인에게 마음 한 켠을 내어준 경험은 나중에 아이들이 '실질적'인 도움을 건네는 어른으로 성장하는 데 도움이 될지도 모른다는 가능성을 한번 품어보자고요.

수업을 닫으며

감사하게도 산림청에서 답장을 보내주셨습니다. 답장의 내용 중 일부를 공유합니다.

> 학생분들이 보내주신 위문 편지와 그림, 사탕(?)에 산림항공본부 조종사와 공중진화대원들을 대신하여 심심한 감사를 드립니다. 많은 용기를 주셨고 위로가 되었습니다. 5월 15일 산불조심기간이 끝나면 학생들에게 소정의 답례품(헬기모형 퍼즐 등)과 함께 드론, 진화장비를 가지고 전시와 체험할 수 있는 즐거운 시간을 가질 수 있도록 준비하겠습니다.
>
> 산림항공과장 ○○○ 배상

아이들이 얼마나 기뻐했는지 모릅니다. 밤낮없이 국토를 지키는 모든 분들께, 아이들의 목소리에 귀 기울여 응답하는 모든 분들께 감사함을 전합니다.

수업 흐름도

① 강원도 산불과 러시아-우크라이나 전쟁을 통해 국토의 소중함 알기
② 우리나라의 위치와 영역이 지니는 특성 이해하기
③ 《비무장지대에 봄이 오면》을 읽고 국토 사랑의 마음 갖기
④ 산림청 산불진화 공중대원에게 감사 편지 쓰기

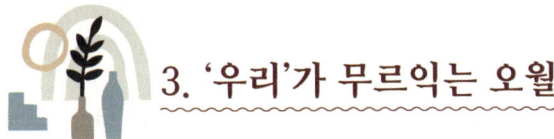

3. '우리'가 무르익는 오월

칭찬의 말, 공감의 말을 연습해요

핵심 키워드 #소통 #공감 #경청

관련 성취기준
[6국01-07] 상대가 처한 상황을 이해하고 공감하며 듣는 태도를 지닌다.

수업 주제 "그랬구나" 공감적 경청(Reflective listening) 연습하기

활용 그림책 전미화, 《눈썹 올라간 철이》, 느림보

그림책 소개 하늘 높이 치켜 올라간 눈썹, 빨갛게 달아오른 양 볼을 가진 아이 철이. 철이는 부모로부터, 주변 사람들로부터 이해와 관심을 받지 못해 잔뜩 심술이 나 있습니다. 오로지 곰인형 성배씨만이 철이의 관심사, 철이의 장점, 철이의 속마음을 이해합니다.

> 책을 읽으며 많은 어른들이 나의 '철이'를 떠올립니다. 철이의 이야기를 더 많이 들어주지 못한 것, 철이의 좋은 점을 더 많이 보지 못한 것, 철이에게 늘 바쁜 뒷모습만 보여준 것이 어른들 가슴에 떠오릅니다. 철이를 다시 만나면 꼭 두 눈을 마주치며 "그랬구나." 따뜻한 한 마디 해주어야지 다짐하게 됩니다. 저처럼 나쁜 어른에게 꼭 필요한 그림책입니다.

수업 디자인 Talk

이 책을 처음 만난 건 2016년 학년 말, 1년의 교육과정 운영을 성찰하는 교육과정평가회 자리에서였습니다. 당시 근무한 학교에는 수시로 자발적 참여 의사가 있는 교사들을 모아 교실에 흘려보낼 좋은 책과 놀이를 알려주는 원로 선생님이 계셨습니다. 제 기억에 퇴임을 1, 2년 정도 앞둔 꽤 연세가 많으신 선생님이셨는데 학교 구성원 누구보다도 싱싱한 에너지를 뿜어내시곤 했습니다. 교직원 회의에서는 불필요한 행정 절차를 줄여 업무 경감이 될 수 있는 방안을 학교 교장, 교감 선생님께 늘 망설임 없이 제안하셨고, 학교에서 대외적으로 공개 수업을 해야 할 일이 있으면 내가 하겠다 가장 먼저 손을 드는 분이셨습니다. 보호자 상담 때에는 단호하게 "엄마요, 아빠요, 그러면 안됩니데이. 정신 차리세이." 하시며 보호자들을 혼내기도(?) 하셨고 평일에는 어머니회, 주말에는 아버지회를 운영하시며 보호자들이 끊임없이 좋은 양육자의 길을 고민하도록 아낌없는 지원을 보내셨습니다. 당시 5년차 교사던 저에게 이 선생님은 그저 '빛' 또는 '신' 같은 존재라 일주일에 한 번 있는 선생님이 운영하시는 교내 모임은 제가 늘 기다린 모임이기도 했습니다.

여러 만남 중, 선생님께서 《눈썹 올라간 철이》를 우리에게 읽어주신 날이 유독 기억이 납니다.

"교실 속에 이런 아 꼭 있지예? 오늘도 온 난리를 치고 갔지예?"

선생님께서 농담을 섞어가며 그림책을 한 페이지 한 페이지 넘기실 때마다 여기저기서 웃음과 탄식이 쏟아졌습니다. 교실마다 철이는 꼭 한 명씩 있어서 마치 학급 철이 자랑 대회가 열린 것 같았습니다. 누군가는 철이 얘기를 털어놓으며 금방 안색이 어두워지기도 했고, 누군가는 울기도 하였습니다. 선생님께서는 "그랬어예? 가를 우짜삐꼬.", "더 얘기해 보이소, 괘안타 괘안타." 하시며 모인 동료들이 자기 이야기를 끝낼 때까지 충분히 기다려주셨습니다.

그림책을 다 읽어주시고 나서 선생님께서는 특유의 따뜻한 눈빛과 진실의 미간을 선보이며 A4 종이에 철이를 그리기 시작했습니다. 그리고 이렇게 말씀하셨습니다.

"많이 힘들었지예? 그러면 우리 속에 있는 말 시원하게 꺼내서 함 제대로 혼내보이시더."

돌아가며 철이를 혼내는 말을 해보자고 하셨습니다. 아이로 인해 괴롭던 마음을 담아 종이를 한 번씩 시원하게 구겨 보자고도 하셨습니다. 바로 '상처받은 영대'로 많이 알려진 그 활동입니다.

"그만 좀 소리 질러!"
"나쁜 말 좀 그만해!"

"수업 방해하는 말 그만 듣고 싶어!"

다들 마지못해 시작하셨지만 왠지 속이 시원하기도 한 목소리가 교실에 울려 퍼졌습니다. 그리고 그때마다 철이를 그린 종이가 구겨졌습니다. 마지막 순서가 끝이 나자, 선생님께서는 아무말 없이 구겨진 철이 종이를 천천히 펼치셨습니다.

어른의 성난 말에 잔뜩 구겨진 아이는 쉽게 펴지지 않았습니다. 구겨진 종이는 절대 전과 같은 종이가 될 수 없다는 걸 모두가 숨소리 하나 내지 못하고 지켜보고 있었습니다. 선생님께서는 그 종이를 손으로 매만지며 구겨진 아이 마음을 한번 다려보자고 하셨습니다.

"너도 노력 중인 걸 아는데, 자꾸 재촉해서 미안해."
"잘못한 점만 너무 살폈어. 네 장점에 인색했어. 미안해."
"내가 아픈 것만 생각하느라 너도 힘든 걸 몰랐어. 미안해. 많이 아팠지?"

아이를 바라볼 때 아이의 '문제 행동'이 아니라 아이가 겪고 있는 '어려움'에 주목하는 일은 어려운 일입니다. 그런데 구겨진 아이 마음을 다리는 일은 더 어렵게 느껴졌습니다.

'더 큰 어려움을 자초하지 말아야겠군!'

그날의 제가 겨우 했던 다짐입니다. 철이를 만난 이후로, 우리 반 아이들의 행동에서 '문제' 대신 '어려움'을 발견하려고 애씁니다. 그날의 경험은 미숙할 수 밖에 없는 아이의 입장에서 상황을 한 번 더 굽어살피는 계기가 되었습니다. 존재로 감사한 마음으로 아이를 만나야겠다는 다짐도 하게 되었습니다.

　원로 선생님께서는 그날 우리에게 '공감적 경청'이 무엇인지 마음으로 느낄 수 있는 자리를 마련해주셨습니다. 저도 공감적 경청을 아이들과 연습하고 싶을 때, 아이들에게 이 책을 읽어주곤 합니다. 책을 읽고 나서는 철이의 존재 방식을 있는 그대로 이해하고 격려하는 말하기 활동을 진행합니다. 아이들 말에 서린 온기로 교실이 금세 따뜻하고 밝아집니다.

"철이야, 힘이 세지려고 정말 노력 많이 했구나!"
"철이야, 성배씨를 관심 가지고 돌보는 널 칭찬해!"
"철이야, 스케이트 타려고 노력하는 모습이 멋져."
"철이야, 넌 꿈이 많구나. 창의성이 높네. 나도 너처럼 창의성이 높았으면 좋겠어!"

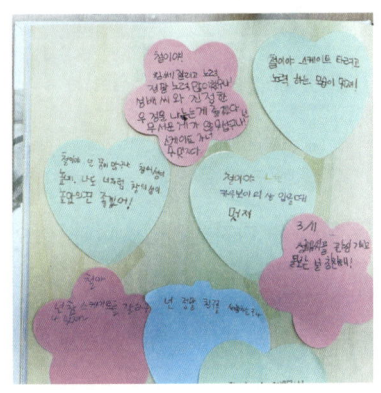
〈 철이 공감의 말 포스트잇 사진 〉

"철이야, 무서운 개를 만나도 울지 않다니! 넌 정말 용감한 아이구나!"
"철이야, 너는 정말 많은 재능을 가지고 있구나! 미끌미끌한 얼음에서 스케이트까지! 너는 정말 재능이 많은 것 같아!"

　《성공하는 사람들의 7가지 습관》(김영사, 2021)의 저자 스티븐 코비는 공감적 경청이란 '다른 사람이 가진 준거틀의 내면에 들어가는 것'이라고 설명하였습니다. '공감(Empathy)'이라는 단어는 '안, 내부'라는 의미를 지닌 접두사 'Em'과 '감정, 고통'을 의미하는 'Pathos'가 결합한

Ⅱ. 열두달 그림책 수업 룩북　　　　　　　　　　　　　　　95

것입니다. 쉽게 말하면, 그 사람이 보는 대로 세상을 보고 그 사람의 마음에 들어가 그의 감정을 완전하고 깊게 이해하는 행위를 말합니다. 공감적 경청은 상대방에게 '심리적 공기'를 제공해 주기 때문에 이 행위만으로도 상당한 치료 효과가 있다고 합니다.

그래서였을까요. 저는 철이도 아니면서 아이들의 너른 말에 금세 마음이 편안해졌습니다. KF 94 마스크를 꼈는데도 그날은 깊고 편한 숨을 쉴 수 있었습니다.

기억에 남는 수업 장면 Talk

후속 활동으로 아이들이 자기 이야기를 나누며 공감적 경청을 실천하는 활동을 디자인하였습니다. 아이들이 나를 드러내는 일과 친구의 존재를 존중하고 인정하는 일을 확실히 기쁘고 즐거운 일로 경험했으면 하는 교사의 바람을 담아 이 활동은 놀이 활동으로 디자인하였습니다.

공감적 경청 놀이

(1) 가슴 앞에는 〈내가 좋아하는 것, 내가 잘하는 것, 나만의 특징〉을 써붙인다.
(2) 등에는 〈듣고 싶은 격려의 말〉을 써붙인다.
(3) 음악에 맞춰 움직이다가 음악이 멈추면 근처에 있는 친구와 짝이 된다.
(4) 짝이 된 친구에게 가슴 앞에 적은 내용을 자세히 알려준다.
(5) 서로 이야기를 듣고 "그랬구나"로 시작하는 공감 대화를 주고 받는다.

(6) 대화 후, 가위바위보를 한다.
(7) 가위바위보에서 진 친구는 이긴 친구 뒤에 붙어 기차를 만든다.
(8) 진 친구는 이긴 친구의 등에 붙은 격려의 말을 큰소리로 외치며 이동한다.

활동 준비물로는 1명당 A4 라벨지를 1/4 크기로 자른 것이 두 장씩 필요합니다. 철이가 좋아하는 것, 잘하는 것, 나만의 특징을 얘기했듯, 아이들도 내가 좋아하는 것, 내가 잘하는 것, 나만의 특징을 떠올려 노트에 씁니다. 그중 한 가지를 골라 라벨지에 쓰고 가슴 앞에 붙였습니다. 나머지 한 장의 라벨지에는 듣고 싶은 격려의 말을 써서 등 뒤에 붙였습니다. 격려의 말을 잘 떠올리지 못하는 친구는 칠판에 몇 가지 예시를 제공하여 그중에서 골라 쓰게 하였습니다.

앞쪽 라벨지	뒷쪽 라벨지
내가 좋아하는 것, 내가 잘하는 것, 나만의 특징 쓰기	듣고 싶은 격려의 말 쓰기

아이들이 가슴 앞쪽에 이런 것들을 썼습니다.

'방역 수칙을 더 잘 지키려고 노력한다.'
'공부를 열심히 한다.'
'요즘 매일 2Km를 걷고 있다.'
'할 일을 잘 실천한다.'

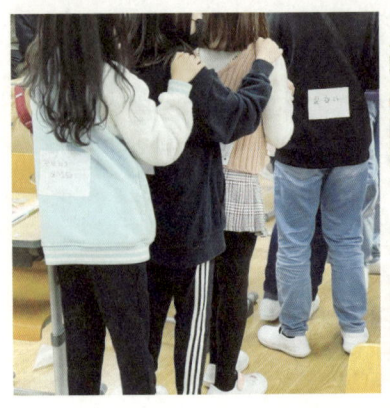

아이들 등에는 이런 말들이 붙어있었습니다.

'완벽하지 않아도 돼!'
'잘했다!'
'넌 장한 사람이야!'

음악에 맞춰 움직이다가 음악이 멈추면 가까이 있는 친구와 만나 인사를 나누고 자신의 가슴 앞에 적혀 있는 내용을 상대에게 자세히 이야기해 줍니다. 서로 이야기를 잘 듣고 "그랬구나!"로 시작하는 대화를 주고받습니다. 대화가 끝이 나면 가위바위보를 해 진 친구가 이긴 친구 뒤로 가 기차를 만듭니다. 진 친구는 이긴 친구 등에 붙은 격려의 말을 큰소리로 외치며 이동합니다.(흔히들 알고 계시는 '스타와 팬' 놀이의 변형판입니다.) 아이들이 음악에 맞춰 즐겁게 이동합니다. 다시 음악이 멈추면 새로운 친구를 만나 대화를 나누고 더 긴 기차를 만들어 이동합니다. 반복하면 기차 줄이 점점 길어지고 마지막에는 모든 아이들이 한 줄로 이어져 원이 됩니다. 활동 소감을 한 마디씩 나누면 활동 마무리도 깔끔하게 이루어집니다.

간혹 자기 이야기를 꺼내기 무척 어려워하는 아이들이 있습니다. 이럴 경우, 교사가 곁에서 질문을 하며 아이의 자기 탐색을 돕습니다. 교사의 피드백조차 거부하는 경우는 아이의 속도를 인정하고 기다려줍니다. '나'를 마주하고 표현하기까지의 시간이 오래 걸리는 아이들이 있습니다. 이럴 때 아이들에게 들려주는 이야기가 있습니다. 꽃이 피는 시간에 관한 이야기입니다.

꽃들은 3월 한날한시에 피지 않고 자기 속도에 맞게 피어납니다. 봄에 많은 꽃이 피어나긴 하지만 여름에도 가을에도, 그리고 혹독한 겨울에도 꽃은 피어납니다. 가장 아름다울 때 꽃째 툭 떨어지는 겨울 동백꽃은 얼마나 애절하게 아름다운가요. 아이들도 필 만한 때가 되면 자기 색으로 자기 모양으로 저마다 아름답게 피어납니다. 이 이야기는 아이를 기다리는 저의 자세를 고쳐 보고자 스스로에게 하는 이야기이기도 하고, 누구보다 마음이 허할 아이에게 건네는 이야기이기도 합니다.

직접 이야기를 전하는 것이 쑥스럽다면 아이들에게 드라마 '스타트업[7]'의 한 장면을 보여주셔도 좋습니다. 바로 주인공의 할머니 최원덕이 일이 뜻대로 풀리지 않아 좌절하고 속상해하는 손녀딸 서달미를 위로하는 장면입니다.

"달미야, 넌 코스모스야. 아직 봄이잖아. 찬찬히 기다리면 가을에 가장 예쁘게 필 거야. 그러니까 너무 초조해하지 마."

---

[7] TVN에서 2020.10.17.~2020.12.06.에 방영한 16부작 드라마로 한국의 실리콘 밸리에서 성공을 꿈꾸며 스타트업에 뛰어든 청춘들의 시작(START)과 성장(UP)을 그린 드라마다.

수업을 닫으며

아이들이 자기 이야기를 잘 말하고, 또 다른 사람의 이야기를 잘 듣는 연습을 꾸준히 했으면 좋겠습니다. 잘 말하고 잘 듣는 것은 연결되어 있습니다. 선순환을 만듭니다. 많은 학자들이 공감 능력은 선천적으로 타고나기도 하지만 후천적 노력으로 향상될 수 있다고 말합니다. 공감 능력이 높아지면 삶의 만족도도 함께 높아진다는 보고 역시 많이 있습니다.

"그랬구나!"를 교실 속에서 열심히 가꾸다가도 교실 속 문제가 연쇄적으로 발생하면 조급함에 자꾸 충고하고 판단하고 해석하는 저를 만납니다. 사실 아이들보다는 저의 꾸준한 연습이 가장 필요한 것 같습니다. 우리의 있는 그대로 충분한 날들을 위해 "그랬구나!"를 들이마시고 내쉬는 일을 게을리하지 않아야겠습니다.

수업 흐름도

① 《눈썹 올라간 철이》 그림책 읽기
② 철이 이야기 공감적 경청하기
③ 교실 친구의 이야기 공감적 경청하기

함께하는 교실 공간 디자인하기
- 공간 디자인 프로젝트 수업 -

핵심 키워드 #감정조절 #평화적감정표현 #공간디자인 #회의

관련 성취기준
[4국01-02] 회의에서 의견을 적극적으로 교환한다.
[4미01-03] 생활 속에서 다양하게 활용되고 있는 미술을 발견할 수 있다.
[4미02-05] 조형 요소(점, 선, 면, 형·형태, 색, 질감, 양감 등)의 특징을 탐색하고, 표현 의도에 적합하게 적용할 수 있다.

수업 주제
공간 디자이너가 되어 우리 주변의 아름다운 공간 탐색하기
우리 반이 함께 사용할 감정조절공간 꾸미기

활용 그림책 제인 넬슨, 《제라드의 우주쉼터》, 교실어린이(교육과실천)

그림책 소개 《제라드의 우주쉼터》는 '긍정적 타임아웃'을 아이들이 이해하기 쉽게 소개하고 있습니다. '긍정적 타임아웃'이란 아이가 감정 조절이 어려울 때 잠시 자신의 감정을 다스리고 조절할 수 있는 시간을 스스로 선택하여 갖게 하는 것입니다. 주인공 제라드는 감정을 꽤 거칠고 서툰 방법으로 표현하지만, 감정을 조절하는 방법을 배워나갑니다. 엄마와 함께 긍정적 타임아웃 공간을 만들어보기도 합니다. 학급에도 감정 다스리기가 서툰 아이가 있지 않나요? 아이들이 스스로 공간을 꾸며 그 공간의 주인 의식을 갖게 해주고 싶지 않나요? 그럴 때 아이들과 함께 읽어보면 좋은 그림책입니다.

수업 디자인 Talk

　신학기가 되면 교사는 새로운 교실을 아이들보다 먼저 만나게 됩니다. 앞으로 1년을 쓰게 될 교실 공간을 어떻게 활용할지 구상하고 꾸미며, 새 교실의 주인인 아이들과 이 과정을 함께 할 수는 없을까 고민했습니다. 아이들은 이 공간을 어떻게 꾸미고 활용하고 싶은지, 어떤 공간이 필요하다고 생각하는지 의견을 듣는다면 더욱 재미있고 효율적인 공간들이 생겨날 것 같았습니다.
　그러던 중 《제라드의 우주쉼터》가 떠올랐습니다. 학기 초, 불편한 감정 조절법, 갈등 해결법을 지도하면서 자주 읽어주는 책입니다. 이 책의 주인공 제라드는 상자 하나로 자신의 감정을 조절하는 공간을 만들게 됩니다. 그 뒤로 불편한 감정이 불쑥 제라드를 찾아올 때마다 이 상자 안에 들어가서 평화적으로 감정을 다스리는 시간을 갖게 되지요.
　이 책을 아이들과 읽으며 나만의 불편한 감정을 해소하는 방법에 대해서 이야기를 나누었습니다. 내 방으로 들어가기, 잠 푹 자기, 공책에 실컷 낙서하기, 푹신한 것 벽에 던지기, 인형 때리기 등 아이들만의 감정 조절법들이 칠판을 가득 메웠습니다. 아이들이 적은 방법들 중에서는 일반적으로 사회에서 허용되는 방법도 있지만 그렇지 않은 방법들도 있었습니다. 아이들도 다른 친구들의 감정 해소법을 쭉 살펴보더니 적절한 것과 그렇지 않은 것을 자연스럽게 구분해내었습니다. 적절하지 않은 해소법으로 분류한 이유를 아이들에게 물어보니 폭력적이거나 위험한 방법으로 감정을 해소하는 것은 올바른 방법이 아니라고 말했습니다. 책을 마저 읽으며 제라드는 어떤 방법으로 불편한 감정을 다루었는지 알아보았습니다. 제라드는 엄마와 함께 감정조절공간을 만들고 그 안에서 안정을 찾는 방법을 활용했습니다. 아이들에게 운을 띄

워보았습니다.

"우리도 교실의 일부를 우리 반의 감정 조절 공간으로 만들어보면 어떨까요?"

아이들의 반응은 폭발적이었습니다. 그동안 물려받은 교실을 그대로 활용해왔는데 직접 공간을 꾸며보는 경험을 하게 되니 신이 났나 봅니다. 우리 교실의 어느 부분을 바꾸어 만들 수 있을지 교실을 둘러보았습니다. 이미 교실에 시공된 칠판, 게시판을 떼어낼 수 없으니 우리가 옮길 수 있는 사물함, 입식 화이트보드, 책꽂이 등의 위치를 조절해서 교실 뒤편에 공간을 만들기로 하였습니다.

아이들은 다음 날부터 아끼는 소품들을 이것저것 가져왔습니다. "선생님 언제 꾸며요?", "다음 시간에 이어서 하면 안돼요?" 여기 저기에서 조르는 소리가 들렸습니다. 저는 이 수업을 교과 성취기준을 달성할 수 있도록 차근차근 진행하고 싶었습니다. 아이들 동기 유발이 잔뜩되어 있는 상태에서 단순히 흥미만 채워주고 금방 끝내기에 수업 소재가 아깝다는 생각이 들었거든요. 공간 디자인을 하게 되면 수차례 회의를 하게 될 테니 국어 '회의'와 관련된 성취기준, 그리고 미술 '공간 디자인'과 관련된 성취기준을 활용하여 프로젝트 수업을 디자인해 보았습니다.

미술 시간에 예술성과 실용성을 갖춘 다양한 공간을 함께 찾아보았습니다. 학교 곳곳을 돌아다니며 학교의 아름답고 실용적인 공간을 찾아 사진을 찍었습니다. 사진을 학급 SNS에 올려 서로 공유했습니다. 또 구글, 핀터레스트 등 외국 검색 포털을 활용하여 외국 교실 공간 디자인 사례를 살펴보기도 했습니다. 우리 교실을 어떻게 변화시키면 좋을지 구체적인 밑그림을 그리게 해준 유익한 자료 수집의 시간이었습니다.

공간 디자인의 개념을 잡은 뒤, 아이들은 각자 교실을 어떻게 꾸밀지 활동지에 스케치를 했습니다. 우리 반에 현재 있는 가구와 꾸밀 수 있는 재료를 최대한 활용하게끔 하였고, 가정에서 지원 가능한 물품을 가져와도 좋다고 열어두었습니다. 꾸미는 공간은 천장, 벽, 바닥으로 나누어 떠올려보게 했습니다. 아이들 활동지를 보니 저마다 아이디어가 천차만별이라는 것을 느꼈습니다.

전체 의견을 하나로 모으기 위해서는 회의를 할 필요가 있었습니다. 국어 시간에 회의하는 방법, 참여자의 역할, 규칙 등을 다루었습니다. 적용 과제로 '각자의 공간 디자인 아이디어를 모둠별로 모으기' 미션을 주었습니다. 모둠 회의를 진행하는 동안 저는 아이들이 방법과 역할에 따라 회의를 잘 진행하는지, 규칙을 잘 지키는지, 회의 참여 태도가 바른지를 관찰하여 피드백을 주었습니다. 회의에서 아이들은 다른 친구의 아이디어를 자신의 것과 비교하면서 듣기도 하고, 아이디어의 장단점을 고민하면서 하나의 합의점을 찾아가는 모습을 보였습니다. 이어진 전체 회의에서 각 모둠별 대표 학생이 자기 모둠의 최종 의견을 발표를 했습니다.

1시간을 훌쩍 넘긴 전체 회의 결과, 교실 뒤편의 여유 공간을 놀이공원을 주제로 꾸미자는 결론을 낼 수 있었습니다. 바닥

〈 공간디자인 〉

에는 푹신한 매트와 담요를 갖추고, 천장에는 가랜드를 매달자는 구체적인 계획도 나왔습니다. 입식 화이트보드를 활용하여 공간을 분리하고 주변에 읽을 수 있는 재미있는 책과 인형도 준비해놓기로 했습니다.

 이어진 몇 주 간의 미술 시간 동안 아이들은 역할을 나누어 공간을 꾸몄습니다. 조형 요소에 대해 배운 뒤에는 이를 활용한 나무와 잎사귀를 제작해 벽지를 완성했습니다. 놀이공원 느낌을 살릴 수 있는 가랜드를 만들어서 천장에 붙였습니다. 바닥 매트와 화이트보드 위치를 이리저리 바꿔가며 아이들 모두 만족할 만한 최적의 위치를 찾아 배치했습니다. 장장 2주에 걸쳐 우리 반의 감정 조절 공간이 탄생했습니다.

기억에 남는 수업 장면 Talk

 수업의 모든 과정이 순탄치는 않았습니다. 특히, 모둠 회의에서 아이들의 의견이 쉽게 좁혀지지 않을 때에는 저도 마음이 망설여졌습니다. 제한된 시간 안에 결정을 내리지 못한 모둠은 자신의 의견을 제외한 다른 친구들의 의견 중 제일 좋다고 생각하는 의견에 투표를 하는 방법을 사용하기도 하였습니다.

 아이들 모두가 열심히 디자인했기에 자신의 의견이 받아들여지지 않은 경우, 속상함을 표현하기도 하였습니다. 한 아이가 '숲'처럼 공간을 꾸미고 싶다는 의견을 계속 냈는데 최종 의견으로 받아들여지지 않았거든요. 반 아이들 대부분이 '놀이공원'으로 꾸미자는 의견을 갖고 있던 차였습니다. 그러던 중 어떤 아이가 놀이공원에 서 있는 큰 나무 조형물을 떠올렸습니다.(에버랜드 입구 쪽에 서있는 그 큰 나무를 아시려나요?) 보석 같은 그 아이의 의견 덕분에 우리 반 벽지에는 나무 디자인이 붙게 되었습니다.

아이들은 자신이 직접 꾸민 그 공간을 매우 좋아합니다. '너무' 좋아한 바람에 서로 들어가겠다고 싸움이 나기도 했습니다. 공간 사용 규칙을 토의를 통해 정하게 되었습니다. 토의 결과, 우리 반에는 대기자 명단이 생겼고 이용 시간을 '5분'으로 정하게 되었습니다. 토의는 일상생활에서 발생하는 문제를 해결해 준다는 것을 아이들이 경험으로 깨닫게 되었습니다. 자신의 의견을 제시하고 다른 친구의 의견을 듣는 과정에서 다른 사람을 더 깊이 이해하고 비판적으로 사고하고 판단할 수 있는 능력 역시 기를 수 있었습니다.

수업을 닫으며

〈네모의 꿈〉이라는 노래를 아시나요? 가사를 보면 "네모난 학교에 들어서면 또 네모난 교실 네모난 칠판과 책상들······."이라는 가사가 나옵니다. 우리의 교실은 온통 네모라서 아이들의 개성을 살릴 수 없는 공간일지도 모릅니다. 제한된 공간이지만 새로운 우리의 공간으로 만들려는 노력을 시작해보면 어떨까요. 아이들에게는 동그라미, 세모, 별, 하트······. 창의력과 행복을 더해 줄 수 있는 공간이 될지도 모릅니다.

수업 흐름도

① 《제라드의 우주쉼터》를 읽고, 감정 조절 방법 나누기
② 회의의 방법, 역할, 규칙, 태도 익히기

③ 공간 디자이너가 하는 일을 알아보고, 우리 주변의 아름다운 공간 탐색하기
④ 공간 디자인 시안을 구상하고, 아이디어(의견)와 근거 생각하기
⑤ 회의를 하며 우리 반 공간 디자인 결정하기
⑥ 조형 요소의 특징을 적용하여 우리 반 쉼터 꾸미기

위로의 말, 조언의 말을 연습해요

핵심 키워드 #고민 #위로 #조언

관련 성취기준
[6국01-07] 상대가 처한 상황을 이해하고 공감하며 듣는 태도를 지닌다.
[6음03-01] 음악을 활용하여 가정, 학교, 사회 등의 행사에 참여하고 느낌을 발표한다.

수업 주제 "그랬구나" 공감적 경청(Reflective listening) 연습하기

활용 그림책 강경수,《고민 해결사 펭귄 선생님》, 시공주니어

그림책 소개 한 마을에 고민 해결사로 소문이 난 펭귄 선생님이 계십니다. 펭귄 선생님을 찾아온 내담자들은 늘 편안한 얼굴을 띄우고 선생님을 떠나갑니다. 도대체 펭귄 선생님의 비결은 무엇일까요? 경청과 공감의 가치를 위트 있게 표현한 그림책《고민해결사 펭귄 선생님》을 읽고 직접 확인해 보시길 바랍니다.

수업 디자인 Talk

《고민해결사 펭귄 선생님》은 6학년 보호자 공개수업 때 활용한 그림책입니다. 보통 초등 보호자 공개수업은 내 아이의 발표를 기대하는 보호자를 배려하여 모든 아이들이 한 번씩은 입을 떼보도록 구성하는 경우가 많습니다.

코로나19가 지구를 강타한 이후에는 여기에 '화상' 공개수업이라는 단서가 하나 더 붙었습니다. 공개수업 때에는 평소보다 좀더 신경 써야 할 것이 이만저만 많은 게 아닌데 '줌' 공개수업은 한술 더 뜨는 격이었습니다. 마치 수업 전체를 기획하는 PD의 역할과 카메라·음향을 체크하는 스태프, 카메라 감독, 진행 MC, 그리고 방청객인 보호자를 살피는 현장 보조 스태프 역할까지. 모두 다 겸해야 해낼 수 있겠다는 기분이 들었습니다.

카메라를 염두에 두지 않고 수업을 진행하면 보호자들이 40분 내내 선생님만 보거나 또는 아이들 뒷통수만 보거나 '웅성웅성' 소리만 듣게 되는 아쉬운 상황이 생길 수 밖에 없습니다. 그래서 이번 화상 공개수업은 아예 수업 내용을 '보이는 라디오'로 잡아 수업 진행 방식을 '방송'에 맞게 준비하는 것으로 디자인하였습니다.

함께하면 더 즐거운 보이는 라디오 수업

공감의 가치를 몸소 경험하고 음악을 향유하는 여유 깃든 삶을 누리기 위해 6학년 보호자 공개 수업으로 〈보이는 라디오〉를 진행합니다. 우리는 각 가정 내의 시시콜콜하지만, 전혀 작지 않은 사연을 접수하여 사연자의 마음과 고민에 함께 머물러 공감하는 시간을 가지려고 합니다. 가정 내 기쁜 일, 슬픈 일, 고민스러운 일들을 나누어주세요.

> 개인적인 이야기를 꺼내는 것이 주저스러우실 수 있음을 이해합니다. 그럼에도 기쁜 일은 함께 나누면 더욱 달콤해지고, 고민과 힘든 일은 꺼내 놓고 함께 이야기 나누면 가벼워지는 경험을 아이들이 학교라는 안전한 울타리 안에서 할 수 있도록 가정에서도 용기를 내주시길 부탁드립니다.
> 라디오 사연 접수하듯, 편안한 어투로 작성 부탁드립니다. 사연은 익명으로 소개되며 아이들이 사연자의 고민을 상담해주고 음악을 추천해 틀어드립니다. 보호자 공개수업 날, 아이들이 오래 고민하여 준비한 말과 음악을 만나보도록 하겠습니다. 그럼, 잘 부탁드립니다!
>
> 〈나눌 이야기 주제: 가족의 기쁜 일, 가족이 경험한 슬픈 일, 요즘 가족의 고민 등〉

사전에 사연을 보호자로부터 받아두면 보호자의 수업 참여도를 높일 수 있고, 고학년 사춘기 자녀와 마음이 통하는 경험도 하실 수 있을 것 같아 공개 1주일 전에 안내장을 보내 직접 사연을 수집하였습니다.

보호자들께서 정성스레 사연을 접수해 주셨습니다. 먼저 읽어보는데 눈물이 펑펑 터지는 사연도 있었고, 웃음이 뺑뺑 터지는 사연도 있었습니다. 사춘기 아이와 소통이 너무 어렵다는 사연 앞에서는 저의 십대 시절로 돌아가 그 시절 부모님과의 추억에 잠기기도 하였습니다. 교실에서 잘 드러나지 않는 아이의 가정 속 모습이 담긴 사연, 집집마다 반짝이고 소중한 기억이 담긴 사연 하나하나를 미리 만나며 어찌나 가슴이 설레던지요. 고운 아이들 뒤에는 늘 좋은 어른이 있음을 떠올려보았습니다.

아이들은 이 사연을 읽고 어떤 사랑의 말을 돌려줄까요? 어떤 음악을 사연자의 가슴에 띄울지도 많이 궁금했습니다. 아이들은 공개 수업 전에 사연자의 마음에 머무르며 충조평판(충고, 조언, 평가, 판단)을 뺀 공감의 말, 위로의 말을 써 내려갔습니다. 아이들은 2인 1조로 사연을 하나씩 맡아 라디오 대본을 쓰고 발표 준비를 했습니다. 실제 발표할 때에는 4명이 팀을 이루어 진행했습니다. 그러니까 4명의 아이들이 같은 방송 팀이 되어 총 2개의 사연을 소개한 셈입니다. 대본 작성이 완료된 팀은 사연 중간에 소개할 광고를 만들며 사적인 욕망을 드러낼 준비를 하기도 했습니다.

'닌텐도 무려 40% 세일! 사춘기 아이에게 선물하기 딱!'
'게임 하루 종일권! 장점 머리 쿨러cooler 가능! 소근육 발달! 지금 당장 구매!'

아이들이 선정한 음악은 교사가 페들렛 게시판에 발표 순서에 맞게 모아 두었습니다. 일부러 가사를 볼 수 있는 영상으로 수집하였습니다. 뮤직비디오가 아니라 가사를 볼 수 있는 영상을 수집한 것은 화상회의 특성 상, 중간에 영상이나 음악이 끊길 때가 있는데 가사가 공유되면 의미 전달에 조금 더 도움을 받을 수 있지 않을까 하여 선택한 방

법입니다. 실제 수업 날, 음악을 들을 때 가사가 보이니, 가사 하나하나를 음미할 수 있어 좋았다는 피드백을 받기도 했습니다.

만반의 준비를 마치고 드디어 공개 당일이 되었습니다. 수업은 그림책 《고민해결사 펭귄 선생님》을 읽어주며 '경청'의 의미와 가치에 대한 이야기로 열었습니다. 위트 있는 결말이 포인트인 이 책은 귀가 아닌 마음으로 들어주는 일에 대해서, 그저 묵묵히 곁에 있어주는 일의 소중함에 대해서 생각해보게 하는 훌륭한 그림책입니다. 그림체가 귀여워서인지 보호자들이 보고 계셔서 그런 것인지는 여전히 헷갈리지만, 열세 살 아이들이 마치 세 살인 것처럼 환호하며 그림책에 빠져들었습니다. 아이들이 펭귄 선생님의 훌륭한 하루 일과를 따라가며 이야기에 몰입했을 무렵 몇 가지 질문을 던졌습니다.

"동물들은 왜 펭귄 선생님을 좋아했을까요?"
"펭귄 선생님에게는 어떤 미덕이 있다고 생각하나요?"

펭귄 선생님이 지닌 품성과 미덕에 대한 이야기를 나눈 뒤, 그림책 읽기를 잠시 중단했습니다. 그림책 이야기는 내담자의 말을 성심성의껏 경청하여 상담하던 펭귄 선생님이 퇴근만을 앞두고 있는 상황이었습니다. 뒷 이야기에는 펭귄 선생님의 비밀이 담겨있는지라 남은 그림책은 보이는 라디오 활동이 끝난 뒤 읽어주겠다고 이야기했습니다. 아이들이 펭귄 선생님의 마음으로 보이는 라디오 활동을 시작했습니다.

아이들의 라디오 방송이 성황리에 끝이 났고, 드디어 그림책의 결말 부분을 마저 읽게 되었습니다. 펭귄 선생님이 간직한 비밀이 공개되자 아이들이 이게 뭐냐며 비명을 질렀습니다. 하지만 곧 영리한 아이들이 메시지의 방향을 이해하였습니다.

고민을 듣는다는 건 귀가 아닌 마음으로 이야기를 듣는 것.
함부로 평가하고 조언하지 않는 것.
시간을 내어 듣는 것.
그저 곁에 함께 있어 주는 것.

마음으로 듣는다는 것은 어떻게 하는 것인지 재치 있는 그림책 《고민해결사 펭귄 선생님》을 통해 배우게 되었습니다.

기억에 남는 수업 장면 Talk

화면 속 보호자들이 다채로운 표정, 열렬한 바디 리액션과 채팅으로 함께하고 있다는 사인을 보내주셨습니다. '라떼는' 이런 방식의 수업을 해본 적이 없는데 요즘 가능해진 수업 방식에 놀라셨다며 이렇게 집에서 편하게 아이의 학교 생활을 엿볼 수 있어 감사하다는 말씀도 전해주셨습니다.

사연이 나오는데 눈물이 핑 돌았다며 음악과 함께 치유되는 기분을 누렸다는 보호자의 말씀이 오래 기억에 남습니다. 아이들이 직접 노래를 선곡했다는 사실에 깜짝 놀랐다고 하셨습니다. 열세 살 아이들, 가정에서는 아직 철부지 어린이인데 학교에서 사회 생활을 하느라 애쓰고 있구나 싶어 잠시 마음이 짠하기도 했습니다. 펭귄 선생님의 마음을 본받아 아이의 이야기를 귀가 아닌 마음으로 경청하겠다는 보호자들의 다짐이 제게도 스며듭니다. 잘 듣자! 마음으로 듣자! 시간을 내어 듣자!

수업 흐름도

① 《고민 해결사 펭귄 선생님》 그림책 중간까지 읽기
② '보이는 라디오 활동' 펭귄 선생님이 되어 사연자의 고민을 경청하고 위로, 공감의 말 건네기
③ 《고민 해결사 펭귄 선생님》 그림책 끝까지 읽고 소감 나누기

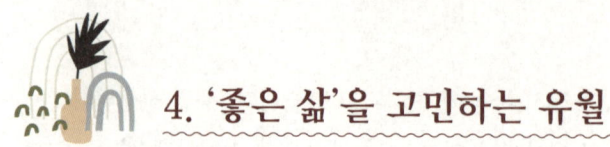

4. '좋은 삶'을 고민하는 유월

민주주의 어렵고 아름다운 것 Ⅰ

핵심 키워드 #정치 #민주주의 #민주시민교육

관련 성취기준
[6사05-01] 4·19 혁명, 5·18 민주화 운동, 6월 민주 항쟁 등을 통해 자유민주주의가 발전해 온 과정을 파악한다.
[6사05-02] 광복 이후 시민의 정치 참여 활동이 확대되는 과정을 중심으로 오늘날 우리 사회의 발전상을 살펴본다.

수업 주제 시민의 정치 참여로 꽃 피우는 민주주의

활용 그림책 이자벨 미뇨스 마르틴스, 《아무도 지나가지 마!》, 그림책공작소

그림책 소개 《아무도 지나가지 마!》에 등장하는 장군은 이 책의 주인공이 되고 싶었습니다. 그래서 장군은 자신 외의 사람들이 함부로 책 왼쪽에서 오른쪽으로 책을 가로질러 가지 못하도록 군인을 시켜 시민들을 감시, 감독하게 합니다. 갑자기 통행에 제한이 생겨 불편한 시민들이 군인에게 왜 그래야 하느냐고 이유를 묻자, 군인은 장군님이 이 책의 오른쪽을 비워두길 원하신다고 답합니다. 이 황당한 답변에 화가 난 시민들의 언성이 점점 높아집니다. 과연 시민들은 이 문제를 어떻게 해결할까요?

이 그림책은 아이들이 자칫 어려워할 수 있는 '정치'라는 소재를 흥미롭고 재치있게 풀어갈 뿐 아니라 '민주주의'와 '정치'에 대해 묵직하게 생각해 볼 거리를 던져주기도 합니다. 고학년 아이들과 민주주의 수업의 시작에 읽어보기 좋은 그림책입니다.

수업 디자인 Talk

'우리나라 민주화 과정'을 주제로 수업을 계획할 때에는 4.19 혁명, 5.18 민주화 운동, 6월 민주 항쟁 등에 관한 다양한 사료를 바탕으로 수업을 디자인합니다. 사건을 '원인'과 '결과'로 납작하게 만들면 당시 사람들의 삶과 목소리가 배제됩니다. 암기거리만 가득한 수업시간이 되지 않도록 현장을 생생하게 담은 사진, 동영상 자료, 편지 자료 등을 준비합니다. 〈택시운전사〉나 〈1987〉 같은 영화를 활용하는 것도 좋습니다. 영화를 활용해 수업을 진행하면 배우들의 연기에 기대어 당시 인물들이 처한 상황과 감정을 시각적으로 전할 수 있어 좋았습니다. 실제 사료나 사건에 근접한 재현 자료를 활용하면 아이들이 맥락 속에서 역사적 사실을 이해할 수 있습니다. 맥락화된 사고는 역사적 사고력, 통찰력과 더불어 바람직한 역사적 가치관을 갖추게 하는 데에 도움이 될 것입니다.

저는 여기에 그림책을 가져와 역사 수업을 열거나 닫는 것을 좋아합니다. 실제 사료가 아닌 비유가 활용된 이야기는 사건을 단순화하거나 왜곡할 여지가 있지 않냐는 걱정이 생길 수도 있습니다. 하지만 그림책만을 학습 자료로 쓰는 것이 아니기 때문에 역사 왜곡에 대한 걱정은 접어두어도 좋습니다. 오히려 역사적 사건의 의미와 본질에 대해 안전하게 대화할 수 있어 수업이 풍성하고 깊어질 수 있다고 해야 할 것입니다.

《아무도 지나가지 마!》는 민주주의 수업을 여는 첫날 첫 시간에 활용하였습니다. 막무가내로 시민들의 통행을 막는 그림책 속 군인과 장군의 모습을 보여주었습니다.

"이 마을 사람들이 어떻게 문제를 해결하면 좋을까요?"

"법으로 재판을 해야죠!"
"국민 신문고에 군인과 장군을 처벌해달라고 청원을 올려요!"
"인터넷 방송에 군인과 장군의 얼굴을 노출시켜 그들이 겁먹게 해야 해요!"
"군인과 장군을 추방하자는 촛불집회를 열어요!"

이미 여러 매체를 통해 아이들 곁에 스며든 '민주주의'는 어떤 모습인지 들여다볼 수 있는 귀한 대화였습니다. 책의 뒷 이야기를 마저 읽어주었습니다. 그림책 안에서 어떤 방식으로 문제가 해결되었는지 살펴보고 이 상황에서 쓸 수 있는 속담을 나누었습니다. 마침 국어 시간에 관용 표현에 대해 공부하고 있었거든요. 아이들이 '백지장도 맞들면 낫다', '십시일반' 같은 것을 떠올렸습니다. 영어 속담이긴 하지만 '뭉치면 살고 흩어지면 죽는다' 같은 강력(?)한 관용 표현을 이야기하는 아이들도 있었습니다.

아이들에게 '누가' 백지장을 맞들었는지, '누가' 밥을 한 술씩 모았는지, '누가' 뭉쳤는지를 주목하여 살펴보자고 이야기하였습니다. 교실 여기저기에서 '나', '너', '우리', '개인', '시민'이라는 답이 쏟아져나왔습니다. 이 기회를 놓치지 않고 이번 단원은 우리 모두의 정치 참여가 어떻게 세상을 밝히고 바꾸는지 알아보고, 우리도 학교라는 작은 공동체 안에서 꼬마 시민으로 해야 할 일을 찾아 직접 실천해보는 시간을 가져보자고 제안하였습니다.

이후 현대 정치사를 사료 중심으로 공부하고, 오늘날 시민의 정치 참여 활동이 어떤 모습으로 변화, 확대되어 왔는지 공부하였습니다. 그리고 나서, 수업 첫날 읽은 《아무도 지나가지 마!》를 아이들과 다시 같이 읽었습니다. 저는 교실에서 사골국 끓이듯 같은 그림책을 다시 읽고, 또 다시 읽는 것을 즐겨합니다. 얼마 전에 본 TV 프로그램에 사골 맛집이 나왔는데 사장님이 국물을 고아내기 위해 한 번은 사골 뼈를 12시간을 삶고, 한 번은 72시간을 삶아 그 국물을 섞어 내놓는 것을 보았습니다. 같은 재료라도 끓이는 온도에 따라 시간에 따라 다른 맛이 나오는 게 꼭 그림책 수업과 닮았습니다. 현대 정치사에 대해 탄탄히 학습하고 《아무도 지나가지 마!》를 두 번째 읽는 아이들은 72시간 고아낸 사골국처럼 깊고 묵진한 생각을 쏟아냈습니다. 그림책 속 사건이 우리의 역사 중 무엇과 닮았는지 떠들며 저마다의 해석을 내어놓기도 했습니다.

아이들에게 이 그림책을 우리가 다시 써보자는 제안을 했습니다. 우리나라 민주주의 발전사를 공부한 아이들이 그림책 속 문제를 어떤 방식으로 해결해갈지 궁금했거든요.

나는 오른쪽으로 갈 날만 기다려왔어. 그런데 군인이 날 막아서는 거야. 오른쪽은 장군님이 언제든지 이야기의 주인공이 될 수 있도록 자신만을 위해 비워두라는 명령을 했다면서 말야. 황당하고 억울한 건 나뿐만이 아니었어. 임신한 봉봉 아줌마, 택배원, 자전거 여행자들, 중요한 약속이 있는 나뭇져씨 등 많은 사람들이 이건 부당하다고 항의를 했어. 하지만 군인에게 받아들여지지 않았지. 그래서 우리는 머리를 맞댔어.(뒷이야기를 써보시오)

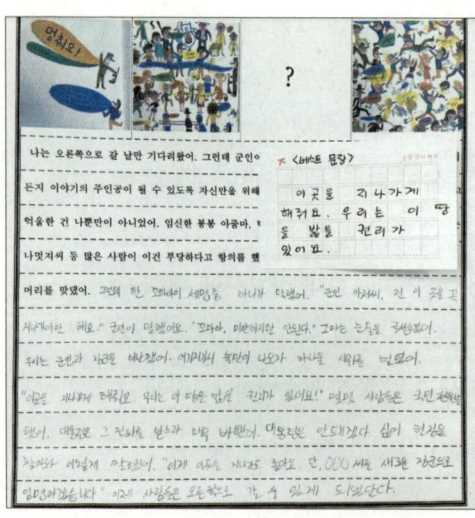
〈 아무도 지나가지 마 다음 이야기 1 〉

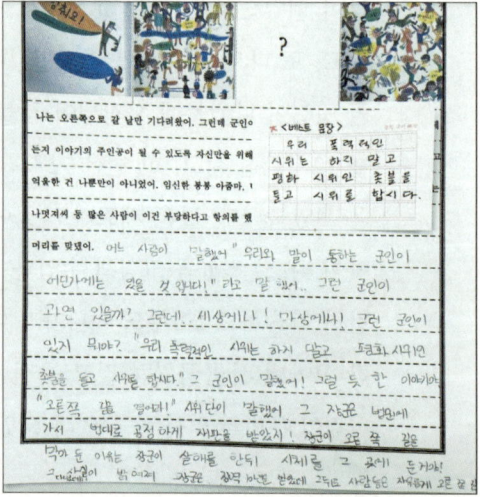
〈 아무도 지나가지 마 다음 이야기 2 〉

기억에 남는 수업 장면 Talk

아이들이 만든 이야기 속 어떤 문장들은 막 탄생한 별처럼 눈이 부셔서 자꾸만 읽고 또 읽게 되었습니다.

"'대한민국의 주권은 국민에게 있고 모든 권력은 국민으로부터 나온다!' 그렇게 이제 모든 사람들이 다 같이 소리쳤어."

"우리 폭력적인 시위는 하지 말고 촛불을 들고 평화시위를 합시다."

"이곳을 지나가게 해줘요. 우리는 이 땅을 밟을 권리가 있어요."

"촛불처럼 작더라도 모이면 큰 것이 돼."

수업을 닫으며

모든 것이 너무나 빠르게 변하는 시대라 아이들에게 어떤 '오늘'과 '어제'를 물려주고 들려주면 좋을지 자신 없을 때가 많습니다. 그럼에도 불구하고 결집한 시민의 힘과 연대의 소중함은 꼭 알려주고 싶었습니다. 이 마음이 아이들 마음에 닿았을까요? 아이들과 한 걸음 함께 내딛는 일이 나의 직업인 것이 벅차고 기쁘고 또 한없이 무겁습니다.

수업 흐름도

① 《아무도 지나가지 마!》 그림책 읽기
② 자유민주주의가 발전해 온 과정, 시민의 정치 참여 활동 파악하기
③ 《아무도 지나가지 마!》 그림책 뒷 이야기 쓰기

민주주의 어렵고 아름다운 것 Ⅱ

핵심 키워드 #정치 #민주주의 #민주시민교육

관련 성취기준

[6사05-06] 국회, 행정부, 법원의 기능을 이해하고, 그것이 국민 생활에 미치는 영향을 다양한 사례를 통해 탐구한다.

수업 주제 시민의 정치 참여로 꽃 피우는 민주주의

활용 그림책 제르마노 쥘로·알베르틴, 《잠시만요 대통령님》, 문학동네

그림책 소개 《잠시만요 대통령님》에는 한 나라의 대통령이 등장합니다. 출근과 동시에 쉴 새 없이 쏟아지는 서류를 살피고 전화를 받고 장관 회의에도 참석하는 대통령은 매우 바빠 보입니다. 그의 얼굴에는 수심이 가득해 보이지요. 대체 이 나라에는 무슨 일이 있는 걸까요? 책장을 넘기다 보면 이 나라가 직면하고 있는 위기가 적나라하게 드러납니다. 그리고 이 위기를 대통령과 참모, 언론이 어떤 방식으로 대응하는지도 자세히 그려집니다. 고학년 아이들과 민주주의 수업의 끝에 읽어보기 좋은 그림책입니다.

수업 디자인 Talk

그림책 《잠시만요 대통령님》은 무능한 대통령을 비롯해 정치 현안엔 관심이 없고 권력욕만 가득한 정치인, 자극적인 기사만 쏟아내는 언론인을 풍자하는 내용을 담고 있습니다. 6학년 민주주의 수업은 그림책 《아무도 지나가지 마!》로 열고 마무리는 그림책 《잠시만요 대통령님》을 활용해 닫았습니다.

> **6학년 민주주의 수업**
>
> (그림책 활용) 《아무도 지나가지 마!》를 읽으며 시민의 정치 참여 중요성을 인식하기
> (사료 활용) 우리나라 민주주의의 발전 과정 탐구하기
> (모의 체험 활용) 국회, 행정부, 법원이 하는 일 알기

《아무도 지나가지 마!》를 읽으며 시민의 정치 참여 중요성을 인식하고 우리나라 민주주의의 발전 과정을 파악한 아이들은 다음 수순으로 민주주의의 기본 원리를 실현하는 '국가기관'의 역할을 탐구하기 시작합니다. 주요 국가기관인 국회, 행정부, 법원의 역할을 탐색하며 '국민 주권'과 '삼권 분립'과 같은 민주정치의 기본 원리를 익혀가는 것이지요. 많은 선생님들이 국회, 정부, 법원으로 현장체험학습을 계획하시기도 하고 체험학습이 여의치 않은 경우, 교실 속 모의 체험을 통해 간접적으로나마 국회, 정부, 법원의 역할을 아이들이 경험할 수 있게 수업을 디자인합니다.

비포 코로나 시절, 열세살 아이들과 서울로 수학여행을 떠나 청와대

앞에서 단체 사진을 찍고 국회의사당에 방문해 의정체험도 하며 실제로 국회의원을 만난 일들이 또렷합니다. (물론 아이들 머릿속에는 에버랜드에서의 즐거운 한 때가 가장 기억에 남아있겠지만요.) 열세 살 아이들과 꼭 어울리는 이 장소들에서 이 아이들과 이 때만 만들 수 있는 추억을 코로나19로 인해 남기지 못한 것은 교사로서 아쉬움이 남는 일이기도 합니다.

코로나19 발생 후에는 아쉬운 대로 교실에서 모의 입법, 모의 재판을 운영하거나 학급 부서를 행정부에 맞게 조직해 모의 행정을 경험하는 시뮬레이션 위주의 학습을 많이 했습니다. '법'에 관한 내용은 5학년 사회 시간에 깊게 다루기 때문에 6학년 사회 시간에는 행정부가 하는 일을 더 비중 있게 다루었습니다. 《잠시만요 대통령님》을 마무리 그림책으로 고른 이유도 이 책이 행정부의 역할에 대해 생각해볼 거리를 제공하기 때문입니다.

《잠시만요 대통령님》은 지극히 현실적인 이야기와 다분히 비현실적인 이야기가 교차적으로 펼쳐지기에 아이들은 한시도 눈을 떼지 못하고 이야기에 흠뻑 빠져들게 됩니다.(아이들의 반응이 밍밍할까봐 고학년 그림책 수업의 시작을 두려워하시는 선생님이시라면 이 책만큼은 꼭 도전해 보세요!) 아이들과 주거니 받거니 그림책을 함께 읽는 과정이 꼭 판소리와 닮았습니다. 교사가 그림책 속 정치인의 발언이나 언론인의 행보를 읽어주면 아이들이 "이야!" "헐!" "와!" 같은 분노의 추임새를 쏟아내며 자신만의 감상을 완성해나갑니다. 책 속 사건과 유사하다 여겨지는 우리나라의 사건이 떠오른다며 함께 학습한 역사적 사건을 이야기하는 아이도 있었습니다. 그 아이의 말을 프리즘 삼아 다른 아이들도 원작 이야기를 다양한 빛깔로 굴절시켜 저마다의 이야기를 시작합니다. 대화 중간중간에 우리나라 행정부가 국민을 위해 일하고 있는지 골똘이 곱씹는 모습이 야무집니다. 아이들 감상에 머무르다보면 아무리 얇은 책일지라도 40분 한 차시 수업 시간이 부족해지는 경우가 많습니다. 아이들이 꼭 익혀야 하는 개념 강의는 짧게 구성하고 아이들이 그 개념을 활용해 자기 개념화할 수 있는 시간은 충분히 마련하는 식으로 교육과정을 재구성하지 않을 수 없습니다.

행정부가 하는 일을 교사가 설명하고, 학습지나 퀴즈를 통해 지식을 재확인하는 형태의 수업은 '맥락'이 소거되어 있습니다. 아이가 그 지식을 삶의 맥락으로 전이시켜 내 삶을 이롭게 하는 데에 활용할 가능성이 낮을 수 밖에 없습니다.

우리는 '입력'의 중요성을 잘 알고 있어서 양질의 지식을 충분하게 '입력'하는 일에 대해서는 많이 고민하지만 어쩐지 '출력'의 기회는 충분히 주고 있지 않은 것 같습니다. '무엇'을 가르칠지 고민하는 것과 같은 비중으로 배움을 '어떻게' 표현하게 할지에 대해 고민해야 합니다.

지식(입력)	지식의 활용(출력)
교사의 핵심 개념 강의	모의 체험, 역할극 관련 뉴스 읽기 토의·토론 성찰 글쓰기

그림책을 다 읽고 감정카드를 활용한 한 줄 소감을 나누었는데 아이들이 평소 잘 고르지 않는 감정카드를 다양하게 골라 소감을 표현했습니다. 아이들은 정치 현안들의 복잡다단함에 두 손으로 머리를 쥐어짜며 난색을 표하기도 했고, 대통령을 비롯한 정치인이 지닌 책임감의 무게를 어렴풋이 가늠해보기도 했습니다. 책의 감상이 정부에 대한 비난으로 납작하게 모아지지 않아 좋았습니다. 함께 읽으면 생각이 페스츄

리빵처럼 여러 결로 폭신하게 부풀어 오릅니다.

책 대화를 통해 선거 이후 정치인이 우리의 권한 대행을 잘하고 있는지 관심을 두는 일이 필요함을 느낄 수 있었습니다. 꾸준히 사회 이슈에 관심을 두는 우리가 되자는 마음을 담아 우리들의 '잠시만요 대통령님' 페이지를 만드는 것으로 긴긴 대화를 마무리지었습니다.

〈 우리들의 잠시만요 대통령님 〉

우리들의 잠시만요 대통령님 페이지 만들기

(1) 선생님이 나눠준 당일 뉴스 헤드라인 살피기
  - 교사는 헤드라인이 특정 정치 성향을 띄지 않도록 여러 뉴스 플랫폼에 접속하여 정치, 경제, 사회, 문화 등 다양한 분야의 뉴스 헤드라인을 수집해 출력해주면 됩니다.
(2) 더 궁금한 내용은 스마트폰으로 기사 검색하여 읽기
(3) 말풍선에 대통령 및 정치인들, 언론인들에게 하고 싶은 말 쓰기

아이들이 쓴 말풍선을 살펴볼까요? 말풍선에는 아이들이 지금 해결이 필요하다고 느끼는 사회 문제와 아이들이 전하고 싶은 이야기가 담겼습니다.

TO. 정치인들께

"요즘 플라스틱, 쓰레기 문제가 심각해요. 플라스틱 쓰레기를 줄이는 공익 광고나 홍보를 좀 해주세요!"
"어린이집 아동 학대범들을 확실하게 처벌해주세요!"
"화이자 백신 대체 언제 맞을 수 있나요? 모두 다 맞을 수 있긴 한 건가요?"
"요즘 생필품값이 평균 2.2% 올랐어요! 달걀은 53%나 뛰었다고요! 생필품값을 줄여주세요!"
"공무원, 고위직은 거의 다 남자의 독과점이 여전하다는데 이거 남녀 차별 아닌가요? 여자도 고위직으로 마음껏 올라갈 수 있게 해주세요!"

TO. 언론인들께

"너무 자극적인 것을 취재하지 말아주세요. 사생활도 취재하지 마세요!"
"조회수 높일 생각만 하지 말고 중요한 사건에 신경 써 주세요!"
"필요한 뉴스를 좀 보여주세요. 알 필요 없는 뉴스가 알 필요 있는 뉴스보다 많아요!"
"가짜 뉴스 좀 없애주세요. 어떤 뉴스가 진짜인지 가짜인지 모르겠어요!"
"사람들이 중요한 사실을 알 수 있도록 노력해주세요!"

기억에 남는 수업 장면 Talk

《잠시만요 대통령님》에는 깊은 호수 아래에서 출몰한 거대 초록 괴물이 등장합니다. 괴물이 상징하는 바에 대한 아이들의 해석이 흥미로웠습니다.

"괴물이 상징하는 건 정치인들이 외면한 국민들의 어려움이에요."
"괴물이 상징하는 건 결집한 국민들 같아요. 시위하는 모습을 나타내는 게 아닐까요?"
"요즘 크게 다뤄지고 있는 기후위기, 환경오염 문제의 중요성을 말하려고 괴물이 등장하는 것 같아요."

어떤 아이는 괴물의 존재를 정치인들도 외면한 사회의 문제 덩어리라 보기도 했고, 어떤 아이는 괴물은 무능한 정부에 대항하는 결집한 국민의 모습이라 하기도 했습니다. 또, 깊은 호수에서 튀어나온 거대한 '초록'이라는 점에 주목해 전세계 정부가 협력하여 해결해야 할 기후위기 문제를 상징하는 것 같다고 말하는 아이도 있었습니다.

함께 읽는 그림책은 힘이 셉니다. 혼자 읽었다면 결코 누리지 못했을 겹겹의 이야기가 펼쳐집니다. 함께 그림책 읽는 이 시간, 참 고소하고 풍미 있는 시간입니다.

수업 흐름도

① 행정부가 하는 일 알아보기

② 그림책과 현실을 비교하며《잠시만요 대통령님》읽기
③ 오늘 뉴스 헤드라인 살펴 정치인, 언론인에게 하고 싶은 말 전하기

우리의 모습 그대로 [Just the way we are]

핵심 키워드 #인권 #다름 #존중 #민주시민교육

관련 성취기준
[6사02-02] 생활 속에서 인권 보장이 필요한 사례를 탐구하여 인권의 중요성을 인식하고, 인권 보호를 실천하는 태도를 기른다.

수업 주제 어제보다 나은 더 멋진 세상, 우리들의 어나더 인권 수업

활용 그림책 이자벨 카리에,《아나톨의 작은 냄비》, 씨드북

그림책 소개 아나톨은 어느 날 갑자기 하늘에서 뚝 떨어진 빨간 냄비를 몸에 달고 살게 됩니다. 그 이후로 사람들은 아나톨을 볼 때, 아나톨의 냄비를 먼저 봅니다. 아나톨은 냄비 말고도 근사한 점이 많은데도요. 아나톨은 냄비가 없는 사람처럼 되기 위해 노력하지만 그 과정이 결코 쉽지 않습니다. 평범한 생활이 힘들어진 아나톨은 결국 숨어버리려 합니다. 아나톨은 냄비를 받아들이고 냄비와 함께 살아갈 수 있을까요?

수업 디자인 Talk

우리가 서로의 다름을 있는 그대로 이해하고 존중하는 일이 가능하다면, 때로는 있는 그대로의 존중을 넘어서서 서로가 서로의 위안이 되어주는 일마저 가능하다면 '모두'의 사람다운 삶을 위한 '권리'를 이해하는 것은 쉬운 일이 될 수 있을 것 같습니다. 인권 수업의 시작은 지금 여기서 서로 다른 우리를 있는 그대로 받아들이고 때론 의지하고 또 사랑하자는 메시지를 담은 《아나톨의 작은 냄비》로 열었습니다. 이 책을 아이들에게 읽어줄 만한 기회는 여러 번 있었지만 꼭 이 책을 인권 수업의 시작에 쓰고 싶어서 아끼고 또 아껴두었습니다.

빨간 냄비를 달고 살아가는 아나톨을 '장애인'으로 좁혀 해석하고 싶지 않았습니다. 아이들이 장애-비장애 프레임으로 아나톨을 납작하게 읽기보다는 넓은 스펙트럼 위에서 나와 다른 사람들의 존재를 살피기 바랐습니다. 우리 모두 누구나 냄비 하나쯤은 질질 끌고 살아가니까요. 그게 큰 냄비든 작은 냄비든 말입니다. 아이들이 아나톨과 나의 차이보다는 아나톨과 나의 같음을 생각해보길 바라는 마음이 있었습니다.

감추고 싶고 버리고 싶어도 버릴 수 없는 나의 일부, 나의 빨간 냄비. 한 걸음을 뗄 때마다 걸리적거려 죽겠는데 색도 빨개서 두 배쯤 속을 뒤집는 나의 빨간 냄비. 그런데 황당하게도 종종 그 안에 꽃이 심기기도 합니다. 외로운 날, 소소한 즐거움을 선물해 주기도 하는 요상한 나의 일부. 모두가 갖고 있는 그 빨간 냄비를 들여다보는 시간을 만들고 싶었습니다. 내 냄비를 인정하고 받아들일 수 있는 사람은 타인의 냄비를 함부로 조롱하거나 판단하지 않을 거라는 기대를 품고서요. 모든 사람이 있는 그대로 존중 받는 세상. 그게 바로 모든 이의 인권이 실현

된 세상의 모습이 아닐까요?

　아이들에게 책 표지를 보여준 뒤, 이야기에 등장하는 아나톨은 어떤 아이일지 생각해보게 하였습니다. 아이들이 상상한 아나톨은 이런 아이였습니다.

　"선생님, 차별 받던 흑인 아닐까요? 그래서 피부색을 숨길려고 저렇게 얼굴을 하얗게 색칠한 거고요."
　"제 생각에는 냄비가 등장하는 걸 보니 저 아이는 요리사가 꿈인데 외모나 신체가 다른 사람이랑 다르다는 이유로 그 꿈을 못 이룬 사람일 것 같아요."
　"일단 키가 많이 작잖아요. 키가 작다고 놀림받던 아나톨이 저 빨간 냄비를 가지고 분노의 복수를 하는 이야기일 것 같아요."

　아이들의 이야기를 수용하며 그림책을 한 장씩 읽어나갔습니다.

　"왜 많고 많은 색 중 아나톨의 냄비는 빨간색일까요?"

　아나톨의 상처를 빨갛게 표현했다 생각하는 아이도 있었고, 차별과 소외에 화가 난 아나톨의 마음이라고 생각하는 아이도 있었습니다. 반면 아나톨 내면의 따뜻한 사랑, 아나톨 내면의 선한 마음이라고 생각하는 아이도 있었고요. 같은 빨강을 보고도 해석이 저마다 달랐습니다. '다른' 생각이 있는 그대로 모두 존중되는 이 순간이 책의 일부처럼 느껴져 가슴이 부풀어 올랐습니다.
　책을 다 읽은 후에 아이들에게 냄비 안에 '감추고 싶은 나의 특성, 나의 부족한 점'을 써보게 했습니다. '직면'은 '자기 수용'을 위한 선결

과제니까요. 혹시 타인이 냄비의 내용을 살피게 되면 아이들의 검열 기제가 작동할까 봐 냄비 속에 쓴 내용은 교사도 보지 않았습니다.

그리고 나서는 바로 냄비 위에 색종이로 만든 냄비 가방을 붙여 냄비를 안전히 보관해두었습니다. 냄비 가방은 원 모양 색종이의 세 귀퉁이를 접어 가방 모양으로 만들어 붙였습니다. 아나톨이 냄비를 가방에 넣어 다니며 편안해진 것처럼 우리도 냄비 가방을 만들어 본 것이지요. 가방 모양 색종이 위에는 나를 소중히 만드는 나만의 특징, 나의 좋은 점, 내가 잘하는 것을 많이 써보자고 아이들을 독려했습니다. 이 말은 마치 튼튼한 바늘땀 같아서 가방이 해지거나 터지지 않도록 도와주는 소중한 것이니 최대한 많이 떠올려 써보자고요. 가방 위에 내가 쓴 나의 좋은 면을 자유롭게 교실을 돌아다니며 서로 읽어주는 시간을 가졌습니다. 대뜸 가방을 교환해 문구를 읽으면 아이들이 민망할 것 같아 간단한 게임 형식을 도입했습니다. 음악에 맞춰 돌아다니다가 음악이 멈추면 근처에 있는 친구를 만나 가위바위보를 하고 이긴 친구가 먼저 진 친구에게 자기 가방에 적힌 문구를 읽어주고, 서로 바꾸어 읽어보는 식으로 진행하였습니다. 또 혹시 친구 가방에 빈자리가 있다면 서로 좋은 면들을 발견하여 추가적으로 기록해주는 시간도 가졌습니다.

〈 아나톨의 작은 냄비 활동 사진 〉

길고 긴 인권 수업 여정의 첫 발을 자기 수용과

상호 존중의 말로 폈습니다. 아나톨 같은 친구가 등장하는 이야기를 아이들과 많이 읽어야겠습니다. 아이들이 나와 다른 사람을 입체적으로 들여다보고 그의 마음자리에 머물러보고 그의 삶을 상상해보게 하는 경험을 늘려주어야겠습니다. '그럴 수도 있지' 하며 서로가 서로의 냄비를 감싸주고 보듬어주는 교실을 꾸준히 만들어가야겠습니다.

기억에 남는 수업 장면 Talk

프랑스의 소설가 로맹 롤랑은 다음과 같은 명언을 남겼습니다.

"나는 사상이나 힘으로 승리한 사람을 영웅이라고 부르지 않는다. 마음으로 위대했던 사람을 영웅이라고 부른다."

그리고 우리 아이들도 다음과 같은 위대한 마음을 남겼습니다.

"어렸을 때 화장실에서 장애가 있는 친구를 보았는데 친구들과 그 아이를 보며 수근거린 적이 있다. 지금 생각해보면 그때 내가 너무 창피하고 그런 말을 한 게 후회가 된다."

"만약 부자나라, 1등 나라가 아니더라도 인권 존중, 차별하지 않고 모든 사람이 평등하게 하는 것은 1등이면 좋겠습니다."

수업을 닫으며

11년의 교실살이 중 절반 이상은 늘 교실에 특수 교육 대상자인 어린이가 한 명씩은 존재했습니다. 어떤 아이들은 관계에서 이 친구를 온전히 지워내기도 했고 어떤 아이들은 이 친구에게 먼저 다가가기도 했습니다.

아이들의 개별 성품에 의지하는 것을 넘어서서 나는 교사로서 나머지 아이들에게 조금 더 특별한 이 친구와 어떻게 관계를 맺고 생활해야 하는지 힘주어 가르쳤나 지난 시간을 돌아보게 됩니다. 그 친구는 우리 교실 속 1/n을 차지했었는지, 나는 삶으로 그것을 가르쳤는지 돌아보고 또 돌아봅니다.

수업 흐름도

① 《아나톨의 작은 냄비》 그림책 읽기
② 나의 냄비와 냄비 가방 만들기
③ 냄비 가방에 적은 말 서로 공유하기

흑인의 삶도 소중하다 [Black lives matter]

핵심 키워드 #인종차별 #인권 #용기 #행동

관련 성취기준
[6국05-02] 작품 속 세계와 현실 세계를 비교하며 작품을 감상한다.
[6사02-01] 인권의 중요성을 인식하고 인권 신장을 위해 노력했던 옛 사람들의 활동을 탐구한다.
[6사02-02] 생활 속에서 인권 보장이 필요한 사례를 탐구하여 인권의 중요성을 인식하고, 인권 보호를 실천하는 태도를 기른다.
[6도03-01] 인권의 의미와 인권을 존중하는 삶의 중요성을 이해하고, 인권 존중의 방법을 익힌다.

수업 주제
1) 인물이 추구하는 가치와 추구하는 가치에 따라 달라지는 삶의 모습에 주목하여 작품을 이해하기
2) 작품 속 세계와 현실 세계를 비교하며 흑인 인권에 대하여 관심을 갖기
3) 인권 보호를 생활 속에서 실천하는 태도를 기르기

활용 그림책 윌리엄 밀러, 《사라, 버스를 타다》, 사계절

그림책 소개 이 책은 미국에서 인종차별에 당당하게 맞선 로사 파크스라는 실존 인물의 이야기를 사라라는 이야기 속 인물을 통하여 소개하고 있는 책입니다. 1950년대, 미국 남부에서는 백인과 흑인을 위한 좌석이 나누어져 있었고, 인종차별과 관련된 법이 있었습니다. 그 부당함에 대하여 사라는 용기 있게 '왜?'라는 질문으로 맞서며 저항합니다. 왜 백인과 흑인의 좌석을 나누어야 하는지, 왜 인종차별 법이 존재하는지에 대해 당당히 묻는 질문에 책을 읽는 독자들도 생각에 잠깁니다. 이 사건의 영향을 받아 흑인들의 버스 승차 거부 운동이 이어지고, 결국 이 소녀의 행동 덕분에 버스에서의 흑백 차별은 폐지됩니다. 아닌 것을 아니라고 말하며 의문을 제기할 수 있는 용기 있는 사라의 이야기를 읽어보며 오늘날의 사회 모습과 비교해보면 좋을 책입니다.

수업 디자인 Talk

　우리 사회 속 인종차별이 부끄러운 민낯을 고스란히 드러낸 역사적 사건들이 있습니다. 멀게는 1950년대 버스 승차 거부 운동으로 이어진 '로자 파크스 사건'이 대표적입니다. 최근에는 2020년에 일어난 '조지 플로이드 사건'이 전 세계적으로 이슈화되었습니다. 인종차별 사건이 일어나면 한동안 사건에 대한 뉴스와 기사가 쏟아집니다. 사람들이 반짝 관심을 갖습니다. 그러다 얼마 가지 못해 다시 잠잠해지곤 합니다. 안타깝지만 이런 일들은 또 반복됩니다. 두 사건이 일어난 70년 사이에 우리는 진일보한 것 없이 동일한 역사를 반복하고 있는 것은 아닌지 마음이 답답해졌습니다. 역사를 잊은 민족에게는 미래가 없다고 하는데, 사건의 반복을 막기 위해서는 무엇을 배우고 무엇을 바꾸면 좋을지 고민이 되었습니다.

　연일 뉴스에서 사건사고를 보도해도 정확히 무슨 일인지, 왜 이런 일이 일어났는지, 이런 일을 막기 위해서는 어떻게 해야 하는지 관심을 갖고 자세히 사회 현상을 들여다보는 아이들은 많지 않습니다. 뉴스나 신문 기사에서 다루는 것들은 어른들의 일이라고 생각해버리기도 합니다. 당시에 만난 6학년 아이들도 '조지 플로이드 사건'을 잘 모르는 아이가 대다수였습니다.

　아이들이 우리 사회 현안에 대해 자신의 생각을 갖는 일은 중요합니다. 사회의 모습을 종합적으로 이해하는 지혜와 올바른 가치관으로 세상을 살아갈 수 있는 힘은 하루 아침에 길러지는 것이 아니기 때문입니다. 마침 사회 교과에서 인권에 관해 이야기를 나누고 있던 터라, 오늘날 사회의 모습을 수업으로 가져와 탐구하면 어떨까 하는 생각이 들었습니다.

먼저, 교과서에도 수록된 그림책《사라, 버스를 타다》가 떠올랐습니다. 조지 플로이드 사건과 엮어서 오늘날 현실과 비교하며 읽으면 좋을 것 같았습니다. 국어과 성취기준 [6국05-02]을 활용하여 그림책 속 사건과 2020년의 사건을 비교하는 수업을 구상하였습니다. 두 사건은 무엇이 같고 다른지, 우리는 어떤 노력을 해왔고 앞으로 무엇을 해야 할지 비교해보도록 수업을 디자인하였습니다.

《사라, 버스를 타다》를 함께 읽었습니다. 작품을 충분히 이해할 수 있도록 인물, 사건, 배경을 파악해 마인드맵을 그리며 글을 읽었습니다. 이야기에 등장하는 '사라'는 '로자 파크스'라는 실존 인물을 모티브로 한 인물입니다. 인물이 추구하는 가치는 인물의 말과 행동을 통해 드러나므로 "사라는 왜 이런 말과 행동을 했을까?", "사라는 무엇을 중요하게 생각하는 것 같아?" 등의 질문을 아이들과 나누며 사라에 대해 알아보는 시간을 가졌습니다. 사라가 추구하는 가치에 대해서도 이야기를 나누었습니다. 가치를 추구한다라는 말이 어려울 것 같아, 평소 칠판에 붙여 놓은 미덕 목록을 활용했습니다. 아이들은 사라에게 '용기', '소신', '이상 품기', '헌신', '진실함', '확신', '열정'의 미덕이 빛나고 있다고 생각했습니다. 사라 외에도 사라 어머니, 버스 운전기사, 기자 등 그 밖의 인물이 갖고 있는 미덕도 그들의 말과 행동에 근거하여 찾아 보았습니다.

이어서 핫시팅 활동을 진행했습니다. 사전 활동으로 인물을 실제로 만난다면 어떤 질문을 하고 싶은지 질문 목록을 만들었습니다. 간단히 답할 수 있는 사실 질문도 좋지만, 인물의 숨겨진 생각이나 입장을 알 수 있는 질문으로 질문 목록을 만들라 안내하였습니다. 핫시팅을 할 때 처음으로 답을 하는 친구는 능청스레 인물에 몰입하여 답을 할 수 있는 학생을 선정해주면 좋습니다. 핫시팅 활동은 등장인물을 입체적으로 이해하는 데에 큰 도움을 줍니다.

  아이들에게 처음 책을 읽어줄 때, 그림책 속 사건이 실제 사건에 기반한 이야기임을 밝히지 않았습니다. 책을 충분히 이해한 뒤, 버스 승차 거부 운동의 시발점이 된 로사 파크스 사건에 대해 소개했습니다. 이어서 조지 플로이드 사건을 도입했습니다. 버스 승차 거부 운동은 1955년에 일어난 사건이지만, 조지 플로이드 사건은 2020년에 일어난 인종차별 사건이라고 말입니다. 사회 문제에 관심이 있는 몇몇 아이들이 적극적으로 이야기를 나눠준 덕분에 나머지 아이들도 관심을 갖고 뉴스 기사를 보았습니다.

  이어서 버스 승차 거부 운동과 조지 플로이드 사건을 육하원칙에 따라 정리하는 활동을 하였습니다. 육하원칙으로 정리해보면 두 사건의 어떤 점이 같고 또 다른지가 한 눈에 보이기 때문입니다. 아이들이 더블버블맵으로 두 사건의 공통점과 차이점을 최종 정리했습니다.

  두 사건을 비교해보며 점차 시위의 양상이 폭력적으로 변하는 이유에 대해서, 인종차별을 해결하는 방안에 대해서 이야기 나누었습니다.

  사회 시간에는 인종차별 문제 해결을 위한 NGO 단체를 조직했습니다. 단체 명칭, 단체 형성의 목적, 단체의 주요한 활동 등을 생각해 홍보 자료를 만들도록 안내하였습니다. NGO 단체 조직 후에는 조지 플로이드에게 편지 쓰기, 표어 만들기, 포스터 그리기, 카드뉴스 만들어서 인터넷 올리기 등 다양한 활동을 아이들이 주도적으로 개진하며 모의 NGO 활동을 이끌어갔습니다.

  수업이 끝나고 아쉬운 점이 있었습니다. 아이들이 인종 차별은 미국 사회의 문제로 다소 우리나라와는 먼 이슈로 받아들이는 모습을 보였기 때문입니다. 우리나라에서는 실제로 어떤 인종차별 문제가 발생하는

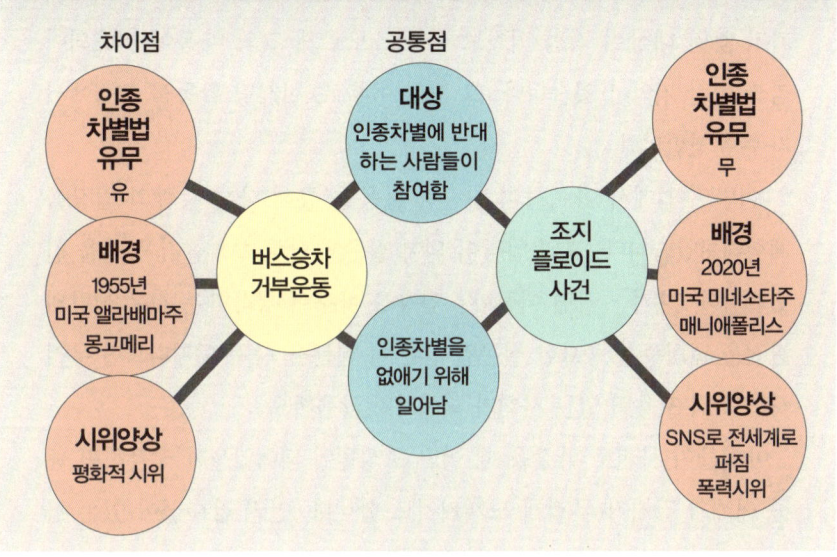

〈더블버블맵〉

지, 다양한 미디어에서 인종의 문제가 어떻게 다루어지고 있는지, 우리는 인종차별을 하고 있지는 않은지 점검해보는 시간을 놓쳤습니다. 우리가 살고 있는 대한민국 사회를 돌아보는 시간을 가졌다면 아이들이 지금 교실에서 실천할 수 있는 점을 찾을 수 있지 않았을까 싶습니다.

수업을 닫으며

심리극 기법 중에 '빈 의자' 기법이라는 것이 있습니다. 빈 의자 기법은 내가 심리적 어려움을 겪고 있는 대상의 입장이 되어 생각해보고 대답해보고 행동도 해보면서 그 대상과 나를 더 깊게 이해해보는 것입니다. 저도 빈 의자 기법을 몇 번 체험한 경험이 있습니다. 도무지 이해가지 않던 대상이 직접 되어보니 나도 모르게 그의 마음이 이해되어 깜짝 놀란 기억이 있습니다. 그 경험 이후로, 핫시팅 활동을 교실에서 자주 운영합니다.

이번 수업에서 아이들이 핫시팅 활동을 통해 다른 사람의 입장을 체험해보았습니다. 그의 입장이 되어 질문에 답해보며 공감 능력을 길렀습니다. '내가 ~라면 어떨까?' 입장을 바꾸어 생각하는 것은 생각의 관점을 넓혀주는 중요한 질문입니다. 이 질문을 자꾸 던지다보면 우리 사회도 더 포용력 있는 사회가 되어가지 않을까요.

아이들이 사회로 나갔을 때 어떤 구성원이 되어있을까 생각하면 종종 어깨가 갑자기 무겁게 느껴지기도 합니다. 인권 감수성이 있는 아이들이 사회의 문제에 관심을 갖고 살아간다면 조금이나마 따뜻한 세상이 되지 않을까 기대해 봅니다.

수업 흐름도

① 인물이 추구하는 가치 파악하며 미덕 지도 만들기
② 인물 핫시팅 활동하기
③ 버스 승차 거부 운동과 조지 플로이드 운동 비교하기
④ NGO 활동가가 되어 인종차별 예방 캠페인하기

함께 읽기 좋은 책

1) 김중미 외 지음,《블루시아의 가위바위보》, 창비
2) 이은정 지음,《목기린씨 타세요》, 창비
3) 강경수 지음,《거짓말 같은 이야기》, 시공주니어

5. '시'와 '쉼'이 있는 칠팔월

12살, 짜릿한 몸과 마음의 변화

핵심 키워드 #사춘기 #이성 #모방시

수업 주제 마음을 나누는 짜릿한 시 읽기

활용 시 정유경, 〈비밀〉

시 소개 도대체 우리반 여자 아이들이 왜 모두 동수를 좋아하는지 도통 이해할 수 없다는 화자가 등장합니다. 대체 우리반 여자 아이들은 장난꾸러기에다가 싸움대장인 동수의 어디가 좋다는 건지, 생각하면 생각할수록 다른 아이들이 한심하게만 느껴집니다. 아, 그런데 갑자기 머리가 아프다고 하네요? 시적 화자의 진짜 속마음은 무엇일까요?

수업 디자인 Talk

　교실 속 아이들과 꾸준히 시를 읽습니다. 풍성하게 존재하는 법을 가르치는 일이 어떤 지식보다 앞서야 한다고 생각하는 작은 소신으로 아침 칠판에 시를 써주기도 하고, 인쇄해 나눠주기도 합니다.
　시는 다 같이 소리 내어 읽으면 더 즐겁습니다. 입에서 시어가 포도알 구르듯 동그랗게 맴도는 것이 어찌나 재밌는지요. 소리 내어 읽다보면 짧아서 쉽게 쓴 것 같지만, 사실은 작가가 동그랗고 예쁜 소리를 만들기 위해서 얼마나 고심했는지, 몇 가지 단어에 그 많은 뜻을 담아내려고 얼마나 노력했는지를 깨닫게 됩니다. 읊으면 읊을수록 향긋하고 맛깔나는 시의 매력에 포옥 빠져버리게 됩니다.
　아이들은 자기가 품어본 적 있는 마음을 떠올려놓은 글을 만나면 금방 동화되어 자기도 모르게 속마음을 잘 내어놓습니다. 그림책도 그렇고 시도 그렇습니다. 아이들과 함께 시를 읽은 날을 떠올리면 가장 먼저 머릿속에 떠오르는 날이 있습니다. 열 살 아이들과 〈바람과 빈 병〉을 읽고 함께 펑펑 운 날입니다. 교과서에 나온 〈바람과 빈 병〉을 읽고 외로웠던 경험을 나누는 중이었는데 아무런 장벽이 없이 마음을 나누는 꼬마들 앞에서 저도 마음이 와락 무너졌습니다.
　'다섯 살 때 친구가 절교를 하자고 해서 그때 많이 외로웠어요.'라고 하며 울먹이는 꼬마, 단짝 친구들이 다섯 명인데 나만 빼놓고 아침마다 학교에 가서 속상했다고 털어놓는 꼬마, '내 단짝 친구가 전학을 가서 마음이 엄청 허전했어요.'라고 얘기하는 꼬마. 한 꼬마, 두 꼬마, 세 꼬마들이 괜찮은 척, 아무렇지 않은 척하려 하지 않고 있는 그대로의 마음을 내어 보이며 속상했어요, 슬펐어요, 외로웠어요 하고 눈물을 짓는데 그 앞에서 태연한 척 서 있기가 어려웠습니다.

〈바람과 빈 병〉에는 숲 속에 버려진 쓸쓸한 '빈 병'이 나옵니다. '빈 병'에 반 아이들 이름을 하나씩 하나씩 바꿔 넣어가며 함께 시를 낭독했습니다. '빈 병' 곁에 친구가 되어준 '바람'은 두 손과 머리를 살랑살랑 흔들며 표현했습니다. 시는 우리의 마음을 따뜻히 안아주기도 하고 다친 마음에 반창고를 붙여주기도 한다는 걸 함께 시를 읽으며 두 손을 흔들며 소리로 손짓으로 배웠습니다. 시가 주는 위로를 아이들과 함께 경험한 이후부터는 매년 그 해 아이들과 잘 어울리는 시를 골라 소리 내어 읽고, 생각과 마음을 나누는 시간을 갖고 있습니다. 시에 사용된 직유니 은유니 콕 찝어 알아보는 일도 작은 일이라 할 순 없지만, 그것이 우리 삶을 들여다보고 나누는 일을 앞서지 않도록 시를 대하기 전에 마음 매무새를 단정히 합니다.

5학년 담임을 맡은 해에는 열두 살 아이들과 어떤 시를 함께 읽으면 좋을까 고민하는 날을 보냈습니다. 열두 살 아이들은 본격적으로 '성'에 대해 관심을 갖는 시기입니다. 몸의 이곳저곳이 변하고 이성에 대한 호기심도 짙어집니다. 열두 살은 몸과 마음에 커다란 변화가 시작되는 경이로운 나이입니다. 이 아이들 마음에 짜릿하게 와닿을 시는 무엇이 있을까요.

5학년 교육과정에는 보건교육 17차시가 배정되어 있고 많은 교과에 걸쳐 몸의 변화, 감정의 변화, 감정 표현 방법을 탐구합니다. 교실에서 아이들과 생리, 음모, 몽정, 성교 같은 것을 탐구합니다. 온 얼굴 근육을 사용해 '학교에서 이런 것을 배우다니!', '알면 알수록 궁금한 것이 있다니!'를 말하는 아이들을 보고 있으면 이십 년도 더 된 저의 열두 살이 떠오릅니다. 좋아하는 남학생이 생겨 발렌타인데이에 실팔찌를 만들어 선물한 것도, 문구점에 팔던 500원짜리 커플링을 처음 낀 것도 모두 열두 살 때 처음 있었던 일이었습니다. 이 이야기를 친한 동료 선생님께 했더니 "맞다, 맞다. 나도 열두살 때 그랬는데 그걸 새카맣게 다 잊고 우리 애들이 누구누구가 사귀니 어쩌니 저쩌니 하면서 가재 눈을 뜨고 애들을 노려봤네. 내가 잘못했네요." 하셨습니다. 우리는 너무 쉽게 그 시절을 잊어버립니다. 소크라테스와 아리스토텔레스도 '요즘 애들은 버릇이 없다.'는 말을 남겼다고 하니 너무 자책하지는 말 일입니다.

우리 반 열두 살 아이들에게 띄워 보내고 싶은 시 한 편을 마침내 찾았습니다. 바로 정유경의 〈비밀〉입니다. 〈비밀〉은 익명의 한 여자 아이의 푸념이 담긴 시입니다. 푸념의 대상은 바로 학급의 다른 여자 아이들입니다. 왜냐하면 반 여자 아이들 모두 싸움 대장이자 장난꾸러기인 '동수'라는 아이를 좋아하거든요. 반 여자 아이들이 참 한심해 보인다며 혀끝을 쯧쯧 차는 이 아이는 홀로 제법 성숙한(?) 아이일까요. 이 시적 화자에게 어떤 비밀이라도 있는 걸까요. 왜 이 시의 제목은 '비밀'일까요?

이 시에는 제목처럼 진짜 숨겨진 비밀이 있습니다. 바로 시 행의 첫 번째 글자를 연결하면 시적 화자인 여자 아이의 속마음이 드러나거든요. 예를 들면 이런 식입니다.

사실은 있잖아. 너
랑은 친구하기 어려울 것 같아. 아무리 친하게 지내려 노력
해도 너랑은 대화가 안 통해.

칠판에 제가 쓸 수 있는 가장 반듯한 글자로 시를 기록해두고 퇴근하였습니다. 제목은 물론 공개하지 않았습니다. 시 제목을 맞히려고 안달이 난 아이들을 마주하는 기쁨을 놓치면 안되니까요. '싸움대장

동수', '동수야 사랑해', '동수 좋아' 같은 제목이 많이 나왔습니다. '비밀'을 떡하니 맞힌 아이도 있었습니다. 아이들에게 다음과 같은 질문을 던졌습니다.

"여러분에게는 오늘 하루 다른 사람의 속마음을 읽을 수 있는 초능력이 있습니다. 이 시를 쓴 사람의 마음속 깊은 곳에서 하는 이야기도 다 들을 수 있죠. 어떤 이야기가 들릴까요?"

여자의 마음은 여자가 안다고 했던가요. 몇 여자 아이들이 시적 화자는 다른 여자애들을 견제하고 있는 것 같다고 이야기했습니다. 그들도 내가 좋아하는 동수를 좋아하는 게 샘이 나서요. '아니 몇 명이나 동수를 좋아하는 거야? 동수는 내 거라고! 동수가 정말 좋아 죽겠어!'

이 기회를 놓치지 않는 저는 우리 반 친구들도 이런 마음을 가져 본 적 있는지, 우리 반 안에 서로 사귀는 사이는 없는지 슬쩍 물었습니다. 여기저기서 누가 누구를 좋아한다, 또는 좋아했더라, 좋아할 것 같다 각종 합리적 의심과 유언비어가 난무했습니다. 아이들 얼굴이 금방 빨갛게 상기되었습니다. 저는 이 기회를 또 놓치지 않고 말합니다.

"지금 다른 친구에게 관심이 생기는 건 너무 자연스러운 거예요. 그 친구에게 잘 보이기 위해 노력하세요. 그리고 연애를 하게 되면 꼭 선생님에게도 이야기해주세요. 연애를 할 때, 꼭 지켜야 할 서로 간의 예의가 있어요. 그걸 지킬 준비가 된 사람만 연애를 시작했으면 좋겠어요. 그럼 꼭 서로 예의를 잘 지켜가면서 예쁘게 만나도록!"

온도가 1도 정도는 오른 것 같은 교실. 왠지 그냥 대화를 마무리 짓긴 아쉬워서 아이들에게 우리도 '비밀' 시를 써보자고 권유했습니다. 아이들이 진짜 비밀을 숨겨주지 않을까 기대하는 마음이 들었거든요.

기억에 남는 수업 장면 Talk

아쉽게도 제가 상상하는 그런 핑크빛(?) 비밀은 없었습니다. 아직 설익은 과일 같은 아이들을 데리고 저 혼자 너무 설레발을 친 모양입니다. 아이들은 이런 시를 써두었습니다.

수학

-신○○

수학을 하면
학자가 될 수 있나
정말 궁금해
말해봐
싫은 거 하나 없이 수학이 좋아!
어떡하지 수학이 정말 좋아!

언니
  -황○○

언니가 너무 싫어!
니라고 부르고 싶은데
가족들이 혼을 내!
좋게 해결하고 싶지만
아니! 언니가 사과할 때까지 사과 안해

학교
  -김○○

학교는 모든 것이 좋아
교실도 좋고 모든 것이 좋아
싫은 거 하나 없이 다 좋아
어! 생각만 해도 너무 행복해

수업 흐름도

① 〈비밀〉을 읽고 제목 예측하기
② 시적 화자가 되어 마음 나누기
③ 나만의 '비밀' 시 쓰기

빗대어 표현해보는 더 솔직한 내 마음

핵심 키워드 #사춘기 #자존감 #비유적표현 #시쓰기

관련 성취기준
[6국05-03] 비유적 표현의 특성과 효과를 살려 생각과 느낌을 다양하게 표현한다.

수업 주제 빗대어 표현해보는 더 솔직한 내 마음

활용 시 이장근, 〈꼴통 물〉

시 소개 시에는 아이가 등장하지 않습니다. 대신 꼴통 물이 등장합니다. 꼴통 물은 모두가 따뜻해지려고 노력할 때 차가워지려고 애쓰는 꼴통입니다. 이 꼴통 물은 과학 시간에 졸았나요. 같은 질량일 때 차가워지면 밀도가 커서 아래로만 가라앉는다는 걸 모르는 걸까요. 모두가 위로, 위로 나아갈 때 홀로 아래로 가라앉는 게 두렵지 않은 걸까요. 모두 안타깝다는 눈으로, 어쩌려고 그러냐는 눈으로 꼴통 물을 바라봅니다. 꼴통 물은 어떻게 될까요? 시집 《파울볼은 없다》에 수록된 〈꼴통 물〉 시를 직접 확인해보시길 바랍니다.

수업 디자인 Talk

고학년을 위한 교실 책방에는 청소년 시집을 몇 권 들여놓습니다. 여러 시인 중 아이들이 가장 사랑하는 시인은 이장근 시인입니다. 청소년 마음을 기가 막히게 아는 시인이라고 생각해 저는 그가 나이 어린 시인인 줄 알았습니다. 알아봤더니 이장근 시인은 1971년생으로 결코

나이 어린 시인이 아니었습니다. 비밀은 그의 직장에 있었습니다. 이장근 시인은 오랜 기간 중학교 교사로 근무하면서 아이들 마음에 시인의 마음을 포개는 삶을 살고 있습니다. 그의 시가 달콤짭짤한 비결은 그의 '삶'에 있었습니다. 아! 왜 눈치채지 못했을까요!

이장근 시인이 낸 동시집으로는《바다는 왜 바다일까?》,《칠판 볶음밥》이 있고, 청소년 시집으로는《악어에게 물린 날》,《나는 지금 꽃이다》,《파울볼은 없다》,《불불 뿔》등이 있습니다. 고학년 교실에서 가장 인기 있는 시집은 바로《파울볼은 없다》와《불불 뿔》입니다.

시인의 시는 나다움과 개성을 말살당하고 정해진 틀에 맞춰 공부만 하기를, 옆길로 새지 말고 높은 점수를 향해서만 달려가기를 강요받는 아이들을 불러 세웁니다. 시인의 시에 등장하는 청소년들은 천편일률적인 시선으로 학생을 규정하고 바라보는 사회의 편협함에 맞서고 부모의 부당한 간섭에 저항합니다. 흰 종이에 까만 글자로 써져 있는 시를 읽고 있는데도 읽다보면 꼭 흰 종이 위의 글자들이 무지개 색깔로 피어나는 것 같습니다. 빨주노초파남보 다양한 빛깔의 청소년들을 그의 시 안에서 만나는 일은 교사인 저에게도 꽤 짜릿한 일입니다. 아이들은 어떨까요. 설명할 길 없는 갑갑한 마음이 적확한 언어를 찾아 날개를 달고 날아가는 마음일까요.

열세 살 아이들이 베스트 시로 뽑은 〈꼴통 물〉은《파울볼은 없다》의 제1부 〈학교는 언제 철드나〉에 수록된 시입니다. 시에는 아이가 등장하지 않습니다. 대신 꼴통 물이 등장합니다. 마침 국어 시간에 '[6국05-03] 비유적 표현의 특성과 효과를 살려 생각과 느낌을 다양하게 표현한다.'를 배우고 있을 때라 모두 함께 이 시를 읽고 '꼴통 물'은 무엇에 대한 비유인지 같이 이야기 나눠보기가 좋았습니다. 꼴통 물은 모두가 따뜻해지려고 노력할 때 차가워지려고 애쓰는 꼴통입니다. 따뜻해지려 애쓴 다른 물들이 위로, 위로 나아갈 때 홀로 아래로 가라앉는 바보이지요. 모두 안타깝다는 눈으로, 어쩌려고 그러냐는 눈으로 꼴통 물을 바라봅니다.

"너 그러다 얼음 된다. 너 얼음이 얼마나 시리고 차가운지 아니."

아이들이 가장 좋아하는 부분은 시의 마지막 부분입니다. 얼음이 된 꼴통 물이 어떻게 되는지는 직접 시를 찾아 확인해보시길 바랍니다. 어떤 아이는 시를 읽으며 저 꼴통이 나인 것 같다고 고백했습니다. 어떤 아이는 가정 내 질풍노도의 시기를 지나고 있는 형제, 자매를 떠올리기도 했고요. 혼란한 시기를 나고 있는 아이들이 시가 지닌 여백에서 편안한 숨을 내쉬었습니다. 그러고 보면, 교사라는 직업은 감사할 대상이 참 많습니다. 시에 감사하고, 시인에 감사하고, 출판사에 감사하고…….

비유에 기대면 더욱 내 마음을 잘 나타낼 수 있다는 걸 느끼고 나서 아이들과 교실에서 시를 썼습니다. 직접 써보는 것만큼 비유적 표현의 특성과 효과를 배우기 좋은 방법은 없을테니까요. 한 편의 시를 쓰기 전에 먼저 비유를 활용해 문장을 만드는 연습을 했습니다.

학년 가리지 않고 모든 아이들이 좋아하는 비유 문장 만들기 활동을 소개합니다.

나만의 비유 문장집 만들기

(1) A4용지 한 장을 접어 미니책을 만든다.
   • 많이 알려진 방법이지만 잘 모르신다면 인터넷에 'A4용지로 책 만들기'를 검색해보세요.
(2) '나만의 비유 문장집 만들기' 표지를 만든다.
(3) 미니책 내지에 다음의 비유 문장을 만들어 그림과 함께 기록한다.
   [사랑은 (   )이다. 왜냐하면 (   ) 때문이다.]
   [나는 (   )이다. 왜냐하면 (   ) 때문이다.]

   • 아이들이 생각보다 '사랑'에 대한 비유 문장은 잘 만들어도 '나'에 관한 비유 문장을 만드는 것을 어려워합니다. 고민하는 친구들에게는 구체적으로 무엇을 어디에 빗대 표현할지 알려주는 것이 좋습니다. '나의 성격'을 '음식'에 비유해보라든지, '나의 장점'을 '동물'에 비유해보라든지 등 생각할 범위를 좁혀주는 것이 필요합니다. 교사가 예시 문장을 만드는 과정을 사고구술법으로 들려주고 아이의 활동 과정을 격려하면 아이들이 금세 자신감을 얻습니다.

아이들이 만든 비유 문장을 소개합니다.

'나' 비유 문장

- 나는 파인애플이다. 까칠한 바깥처럼 까칠할 때도 있지만 속은 여린 것 같아서 파인애플이다.
- 나는 딸기다. 쉽게 무르고 마음 쉽게 상하고 달콤하고.
- 나는 아보카도다. 왜냐하면 익지 않으면(친해지지 않으면) 딱딱하고 익으면(친해지면) 부드럽기 때문이다.
- 나는 두리안이다. 처음에는 냄새나는 두리안처럼 까칠할 수도 있지

〈비유 문장집〉

만 두리안의 맛있는 속처럼 사실 나도 좋은 성격이다.
- 나는 다크초콜렛이다. 어쩔땐 달콤하지만 또 언제는 씁쓸하기 때문이다.
- 나는 비빔밥이다. 고추장을 넣는 정도에 따라 매울 수 있는 것처럼 나도 화낼 때 다 다르다.

'사랑' 비유 문장

- 사랑은 서점이다. 서점의 책들처럼 여러 감정을 느낄 것 같아서이다.
- 사랑은 지하철역이다. 지하철이 안올 때 옆에서 초조해지는 것처럼 나랑 사귀고 있는 사람이 안올 때 초조해지기 때문이다.
- 사랑은 학교이다. 왜냐하면 사랑을 하면 사랑이 무엇인지 알 수 있기 때문이다.
- 사랑은 택배이다. 오기 전까지는 기대되고 설레고 도착하면 좋기 때문이다.
- 사랑은 학교다. 항상 선생님들은 사랑한다고 하기 때문이다.

맹연습(?)을 끝낸 아이들과 시를 씁니다. 어느 학년 아이를 만나도 처음 우리가 함께 쓰는 시의 주제는 '나'입니다. 3학년, 4학년, 5학년, 6학년 아이 모두와 해 보았는데 시를 쓰는 과정은 동일합니다.

'나'를 주제로 시쓰기

(1) 노트에 나의 특징, 나의 장점 정리하고 빗댈 대상 찾기
 • ex) 나는 달리기가 빠르다 → 나는 KTX다.
(2) 모둠 친구들의 특징, 장점 찾아 포스트잇에 써주기
(3) 친구들에게 받은 포스트잇 정리하여 빗댈 대상 찾기
(4) (1), (2)의 내용으로 시 초안 쓰기
(5) 선생님과 퇴고하기
(6) 시화 그리기

아이들이 만든 시 중 두 가지만 소개합니다.

나
—이○○

어흥어흥

나는 치타야

왜냐하면 달리기가 빠르거든

왈왈왈왈

나는 강아지야

왜냐하면 산책하는 걸 좋아하거든

깨작깨작

나는 개미야

왜냐하면 힘이 약하고 몸집이 작거든

난 언젠가 개미를 벗어날 수 있을까?

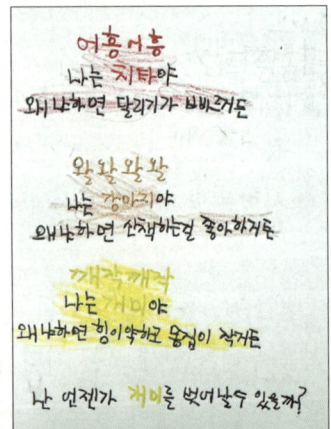

나

— 황○○

나는 강아지 같대

주인말 잘 듣는 강아지처럼

착하대

뛰어 노는 강아지처럼

잘 웃는대

하지만

나는 금붕어야

물건 둔 위치를 잘 까먹거든

그리고

나는 나무일지도 몰라

모두에게 도움이 되고 싶거든

나는 자일 때도 있어

불편할 땐 적당히 선을 긋거든

하지만

네가 보고싶을 때

나는 가위가 되어

우리 사이의 선을 잘라버릴 거야

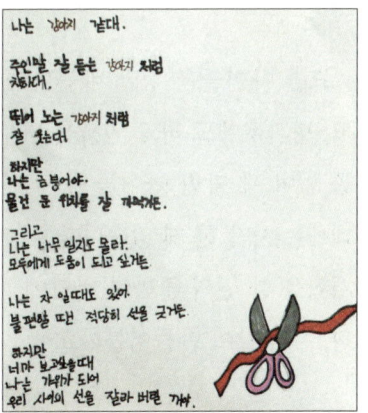

기억에 남는 수업 장면 Talk

〈꼴통 물〉을 함께 읽은 해에 만난 아이 중, 목소리를 거의 듣기 어려운 아이가 있었습니다. 가끔 방과 후에 제 손에 쥐어주고 가는 작은 사탕을 통해 아이가 학교 생활에 대해 나쁘지 않은 감정을 갖고 있구나, 어렴풋이 혼자 예측해보는 것 말고는 마음을 도통 알기 어려운 아이가 있었습니다.

이 아이가 만든 비유 문장이 '사랑은 학교다. 항상 선생님들은 사랑한다고 하기 때문이다.'입니다. 아이의 표현이 고마웠습니다. 제가 고마워할 만큼의 의미와 마음을 담지 않았더라도 무작정 고마웠습니다. 아이는 오늘 수업 중 알게 된 점을 다음과 같이 노트에 정리했습니다.

'알게 된 점: 시는 글로 표현하는 것이 아니라 마음으로 표현하는 것이다.'

수업을 닫으며

요즘 아이들은 정말 바쁩니다. 아침 시간에도 학원 숙제하기 바쁘고, 방과후에도 하교 인사를 나누기 무섭게 학원 차로 몸을 싣습니다. 틈 없이 꽉 막힌 아이들 삶에 빈틈 한번 만들어볼까요? 여백을 짓는 데에는 시만 한 게 없습니다. 무더운 여름날, 도서관에 가서 마음에 든 시집을 한 권씩 골라와 바닥에 벌렁 누워 시를 읽는 쉼 있는 국어 시간, 우리 같이 만들어볼까요?

수업 흐름도

① 자유롭게 시집을 읽고 마음에 들어온 시를 골라 노트에 기록하기
② 〈꼴통 물〉을 읽으며 생각 나누기
③ 비유적 표현 배우기
④ 비유 문장집 만들기
⑤ '나' 주제로 비유 시 쓰기

부모님은 내가 태어난 날 어떤 마음을 품으셨을까

핵심 키워드 #부모님 #사랑 #모방시

관련 성취기준
[6국05-03] 비유적 표현의 특성과 효과를 살려 생각과 느낌을 다양하게 표현한다.

수업 주제 〈아가에게〉 모방시 쓰기

활용 시 송민화, 〈아가에게〉

시 소개 동시 〈아가에게〉는 송민화 시집 《동시 읽고 울어봤어?》에 수록된 시입니다. 이 시는 한 편의 기도문 같습니다. 아가가 무던하고 소신 있고 기운 찬 사람으로 자라나길 바라는 부모의 간절한 마음이, 정 있고 흥 많고 깡도 있는 사람으로 자라나길 바라는 부모의 들뜬 기대가, 두려움 앞에서도 담대하고 그 안에서 무언가를 배워가길 바라는 부모의 사랑이 느껴지는 시입니다. 이 시는 비유적 표현이 유독 아름답게 느껴지는 동시이기도 합니다. 교실 속 학생들과 함께 소리내어 낭독하는 기쁨을 누려보시길 바랍니다.

수업 디자인 Talk

〈아가에게〉를 읽기 전에 EBS 지식채널 e의 '엄마의 시간'이라는 영상을 먼저 보았습니다. 영상 속에는 한 아이의 일생이 어린 시절부터 성인 시절까지 파노라마처럼 펼쳐집니다. 그리고 그 곁을 함께한 엄마의 온기, 자장가, 웃음, 손맛, 말투도 영상 속에 그려집니다. 영상 속 아이는 어느덧 엄마가 되고 엄마와 함께 늙어갑니다. 늙은 아이는 더 늙은 엄마에게 묻습니다. 엄마는 어쩌면 그렇게 오랜 시간 나를 위해 살 수 있었느냐고, 그 세월이 아깝진 않았느냐고 묻습니다. 엄마의 답은 영상에 나오지 않습니다. 대신 고맙다는 말로 영상은 끝이 납니다.

아이들에게 보여주기 전, 혼자 교실에서 먼저 영상을 보고 훌쩍거린 기억이 납니다. 내가 야무져서 잘 큰 줄 알았는데 요즘은 내 몸, 내 마음 어느 것 하나 부모님께 기대지 않은 것이 없다는 사실을 자주 곱씹습니다. 저보다 성숙한 어떤 아이들은 벌써 알겠지요. 시인께서는 저 같은 오만방자한 자식들을 위해 이런 시를 만드신 모양입니다.

아이들과 함께 시를 감상하고 우리가 부모님이라면 우리를 위해 어떤 시를 쓰실지 이야기를 나누었습니다.

"우리 부모님은 내가 어떤 사람이 되었으면 하고 생각하셨을까요?"

여기저기서 아이들의 말이 쏟아집니다. 건강한 사람, 열심히 하는 사람, 쑥쑥 크는 사람, 똑똑한 사람, 양보하는 사람, 잘 웃는 사람, 정직한 사람, 영리한 사람, 용기 있는 사람, 따뜻한 사람, 노력하는 사람 등 아이들이 가정에서 들어온 말들이 쏟아집니다.

다음으로 이런 사람은 무엇에 빗대면 좋을지 나누었습니다. 건강한 사람은 보양식에, 따뜻한 사람은 옷에, 노력하는 사람은 개미에, 잘 웃는 사람은 꽃에, 정직한 사람은 나무에 비유했습니다. 아이마다 고심해 빚어낸 비유가 아름다워서 교사도 넋을 놓고 아이의 언어 세계를 탐닉하는 시간이었습니다.

우리들이 쓴 〈아가에게〉를 소개합니다.

아가에게
-황○○

사자처럼 용감하고
바람처럼 자유롭고
호랑이처럼 용맹한
그런 사람이 되렴

나무처럼 아낌없이 양보하고
물처럼 모두에게 도움을 주고
노을처럼 아름답게 지는
그런 사람이 되렴

낙엽 하나
작은 새싹 하나
개미 한 마리도
소중한 친구라 느끼는

그런 사람이 되렴
두려움이 오더라도
포기하지 않고
열심히 달려가는
그런 사람이 되렴

아가에게
-조○○

고양이처럼 친구를 보고
강아지처럼 마음이 넓고
메모지처럼 친구 얘기를 들어주는
그런 사람이 되렴

아가에게
-김○○

땅처럼 무던하고
꽃처럼 잘 웃고
옷처럼 따뜻한
그런 사람이 되렴

아가에게

-송○○

나무처럼 배려하고

강아지처럼 활발하고

호랑이처럼 자신있는

그런 사람이 되렴

축구선수처럼 인성이 좋고

헬스선수처럼 힘이 세고

보양식처럼 건강한

그런 사람이 되렴

아이들이 시를 써 가정으로 가져갔습니다. 이럴 땐 제가 꼭 사랑의 메신저가 된 것 같습니다.

기억에 남는 수업 장면 Talk

아이들의 시에는 수학 잘해라, 1등 해라, 공부 좀 해라 같은 좁은 말이 없습니다. 대신 그저 건강하고 잘 웃길, 어둠이 오거들랑 빛을 건져 내길 바라는 너른 말 밖에 없었습니다. 시를 이렇게 마무리 지은 아이가 있었습니다.

'엄마를 화가로 만들어주는
멋진 걸작이 되렴'

아이들은 가슴 깊은 곳에 보석을 숨기고 삽니다.

수업을 닫으며

종종 '모방시'는 '모방'이라서 아이들 생각이 담기지 않는 건 아닐까 고민하게 됩니다. 암스테르담 대학의 예니나 마르젝Janina Marguc이 발표한 성격과 사회심리학 저널에 의하면[8], 오히려 제약은 창의성을 극대화할 수 있다고 합니다. 그는 이를 설명하기 위해 '시'를 예로 들었습니다. 양식의 제약이 있으면 사람들은 예상치 못한 심리적 진보와 정신적 범주의 개방을 경험하고 예상치 못한 연결을 만들어낸다는 겁니다.

아이들도 '모방'이라는 제약 속에서 창의성을 빛냈습니다. 시의 내용, 글자체, 그림체, 채색을 위해 선택한 파스텔톤 어느 것 하나 빠짐없이 아이들이 싱싱하게 드러났습니다.

흡족해하는 아이들의 표정은 교사에게도 성적표 같아서 왠지 어깨가 으쓱해집니다. 저는 "글쎄 우리반 애들이 시인이더라니깐요!" 동네방네 호들갑을 떨고 싶은 기분이 되었습니다.

---

8 블로그 '인지심리 매니아'(https://cogpsymania.tistory.com/)가 번역하여 수록한 '창의성은 제약이 주어질 때 극대화된다'의 연구 결과를 참고하였다. (Stepping back to see the big picture: when obstacles elicit global processing. Janina Marguc 1, Jens Förster, Gerben A Van Kleef. A Journal of Personality and Social Psychology, Vol 101(5), Nov 2011, 883-901. doi.)

수업 흐름도

① 지식채널 e '엄마의 시간' 영상 보기
② 부모님은 내가 어떤 사람이 되길 바라셨을지 생각해보고 빗댈 대상 찾기
③ 모방시 쓰고 시화 그리기
④ 교실 시 낭독회 하기
⑤ 집에 가져가 부모님께 읽어드리기

여행자의 마음 나누기

핵심 키워드 #글쓰기 #글쓰기의 과정 #여행경험 쓰기

관련 성취기준
[6국03-01] 쓰기는 절차에 따라 의미를 구성하고 표현하는 과정임을 이해하고 글을 쓴다.

수업 주제 절차에 따라 나의 여행 경험을 한 편의 글로 쓰기

활용 그림책 김지안, 《튤립 호텔》, 창비

그림책 소개 《튤립 호텔》은 멧밭쥐들이 동물 친구들을 위한 쉼터 '튤립 호텔'을 일구고 운영하는 모습이 담겨 있는 다정한 그림책입니다. 독자들은 튤립호텔을 가꾸는 멧밭쥐 가족들의 모습과 호텔에서 즐거운 한때를 보내는 다른 동물 친구들의 모습을 보며 일의 의미와 휴식의 달콤함에 대해서 생각해보게 됩니다. 《튤립 호텔》은 달콤한 '여행'과 '휴식'에 대한 이야기를 나누고 싶을 때 가장 먼저 꺼내들고 싶은 본격 바캉스 그림책입니다.

수업 디자인 Talk

5~6학년 국어 쓰기 성취기준 [6국03-01]은 일련의 글쓰기 과정을 경험하게 되어 있습니다. 먼저 쓸 내용을 떠올리고, 이를 구조화하여 글의 뼈대를 잡고, 뼈대를 발판 삼아 글을 쓰고, 퇴고하는 일련의 글쓰기 절차를 겪어보는 것이지요. 그런데 정말 이것으로 아이들이 쓴 글은 충분한 걸까요?

아이들은 대체로 글쓰기를 싫어합니다. 글쓰기를 싫어하는 아이는 두 가지 양태를 보입니다. 하나는 누구보다 빨리 글을 써내는 경우입니다. 형식적이고 피상적인 말로 빈 페이지를 고민없이 성큼 채워냅니다. 나머지 하나는 빈 페이지의 여백을 사유하며 글쓰기가 아닌 나만의 사색에 젖어드는 경우입니다. 양쪽 모두 교사를 쩔쩔매게 만드는 상황입니다. 당최 어디서부터 피드백을 시작해야 할지 교사를 고민스럽게 만듭니다.

저는 글쓰기 수업을 할 때 모든 절차에 앞서 아이가 스스로 '쓰고 싶은 사람'이 되게 하는 일에 가장 공을 들입니다. 아이들이 생각과 마음을 후루룩 잘 써내도록 돕는 저만의 비법은 '읽기'입니다. 글쓰기 전에 함께 읽기 가장 좋은 책은 바로 그림책입니다. 25페이지 내외의 짧은 분량이지만 2,500페이지 정도의 감동을 남길 수 있는 것이 그림책이니까요. 혹시 그림책은 영유아용이라는 편견이 있다면 고학년 아이들과 함께 그림책을 꼭 읽어보길 권해드립니다. 고학년 아이들도 그림책 정말 좋아하거든요.

그림책은 얼어있는 아이들의 마음을 녹이고 데워 '나도 한번 내 이야기를 써보고 싶다'는 마음 싹 틔우는 일을 잘 돕습니다. 게다가 손 가는 대로 쓰는 것이 아니라 이번 성취기준처럼 글쓰기의 절차를 정석대로 경험해보는 시리고 험준한 여정(?)이라면 더욱 그 고단함을 덜어주기 위한 따뜻한 그림책이 필요합니다. 고된 글쓰기 노동을 앞둔 아이들을 위해 특별히 더욱 귀엽고 마음에 여유를 선물해주는 책으로 골랐습니다.

INPUT 없이는 OUTPUT이 없다는 진리는 '글쓰기'라는 필드에서는 더욱 반박 불가한 명제가 됩니다. 글쓰기를 좋아하는 학급 분위기를 만들고 싶다면 우선적으로 책 읽기를 좋아하는 학급 분위기 형성에 신경을 써야 합니다. 고학년이라고 잔뜩 장편만 가져다두는 것이 아니라 아이들의 여러 읽기 수준을 고려하여 길이가 짧은 책부터 긴 책, 소설, 비문학, 잡지, 그래픽노블 등 다양한 장르의 책을 구비해둡니다. 아이들이 '즐길' 수 있는 시간을 만들어주는 것이 필요합니다.

저의 두 번째 비법은 '충분한 시간'을 제공하는 것입니다. '글'이라는 것은 나의 경험이나 마음을 문자로 붙잡아 표현해 둔 것입니다. '쓴다'라는 물리적 행위에는 시간이 소요되는데 게다가 이는 '생각하다'라는 행위 역시 포함하는지라 필연적으로 글쓰기에는 사건을 경험한 시점으로부터 필자가 글을 쓰기까지 시간차가 생길 수 밖에 없습니다. 오래 전 경험한 일에 대해 생생한 글을 쓰는 건 더 어려울 수 밖에 없습니다. 지금 당장 마주한 일에 대해 쓰는 것도 어려운데, 지나간 일에 대한 나의 해석, 생각을 쓰는 일이 얼마나 어렵습니까. 성인들도 지나간 경험에 대해 글을 쓰라고 하면 골머리를 앓는 경우가 많습니다. 시간차는 이렇게 우리들의 감각을 지웁니다.

글을 쓰기 전에는 아이들이 감각한 일을 충분히 떠올려보는 시간을 가져야 합니다. 우리는 아이들이 자기 고유의 경험을 마치 기사를 작성하듯, 육하원칙에 의거해 덩그러니 쓰기를 바라지 않잖아요. 아이가 경험에 대한 자기 고유의 해석, 관점, 생각을 글 속에 담기를 바랍니다. 아이가 쓴 글이 아이의 지문 같아서 세상에 꼭 하나뿐인 글이 되었으면 좋겠다고 생각하면서요. 그렇다면 수업 중에 아이들이 글감을 떠올리고 나눌 수 있는 충분한 시간을 마련해 두어야 합니다. 대화는 좋은 소재를 길어 올립니다. 잊힐 뻔한 경험을 떠오르게 합니다. 떠오르는 여행 경험이 없다며 시무룩하게 있던 아이가 친구의 이야기를 듣다가 "아, 나도 생각났어!" 하고 입을 열게 합니다. 또, 물리적으로 글을 쓸 시간도 40분 정도는 꼭 여유 있게 마련해 둡니다. 저는 이 시간을 '감각 소생술'의 시간이라고 부릅니다.

글을 쓰고 나서는 아이들과 함께 서로의 글에 대해 '후한' 피드백을 주고받습니다. 글쓰기는 꽤 힘든 작업이지만 끝에는 의미와 보람, 기쁨이 남는 일이라는 것을 아이들 마음에 심어주고 싶어서요. 글쓰기는 우리 반 친구들이 모두 '함께' 해내고 마는 일이라는 것, 우리끼리만 아는 우리들의 멋짐이라는 것. 아이들 마음에 글쓰기를 대한 우리의 '태도'가 오래 남았으면 좋겠습니다. 글쓰기를 우리 반의 문화, 우리 반을 우리 반답게 하는 일로 기억하도록 글쓰기 자리를 마련하는 것은 오래도록 제가 할 일입니다.

기억에 남는 수업 장면 Talk

《튤립호텔》을 읽고 나서 멧밭쥐를 모르는 아이들에게 멧밭쥐 사진을 보여줬더니 작고 귀여운 아이들이 멧밭쥐가 너무 작고 귀엽다며 탄성을 지르는 기이한 장면이 연출되었습니다. "인터넷에서 봤는데 아기 멧밭쥐는 너무 작아서 튤립꽃 안에 숨어 잠을 자기도 한대요!", "우리 아파트에 지난 가을부터 내내 울타리를 쳐둔 곳이 있어서 뭔지 궁금했는데 거기 이번 봄에 튤립이 피었어요! 이제 왜 그랬는지 알겠어요!", "저도 커다란 수영장에 들어가고 싶어요!", "저도 호캉스 좋아해요!" 같은 커다랗고 느낌표 가득한 목소리가 쏟아지기도 했고요.

 글쓰기를 시작할 가장 완벽한 타이밍은 바로 아이들이 서로 말하고 싶어서 엉덩이를 달싹거릴 때입니다. 《튤립호텔》을 읽은 아이들이 나의 여행기를 말하고 싶어 여기저기서 들썩입니다.

> "쉿! 이제 그만! 못다한 이야기는 여러분 글에 쏟아내주세요. 선생님은 벌써부터 여러분의 글이 정말 궁금합니다!"

 아이들이 집필에 매진합니다. 나만의 골방으로, 내 안의 문장을 찾아 기꺼이 혼자 여행을 떠납니다. 감각 돌기가 바짝 예민하게 선 아이들은 신이 나서 글을 씁니다. 앞면, 뒷면 고루 채우고도 종이를 더 달라는 아이들이 생깁니다.

> "선생님은 있었던 일의 나열 말고 그 일을 경험한 너의 마음을 보고 싶어."
> "네 마음속 생각을 하나도 놓치지 않고 알고 싶어."

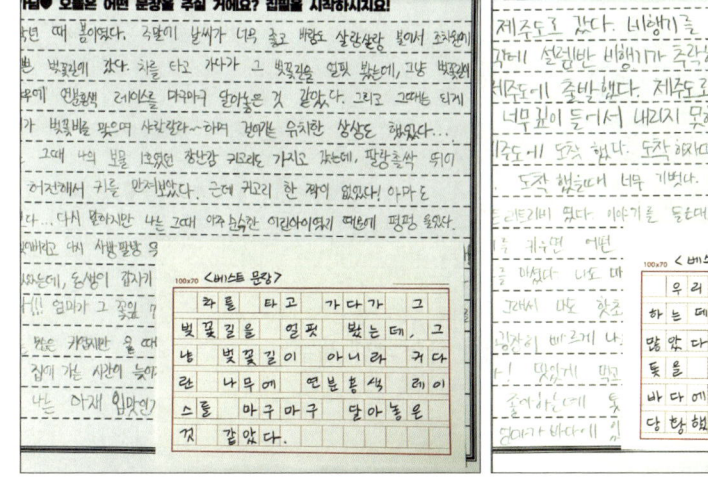

매번 글쓰기마다 하는 이 이야기는 여러 번 반복해도 지겹지가 않습니다. 이 지겹고 반복되는 주문에 아이들은 매번 다른 기적을 만들어 내니까요.

수업을 닫으며

　아이들이 글을 쓰면 좋겠어요. '잘' 말고 꾸준히 썼으면 좋겠어요. '말'은 즉각적인 특성 때문에 휩쓸려 나오기도 하고 반사적으로 나오기도 하는데 '글'은 마음의 발생과 표현의 시간차가 생길 수 밖에 없어서 구조적으로 성찰을 요합니다. 글에는 쓰는 이의 해석, 관점, 평가가 들어갑니다. 쓰는 이는 이걸 꺼내놓았을 때 다치는 사람이 없을지 살피는 과정에서 무언가를 또 배워갑니다. 내 알맹이가 타자에게 가닿아 읽히는 경험은 또 쓰는 이를 성장시키고요. 아, 정말이지 글쓰기는 중요하네요. 아이들의 쓰기 시간이 나를 들여다보는 쓰기 시간이 되었으면 좋겠습니다.

수업 흐름도

① 《튤립호텔》 그림책 읽기
② 여행 경험을 모둠 친구들과 나누기
③ 여행 경험을 담은 글쓰기를 위한 글의 뼈대 세우기
④ 글쓰기
⑤ 퇴고하기

시골, 농사, 할머니 참 다정한 단어들

핵심 키워드 #글쓰기 #프로젝트수업 #자연 #시골 #농사

관련 성취기준
[6국05-01] 문학은 가치 있는 내용을 언어로 표현하여 아름다움을 느끼게 하는 활동임을 이해하고 문학 활동을 한다.
[6실04-02] 생활 속 식물을 활용 목적에 따라 분류하고, 가꾸기 활동을 실행한다.
[6미02-03] 다양한 자료를 활용하여 아이디어와 관련된 표현 내용을 구체화할 수 있다.

수업 주제 자연을 가까이한 경험을 떠올려 글로 쓰기

활용 그림책 김선진,《농부 달력》, 웅진주니어

그림책 소개 《농부 달력》에는 시골에서 농사 짓는 할머니 할아버지의 1년 살이가 빼곡이 담겨 있습니다. 절기마다 농부의 삶을 글과 그림으로 아름답게 표현했습니다. 할머니의 꽃무늬 몸뻬 바지, 할아버지의 멋진 트랙터, 그리고 두 분의 구수한 사투리를 만나는 재미가 쏠쏠합니다. 마지막 책장을 덮으면 꼭 우리나라 시골 버전 '리틀 포레스트'가 끝이 난 것 같습니다.

수업 디자인 Talk

독일의 시인, 극작가, 철학자 프리드리히 실러는 1796년에 발표한 소론 〈순진하고 감상적인 시에 관하여〉에서 "인간의 삶에서 자연을 직접 경험할 기회가 사라지기 시작할 때 비로소 자연은 시인의 세계에서 심상으로 출현한다."고 말했습니다. 그리고 "부자연함을 향해 멀리 나간

나라일수록 순진한 현상과 더 강하게 접촉해야 한다."는 결론을 내었습니다[9]. 코로나19로 우리는 타인과의 단절만을 경험하는 것이 아니라 우리를 둘러싼 모든 외부 환경과의 단절을 경험했습니다. 나라간 이동이 어려워졌고 산과 바다가 봉쇄되었습니다. 공원과 놀이터에는 '출입금지' 띠가 둘러졌습니다. 그간 삶에서 공원과 바다가 어떤 역할을 해왔는지 잃어보니 그 소중함을 깨달은 사람들이 많았습니다. 아이러니하게도 자연은 회복의 시간이 되기도 했는데 사람들은 거리두기를 위해 자연으로부터 멀어져야 하는 이 시간이 힘이 들었습니다. 차츰 이 바이러스와의 공생을 익혀가며 여러 제한이 느슨해질 무렵 사람들은 무엇보다도 자연과의 접촉을 욕망했습니다. 등산용품, 캠핑용품이 불티나게 팔리기 시작했고 초록, 파랑이 있는 자연 곳곳에 다시 사람이 점점이 수놓아지기 시작했습니다.

횟수가 많진 않아도 코로나 이전 아이들은 학교 교육활동의 일부로 친구들과 함께 자연으로 떠날 기회가 있었습니다. 해에 얼굴을 그을리고 흙을 만지고 울창한 나무 사이에서 단체 사진을 찍을 기회가 있었습니다. 그런데 코로나19로 체험학습이 전면 중단되면서 아이들이 자연을 경험하는 일은 전적으로 가정에 맡겨지게 되었습니다. 아이들은 보호자를 따라 시골 할머니 댁으로, 가까운 산으로, 먼 바다로 떠나 시간을 보내며 지금 삶에 부족한 것을 채워나갔습니다.

저는 운이 좋게도 근무하는 학교 인근에 '숲'이라고 불러도 좋을 공원이 있어 코로나19 이후에도 아이들과 함께 아쉽게나마 숲과 계절을 누릴 기회가 있었습니다. 그것만으로 충분하지 않다고 느낄 즈음에 그림

---

[9] 존 암스트롱, 알랭 드 보통, 《알랭 드 보통의 영혼의 미술관》(문학동네, 2018) p. 34.

책《농부 달력》을 만나게 되었습니다. 우리가 함께 바깥에서 누리지 못한 싱싱하고 흙냄새 나는 이야기가 아름다운 그림과 함께 담겨 있는 그림책이었습니다. 5학년 아이들이《농부 달력》을 읽으며 시골에 계신 나의 할머니 할아버지 이야기를 많이 해주었습니다. 같이 소리 내어 한 장 한 장 읽는데 좀처럼 페이지가 넘어가지 않았습니다. 키득거리느라, 탄성을 내지르느라, 우리 할머니 할아버지 얘기를 쏟아내느라, 나의 농사 전문 지식을 뽐내느라, 삽화에 그려진 새참 속 갈색 음료는 매실일지 수정과일지 보리차일지 콜라일지 같은 것을 떠드느라 좀처럼 페이지가 넘어가지 않았습니다. 책 안에는 사계절이 담겨 있는데 페이지를 넘길 때마다 계절의 한복판에 와 있는 것 같은 착각이 일었습니다.

아이들이 어깨너머로 관찰한 것 치고는 어르신들이 농사를 어떻게 짓고 있는지에 대해 꽤 자세하고 구체적으로 알고 있는 것이 놀라웠습니다. 시골집에 관한 아이들의 여러 경험담 중에서 오토바이나 트랙터를 타본 이야기는 웬만한 영웅담보다도 친구들에게 잘 팔렸습니다. 트랙터까지는 못 타봤어도 다들 시골에서 곤충을 잡아본 경험담은 하나쯤 품고 있었습니다. 여기저기서 시골에서 경험한 것에 관한 이야기가 봇물 터지듯 쏟아져 나왔습니다. 푸릇하고 흙냄새 나는 경험을 나누느라 시간이 어떻게 지나가는지 몰랐습니다. 아이들이 자연스런 입말을 쏟아내는 모습이 귀했습니다. 아이들도 자연을 말할 때, 가장 자연스러운 사람이 되더라고요. 학교와 사회가 무엇으로부터 멀어졌는지 생각해보게 되었습니다.

아이의 이야기로 교실이 후끈 달아오른 바로 그 순간, 수업 활동을 '경험 이야기 나누기'에서 '경험 글쓰기'로 전환시켰습니다. 내 경험을 잘 들려주고 싶은 아이들 눈빛에 이미 잘쓰고 싶은 마음이 잔뜩 묻어 있습니다. 조금 전 시끌시끌한 교실은 오간 데 없고 또각또각 소리만

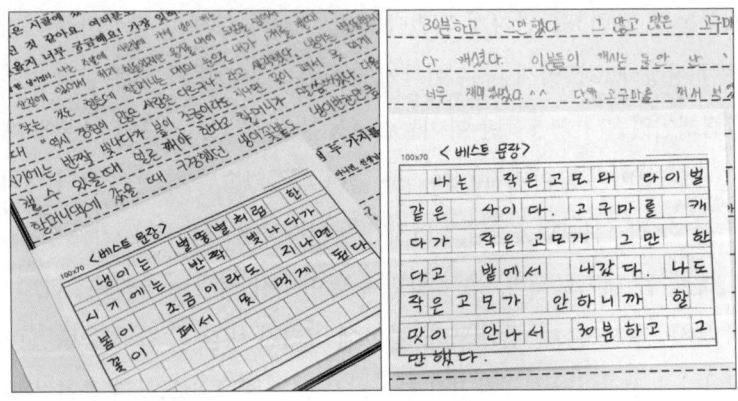

남았습니다. 아이들이 자연을 가까이한 날의 이야기를 새싹 틔우듯 후두두두 틔워냈습니다.

글을 쓰고 난 뒤에는 마침 실과 시간에 방울토마토를 심고 기를 참이라, 《농부 달력》 삽화를 이용해 팻말을 만들기로 하였습니다. 먼저 아이들이 각자의 모종에 '방울이', '월화수목금토마토', '토돌이', '토리', '토롱이' 같은 이름을 붙여주었습니다. 팔 벌려 웃고 있는 할머니 할아버지 모습을 복사해서 나눠주었더니 아이들이 그 위에 말풍선을 달아 팻말을 완성했습니다.

"우리 방울이가 튼실하게 자랐네."
"오며가며 하나씩 따 먹으니 힘이 절로 나제."
"올해는 토롱이가 잘 자랄 거여."
"토롱이만 잘 자라면 올해는 풍년이구먼!"

책 속 구수한 사투리를 살려 아이들이 깜찍한 푯말을 만들었고, 저는 그것을 코팅하여 잘라주었습니다. 화분마다 꽂힌 그림책 팻말이 모이니 교실이 금세 정겨워졌습니다.

  미술 시간에는 책의 삽화를 따라 그려보기도 했습니다. 일년에 서너 번은 늘상 접하는 4절지, 8절지 사이즈가 아닌 커다란 전지를 활용해 미술 수업을 합니다. 친구들과 삼삼오오 모여 함께 커다란 종이에 그림을 채우는 낭만적인 기쁨을 선물해주고 싶은 교사의 욕심입니다.

  그림책 삽화를 전지에 따라 그리고 수채화로 채색하는 활동을 즐겨 합니다. 여기에는 두 가지 이유가 있습니다. 첫째는 전지 가득 밑그림을 나의 상상으로 채우긴 부담스러워도 따라 그리는 것은 아이들이 한 번 해볼 만하다 여길 것 같아서이고, 둘째는 전지 크기의 작품을 적어도 3교시 안에 아이들이 채색하여 완성할 수 있는 재료가 수채화라고 판단했기 때문입니다.

  우선은 아이들 각자 원하는 장면을 작게 색연필로 따라 그려보는 개인 연습 시간을 가졌고, 나중에 모둠별로 모여 그리고 싶은 장면을 선택해 수채화로 표현하는 시간을 가졌습니다. 《농부 달력》은 특히 가을날 너른 벼 들판과 익은 밤송이 나무숲 그림이 일품입니다. 대부분

의 아이들이 이 장면을 그렸습니다.

　수채화는 색연필이나 크레파스처럼 면을 뭉개며 채색하지 않고 얼굴에 닿는 가을바람처럼 가볍게 붓터치하는 것을 먼저 연습합니다. 물감의 번짐과 섞임, 물자국, 붓칠 사이의 여백 같은 것들을 아이들이 견딜 수 있도록 옆에서 자주 잔소리를 합니다. 수채화 수업을 할 때마다 알려줘도 아이들은 꼭 크레파스처럼 색칠하려고 하거든요. 멀리서 감상했을 때 투명하게 반짝일 수 있도록 작품을 완성해야 한다고 자주 이야기해주면 아이들이 목을 뒤로 쭈욱 빼거나 대여섯 걸음 뒤로 떨어져 작품을 확인하며 채색을 해나갑니다. 이렇게 완성한 그림을 교실 뒷판에 걸어두면 여기가 바로 '가을 들판'입니다.

기억에 남는 수업 장면 Talk

　초등 국어 시간에는 경험을 글로 쓸 기회가 많습니다. 늘상 눈앞에 놓여 있는 일상 속 경험을 새로운 감각과 언어로 붙잡아 쓰는 것도 소중한 경험이지만 기억 언저리에 있는, 시공간적으로 먼 순간을 불러와 글을 쓸 수도 있다는 걸 아이들이 경험하게 해주고 싶었습니다. 그리고 그 경험이 할머니, 할아버지, 농사 같은 우리가 평소 잊기 좋은 단어에 관한 것이면 더 좋겠다고요. 《농부 달력》은 그 따뜻한 단어들을 교실에 불러 모아 우리가 글을 쓰게 해준 소중한 그림책입니다. 와글와글 이야기와 글이 피어나는 모든 순간이 기억에 남습니다.

수업을 닫으며

2022년 대한민국은 포켓몬 띠부띠부씰 모으기 열풍이 불었습니다. 저는 띠부띠부씰 모으는 일보다 아이들의 말과 글을 모으는 일이 더 좋습니다. 싱싱한 말을 매일 만나는 게 저의 직업이라고 생각하면 짜릿하고 좋아서 빨리 다음날 출근하고 싶다는 생각도 합니다. 《농부 달력》을 읽고 아이들이 쓴 글은 특히 더 싱싱했습니다. 《농부 달력》과 함께 자연을 자연스럽게 나누는 시간을 만들어보시길 바랍니다.

수업 흐름도

① 《농부 달력》 그림책 읽기
② 시골에 간 경험, 농사를 지은 경험, 꽃과 곤충에 관한 경험 이야기 나누고 글쓰기
③ 방울토마토 씨앗 심고 응원 푯말 만들기
④ 마음에 드는 삽화, 문장 따라 쓰기
⑤ 협동 수채화 그리기

6. '예술'과 만나는 구월

오일 파스텔 그리기

핵심 키워드 #오일파스텔 #시화

관련 성취기준
[6국05-02] 작품 속 세계와 현실 세계를 비교하며 작품을 감상한다.
[6국03-05] 체험한 일에 대한 감상이 드러나게 글을 쓴다.

수업 주제 윤동주의 〈반딧불〉 모방시를 쓰고 오일 파스텔로 시화 그리기

활용 그림책 윤강미,《달빛 조각》, 창비

그림책 소개 달이 사라진 그믐밤에 가족이 숲으로 산책을 갑니다. 아이들은 게임이나 실컷하고 싶었는데 멋진 풍경을 보여주겠다는 엄마의 말에 마지못해 따라 나섭니다. 하늘엔 예쁜 노을이 지고 별들이 하나둘 떠오르는데 아이들은 걷는 내내 휴대폰에서 눈을 떼지 못합니다. 엄마가 보여주겠다는 멋진 풍경은 아직인가 봅니다.

점점 밤이 깊어져 하늘엔 별이, 땅엔 달맞이꽃이 선명해집니다. 캄캄해진 밤 한가운데에서 아이들이 하나둘 손에서 전자기기를 놓습니다. 대신 그 손으로 엄마와 이모의 손을 잡습니다. 대화가 많아집니다. 가족의 밤 산책길을 따라 걷다보면, 독자들은 숲 속에 잠자코 밤을 즐기고 있는 여러 동물들도 숨은그림찾기하듯 만나게 됩니다.

엄마와 아이들은 어떤 풍경을 마주하게 될까요? 엄마가 숨겨둔 보물 같은 풍경과 작가가 숨겨둔 보물 같은 생태계를 직접 그림책에서 찾아보시길 바랍니다.

수업 디자인 Talk

2015 개정 교육과정에 근거하여 만든 5학년 국정 국어 교과서에는 윤동주 시인의 〈반딧불〉이 실려 있습니다. 〈반딧불〉은 체험한 일에 대한 감상을 글로 써보는 단원 도입에 수록된 시입니다. 예쁜 반딧불이 삽화 위에 실린 시를 함께 몇 번 소리 내어 읽으며 각자의 달조각, 각자의 반딧불, 각자의 숲에 대한 이야기를 나누었습니다. 국내에는 전라북도 무주, 해외로는 말레이시아로 여행을 가 반딧불투어를 해본 아이 몇을 제외하고는 반딧불 경험이 없는 아이들이 더 많았습니다. 아이들이 나누는 이야기의 부피가 곤궁했습니다. 시를 읽고 어떤 심상을 떠올려 누려야 할지 몰라 갈 길 잃은 눈동자들이 여럿 끔뻑대고 있었습니다. 이때 제가 비장의 카드를 꺼내듯, 윤강미 작가의 그림책 《달빛 조각》을 꺼내들었습니다. 《달빛 조각》은 작가가 윤동주 시인의 시 〈반딧불〉에 영감을 받아 쓰고 그린 그림책이거든요. 윤동주 시인의 〈반딧불〉을 시각적으로 가장 아름답게 감상하는 방법은 윤강미 작가의 《달빛 조각》을 읽는 게 아닐까 합니다. 윤강미 작가가 펼쳐 놓은 한 가족의

이야기 역시 만나볼 수 있으니 읽는 기쁨이 두 배라 할 수 있겠습니다.

그림책을 읽고 시를 다시 읽으면 시 한 소절 한 소절마다 그믐달이 뜬 밤 숲의 정경과 숲 향이 묻어나는 신비를 느끼게 됩니다. 이 책은 특히 원격 수업 기간에 화상으로 읽어줄 수 있어서 더 좋았던 책으로 기억하고 있습니다. 함께 모인 교실에서 직접 그림책을 만져보기도 하고 넘겨보기도 하며 읽는 것도 좋지만, 아이들이 각자의 공간에서 바로 눈앞에 펼쳐지는 그림책 장면을 감상할 수 있다는 것이 또 원격 수업의 매력이니까요. 고요한 밤 분위기를 내기에 오히려 좋은 상황이었습니다. 아이들이 눈 앞에 펼쳐진 아름다운 밤숲도 나만을 위한 밤 산책 길 같이 느끼고, 헤드셋 너머로 전해진 선생님 목소리도 나만을 위한 목소리로 느끼지 않았을까요.

그림을 읽는 아이들에게는 옅은 달빛을 머금은 채 숲에 숨어 있는 숲 속 동물을 찾는 기쁨이 있었습니다. 아이들이 각자의 공간에서 '주석 달기' 기능을 활용하여 동물을 찾을 때마다 화면에 동그라미를 쳤습니다. 함께 환호하고 떠들다보면 우리가 정말 함께 밤 산책을 하고 있는 것 같은 기분에 사로잡힙니다. 밤숲의 오소소한 청량함이 피부에 닿는 것 같습니다.

아이들이 그림 속 아이를 통해 나를 들여다봅니다. 그 순간을 놓치지 않고 아이 내면에 잔잔히 가라앉은 기억을 꺼내어보게 합니다. 계절마다 좋았을 밤 산책의 기억, 잊지 못할 가족 여행, 하늘, 별, 달, 반딧불이를 본 이야기, 가족 구성원에 대한 생각 같은 것을 모락모락 피워내게 합니다. 처음보다 아이들 이야기의 부피가 훨씬 두툼해졌음을 느낍니다. 온라인에서는 평소 목소리가 작아 잘 들리지 않던 아이들 소리도 선명합니다. 온라인수업의 장점입니다. 책을 통과한 아이들은 나의 경험을 기억하고 다른 친구의 경험을 들으며 우리들의 같음과 다름을 살핍니다.

그림책을 덮고 시를 소리 내어 다시 몇 번 낭독했습니다. 입에 붙을 때까지 몇 번을 반복했습니다. 그리고 우리도 시를 쓰기로 했습니다. 나의 밤 산책 경험을, 나의 가족 여행 이야기를, 반딧불이를 본 기억을, 달을 관찰한 그 날을. 산문 형식으로 먼저 쓴 뒤에 그 마음을 여과시켜 시로 바꾸어 썼습니다.

다음날 학교에 등교한 아이들과 서로 쓴 시를 바꿔 읽어보고 피드백을 준 뒤, 시를 시화로 담아 교실 뒤에 전시하기로 하였습니다. 이날 시화 제작을 위해 제가 준비한 재료는 '오일 파스텔'입니다. 미술 시간 또는 미술 연계 활동을 할 때에는 최대한 다양한 재료, 다양한 도구 사용 경험을 주려고 의식적으로 노력합니다.

그 배경에는 이런 이유가 있습니다. 2016년도 우리반에 매일 엎드려 있는 아이가 있었습니다. "안하면 안돼요?", "졸려요."를 입에 달고 산 아이였는데 지금은 고3이 돼, 기념할 만한 날이면 카톡을 보내옵니다. 자기 스무살 되면 꼭 찾아오겠다는 말과 함께.

좀처럼 말이 없는 그 아이가 자기 얘기를 늘어놓은 날은 우리가 처음 캘리그라피를 한 날이었습니다.

"쌤, 우리 형이 이거 하는 거 봤어요. 우리 형 이거 잘 하던데!"

우리가 만난 지는 벌써 수 개월이 지난 것 같은데 그 아이의 희미한 눈빛에도 반짝임이 떠오를 수 있다는 걸, 그 아이도 그런 표정으로 말을 할 수 있다는 걸 저는 그날 처음 알았습니다. 그날 이후 캘리그라피용 전용 펜도 사다 두고 유튜브 영상도 찾아보고, 도구와 문명의 이기를 빌려 어떻게 한번 지도해보겠다고 아등바등 애를 썼습니다. 요즘은 캘리그라피가 조금 유행에서 빗겨나 있지만 여전히 캘리그라피를 보면 그 아이의 반짝이는 눈매가 제일 먼저 떠오릅니다. 아이도 거리를 걷다 캘리그라피를 만나면 문득 2016년의 여름을 생각하고 있을까요.

그 경험 덕분에 미술 시간에는 최대한 다양한 재료, 도구 사용 경험을 주려고 의식적으로 노력합니다. 내 취향은 아니지만 아이 취향에 꼭 맞아 그 아이 마음을 얻을 수 있는 기회가 생길 수도 있지 않을까 기대하는 마음을 품고서요. 키트류, 도안 출력 중심 수업을 의식적으로 지양하려고 하는 것에는 환경 교육적인 측면도 있지만 이런 경험이 더 큰 이유를 차지합니다.

오일 파스텔은 파스텔과 크레파스 그 어느 사이 즈음의 윤기나는 질감으로 아름다운 면을 펼쳐낼 수 있는 도구입니다. 밤 하늘을 오일 파스텔로 그리는 동영상을 찾아 보여주었더니, 아이들이 '반드시' 실패하리라는 강한 확신을 내비쳤는데 몇 번 끄적끄적 연습하더니 한 아이도 빠짐 없이 모두 근사한 밤하늘을 크라프트지 위에 펼쳐놓았습니다. 아이들에게 보여줄 동영상은 동영상 재생 플랫폼에 '밤하늘 오일 파스텔'을 검색하면 쉽게 찾을 수 있습니다. 영상으로만 보면 어느 정도 두께로 채색해야 하는지, 어떤 질감을 표현해야 하는지 아이들이 명료하게 받아들이지 못하기 때문에 교사가 직접 채색하는 시범을 보여주어야 합니다. 색상환을 가지고 유사색 개념을 배우고 나면 아이들이 색도 잘 조합해 얹습니다.

재료는 크라프트지, 마스킹테이프, 오일파스텔(파버카스텔 24색 사용, 색이 많으면 많을수록 좋습니다.), 수정펜, OHP 필름, 네임펜을 사용하였습니다. 마스킹테이프는 크라프트지가 움직이지 않도록 고정할 용도로 크라프트지 네 모서리 끝에 모두 둘러 붙입니다. 나중에 테이프를 제거하고 나면 마스킹테이프를 붙인 부분에는 채색이 되지 않아서 작품이 마치 액자에 실린 것 같은 효과를 낼 수 있습니다. 오일파스텔은 밤하늘 채색을 위해서, 수정펜은 채색 후 하늘에 별이 뿌려진 효과를 내기 위해서 필요합니다. 수정펜으로 하얀 점을 찍어두면 별이 반짝이는 느낌이 납니다. OHP 필름은 제작한 작품과 같은 사이즈로 재단하여 테이프로 작품 위에 얹어줍니다. 투명한 OHP 필름 위에 네임펜으로 직접 쓴 시를 얹어주면 작품은 완성됩니다. OHP 필름이 주는 가벼운 느낌이 싫어서 OHP 필름을 얹지 않고 시를 쓸 방법을 궁리했는데 마땅한 방법이 떠오르지 않아 OHP 필름을 사용하였습니다.

  오일 파스텔은 영 미술에 약한 그해 아이들이 가장 좋아하는 미술 재료로 등극하였습니다. Z세대 아이들답게 오일 파스텔 영상을 보는 것만으로도 힐링이 되고 마음이 차분해진다는 이야기를 해주기도 하

 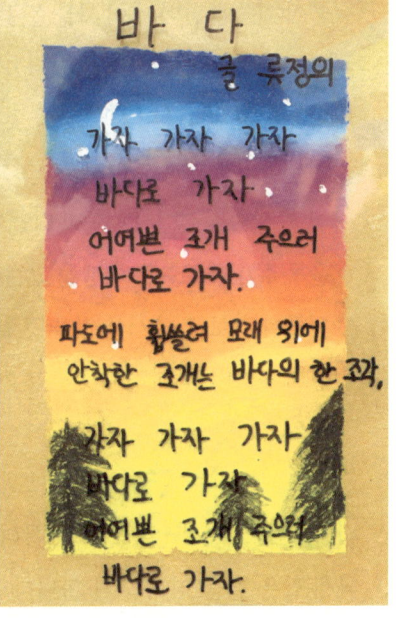

였습니다.

　윤강미 작가의 《달빛 조각》을 읽고 영감을 가득 얻은 아이들이 시도, 나만의 밤그림도 잘 펼쳐내었습니다. 걷기 좋은 계절입니다. 모두에게 작은 달빛 조각이 깃드는 날이 되길 기원합니다.

기억에 남는 수업 장면 Talk

　아이들과 시, 그림책 모두 감상한 후에 윤동주 시인은 왜 이런 시를 썼을지 이야기를 나누는 때였습니다. 아이들이 꺼내놓은 이야기가 구체적이어서 아름다웠습니다.

> "군대에서 밤에 순찰을 돌고 있다가 반딧불을 보고 전역해서 그 반딧불이 기억에 남아서 이 시를 쓴 것 같다."
> "그믐밤에 숲으로 산책을 갔다가 반딧불이들의 군무를 보고 달 조각이라고 생각되어 이 시를 썼을 것 같다."
> "반딧불이를 찾으려고 노력하여 마침내 찾아 뿌듯한 것 만큼, 윤동주가 자신도 노력해서 시인이 되었으니까…?"
> "윤동주가 제주도로 여행을 갔는데 한라산에서 나무 의자에 앉아 반딧불이를 보고 이 시를 썼을 것 같아요."
> "혼자 숲에 산책하려고 갔다가 반딧불이를 봤는데 너무 예쁘고 아름다워서 시를 썼을 것 같다."

　시각적으로 청각적으로 아름다움을 경험하고 나면 우리의 언어도 금세 같은 결을 띠게 되나 봅니다.

수업을 닫으며

반딧불이를 찾아 떠나는 《달빛 조각》 속 가족 구성원에는 아버지가 없습니다. 한부모 가정의 아이가 교실에 있었기 때문에 가족 구성원에 관한 이야기도 오래 나누었습니다. 《달빛 조각》은 지금 가족의 모습 그대로 온전하고 아름답다는 것을 여러 아이의 입술을 통해 확인할 수 있는 자리를 마련해주었습니다. 여러모로 반짝이는 책입니다.

수업 흐름도

① 윤동주 〈반딧불〉 낭독하기
② 그림책 《달빛 조각》 읽기
③ 밤 산책, 가족 여행, 반딧불, 달 관찰 등의 경험을 떠올려 산문 쓰기
④ 산문을 〈반딧불〉 형식에 맞춰 시로 바꿔쓰기
⑤ 오일파스텔로 시화 그리기

지우개 도장 만들어 판화 찍기

핵심 키워드 #자아존중감 #자아긍정감 #함께의가치 #지우개판화

관련 성취기준
EI1.1.1 자신을 긍정적으로 받아들이는 태도를 갖는다.
EI1.1.3 가정과 학교 등 주위 환경 속에서 자신이 소중한 존재임을 말할 수 있다.
[4국05-05] 재미나 감동을 느끼며 작품을 즐겨 감상하는 태도를 지닌다.
[4도04-02] 참된 아름다움을 올바르게 이해하고 느껴 생활 속에서 이를 실천한다.

수업 주제 나와 친구가 평소에 가진 장점을 파악하고, 우리 반 으뜸 ○○이 협동 판화 작품을 제작하기

활용 그림책 레오 리오니,《으뜸 헤엄이》, 마루벌

그림책 소개 바닷 속 수많은 물고기 중 유일하게 까만 물고기인 헤엄이는 큰 다랑어가 빨간 물고기 친구들을 몽땅 삼켜버리는 시련을 당합니다. 헤엄이는 친구들을 잃고 외로웠지만 바닷 속 곳곳을 헤엄쳐 다닙니다. 그러다가 자신의 친구와 닮은 빨간 물고기들을 다시 만나게 됩니다. 빨간 물고기들은 큰 물고기가 무서워 숨어있던 차, 헤엄이는 용기를 내자 말합니다. 작은 물고기들은 큰 물고기를 물리칠 수 있을까요? 수채 물감과 고무 스탬프로 만든 삽화를 감상하는 재미도 쏠쏠한 책입니다.

수업 디자인 Talk

레오 리오니의 원작 'Swimmy'가 우리나라에 들어오면서 제목이 '으

뜸 헤엄이'로 소개되었다가 2019년부터는 '헤엄이'로 번역되고 있습니다. 기존의 '으뜸 헤엄이' 번역에 대해 몇몇 독자들은 자신의 재능이 꼭 '으뜸'이어야 하는가 의문을 가졌습니다. '으뜸'이 되는 것보다 내가 잘하는 것을 생각해보고 그것을 세상 속에서 어떻게 발휘할지 고민하는 것이 더 중요하다 생각하는 저로서는 반가운 제목 개정입니다.

'헤엄이'는 그림책의 고전이라 불릴만하게 수업 속에서 많이 활용되고 있습니다. 나의 장점 발견, 재능의 발휘, 협동이라는 아름다운 가치를 끌어낼 수 있는 이 책을 수업에 활용하면서 아이들 역시 나의 아름다움을 찾아볼 수 있는 경험을 해봤으면 좋겠다는 생각이 들었습니다. 나의 장점 꺼내기를 돕기 위해 '조하리의 창'을 수업에서 활용했습니다. '조하리의 창'은 내가 아는 나와 내가 모르는 나, 타인이 아는 나와 타인도 모르는 나 총 4분면으로 분류하여 자기인식을 할 수 있도록 돕습니다. 아이들에게 이 4가지를 모두 적어보게 하기는 어려울 것 같아, 나의

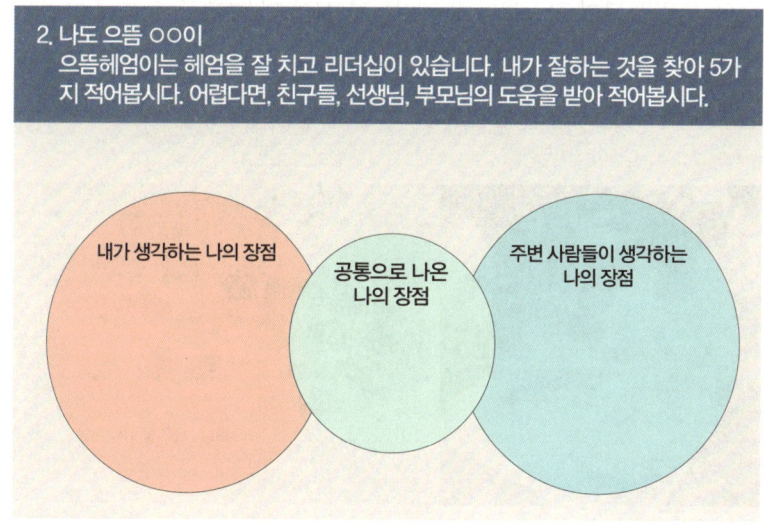

〈 조하리의 창 〉

장점과 타인이 생각하는 장점 2가지로 변형하여 자기 스스로에 대한 인식과 타인이 나에 대해 갖고 있는 인식, 그 두 인식이 겹치는 곳으로 나누어 파악해보도록 하면서 자신의 장점 찾기를 도왔습니다.

장점찾기 활동 후에는 미술과 연계하여 볼록 판화 제작 방법을 익혔습니다. 〈우리 반 헤엄이〉를 만들 겁니다.

> **우리반 헤엄이 만들기 활동**
> (1) 지우개 판화로 물고기 틀 만들기
> (2) 물고기 판화 찍고 그 안에 나의 장점 한 가지 쓰기
> (3) 여러 물고기 판화 작품을 모아 하나의 커다란 물고기 만들기

지우개 판화로 물고기 틀을 제작한 뒤 찍어내고 그 안에 나의 장점을 한 가지 적게 합니다. 찍고 싶은 개수 만큼 찍고 각각 장점을 적은 뒤, 물고기들을 한 데 모아 붙여 우리 반의 큰 물고기를 만듭니다. 하나의 작은 물고기 작품보다 물고기들을 모아 만든 협동 작품에 아이들은 더 감동을 받았습니다. 나의 장점과 재능이라는 것은 홀로 갖고 있을 때보다 다른 사람과 함께할 때 울림이 있습니다.

〈 지우개 판화 만들기 〉

〈 으뜸 헤엄이 작품 사진 〉

수업을 닫으며

학급이라는 작은 사회 속에서 어떻게 친구들을 내가 가진 장점으로 도울 수 있을지 생각해보는 시간을 가졌습니다. 아이들이 장점을 다른 사람보다 특별히 뛰어난 나의 특성이 아니라 다른 사람과 사회를 위해 기여할 수 있는 나만의 특성으로 생각해보면 좋겠습니다. 전체 협동화의 의미가 아이들에게도 잘 전해지길 바랍니다.

수업 흐름도

① 《으뜸 헤엄이》를 읽으며, 으뜸 헤엄이가 가진 아름다움 찾기
② 조하리의 창을 활용하여 나와 친구들의 장점 찾기
③ 으뜸 헤엄이 삽화 제작 방법 살피고, 판화 제작하기
④ 자신만의 작품을 큰 종이에 찍고, 나만의 장점 적기
⑤ 우리 반만의 으뜸 헤엄이 협동 작품 완성하기

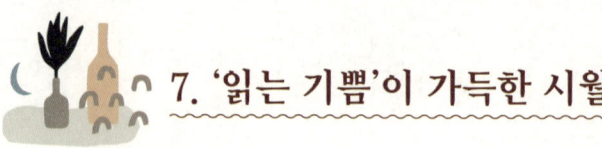# 7. '읽는 기쁨'이 가득한 시월

열세 살, 안 불량한 국어 여행을 떠나다

핵심 키워드 #희망 #자유 #가치 #나의 삶

관련 성취기준
[6국02-02] 글의 구조를 고려하여 글 전체의 내용을 요약한다.
[6국05-06] 작품에서 얻은 깨달음을 바탕으로 하여 바람직한 삶의 가치를 내면화하는 태도를 지닌다.
[6국05-04] 일상생활의 경험을 이야기나 극의 형식으로 표현한다.
[6음01-05] 이야기의 장면이나 상황을 음악으로 표현한다.

수업 주제 국어 교과서 없이 온책으로 안 불량한 국어 여행 떠나기

활용 책 김남중, 《불량한 자전거 여행》, 창비

동화책 소개 《불량한 자전거 여행》은 김남중 작가의 장편 동화로, 여름날 11박 12일 1,100킬로미터의 자전거 여행을 떠난 열세 살 소년 호진이와 자전거 여행 동료들의 이야기입니다.

호진이는 부모님의 일방적인 이혼 통보에 상처를 입고 무작정 집을 나왔습니다. 그 길로 식구들에게 사회부적응자로 낙인 찍힌 삼촌을 찾아와 삼촌과 함께 자전거 여행을 시작하게 됩니다. 호진이는 아픔이 있는 다른 청소년들, 알코올 중독자, 외국인 커플, 말기 암 환자 등 다양한 사람들과 함께 페달을 밟으며 도로 위에서 울고 웃는 시간을 보냅니다. 호진이와 여행 동료 모두 땡볕 아래에서 페달을 밟으며 자신의 삶을 돌아봅니다. 자전거 여행이 끝난 날, 호진이는 엄마 아빠에게 각각 연락해 자기를 서울 어느 공원으로 데리러 오라고 연락하는 것으로 《불량한 자전거 여행》은 끝이 납니다. 《불량한 자전거 여행 2》에서는 호진이 엄마 아빠의 이야기가 펼쳐집니다.

수업 디자인 Talk

방학은 출근과 퇴근의 굴레에서 벗어나 학기 중 지친 몸과 마음을 돌보며 다음 학기를 준비하는 더없이 소중한 기간입니다. 교사의 한계는 곧 그 교실의 한계이기도 하니 방학 중 배움을 게을리할 순 없습니다. 배움이라는 게 꼭 책, 강의를 통한 지식의 확장만을 의미하는 것은 아닙니다. 시간적 여유를 갖고 내 경험을 찬찬히 들여다보고 성찰하는 것, 내 마음을 사로잡은 하나의 주제에 흠뻑 빠져 몰입해보는 것, 정성스레 차린 식사 한 끼를 꼭꼭 씹어먹는 것, 내게 영감을 주고 새로 시작할 힘을 주는 모든 것들이 우리에게 배움이 됩니다.

다음 학기를 기대하고 상상하며 공 들이는 저의 배움 중 하나는 다음 학기에 아이들과 읽을 온책을 선정하는 일입니다. 이 책을 고른 방학이 기억납니다. 6학년 담임을 꽤 오랜만에 맡아서 어떤 책이 좋을까이 책 저 책을 읽으며 고민하다가 마침내 김남중 작가의 《불량한 자전거 여행》을 만나게 되었습니다. 그리고 저는 완전히 이 책에 빠져버렸습니다. 어쩌면 방황하고 고민하는 열세 살 아이의 속마음을 이렇게 잘 풀어놓으셨을까요. 책을 읽는 동안 저의 유년이 위로받는 기분마저 들었습니다. 오르막에서 정점을 찍은 이야기가 점점 결말을 향해 갈수록 자꾸 눈물이 나서 옆에 티슈를 가져다 두고 책을 읽느라 혼이 난 기억이 선명합니다.

열세 살 호진이의 땀 냄새 나는 가출 일기를 읽으며 곧 만날 열세 살 어린이들을 미리 상상해보았습니다. 녀석들은 이 책을 만나면 어떤 마음을 떠올릴까요. 우리도 함께 자전거를 타게 될까요. 각자의 가출 충동이 일었던 순간을 나누며 공식적인(?) 부모님 험담 시간도 갖게 될까요.

김남중 작가가 자전거 애호가인 만큼 《불량한 자전거 여행》은 오르막길을 오르는 자전거 라이더들의 다리 감각, 허파 감각, 그리고 찌는 듯한 더위, 혼미해지는 정신세계 등을 실감나게 묘사해두었습니다. 그간 만나온 열세 살 남학생들은 꼭 삼삼오오 모여 등하교길에도 자전거를 타고 주말에도 모여 자전거를 타던데 그 아이들의 호감을 사기에도 충분한 책이라 함께 읽을 시간이 더 기대됐습니다.

《불량한 자전거 여행》은 이야기와 함께 즐길 삽화도 든든하게 준비되어 있습니다. 삽화가 충분하면 수업 중 할 수 있는 활동도 많아집니다. 책 속 삽화를 출력해주고 이야기 순서를 상상해 삽화를 배열하게 하는 활동은 온책 수업의 단골 활동입니다. 또 삽화를 활용하여 책갈피 만들기, 삽화 활용하여 이야기 요약하기, 삽화 표현하기 등 다양한 활동을 할 수 있습니다.

실제 열세 살 아이들과 한 《불량한 자전거 여행》 온책 수업의 활동을 소개합니다.

(1) 표지 살펴보고 질문 만들기
- 질문에 서로 답해보기

(2) 삽화 활용하여 이야기 상상하기
- 이 활동은 책의 1장 정도를 읽고, 등장인물 정보와 주요 사건을 파악하고 난 이후에 진행하면 아이들이 훨씬 개연성 있는 이야기를 만듭니다. 6학년 아이들은 발단, 전개, 절정, 결말의 이야기 구조에 대해 국어 시간에 배우기 때문에 발단, 전개, 절정, 결말을 갖춘 이야기를 상상해 만들게 하면 국어과 학습과도 자연스레 이어져 좋습니다.

(3) 책갈피 만들기
- 책갈피 사이즈로 삽화를 출력해 준 뒤 뒷면에 가장 마음에 드는 문장을 기록하여 책갈피를 만듭니다. 상단에 펀치로 구멍을 뚫고 지끈으로 고리를 만들어 묶어주면 좋습니다.

(4) 이야기 요약하기
- 5-6학년군 국어과 성취기준 '[6국02-02] 글의 구조를 고려하여 글 전체의 내용을 요약한다.'와 연계하여 수업합니다. 이야기를 요약하는 방법을 배우고, 책의 소주제(챕터)가 끝날 때마다 요약하는 시간을 가졌습니다. 책의 전체 이야기에만 기승전결이 있는 것이 아니라 소주제 안에도 나름의 기승전결이 있습니다. 교사가 먼저 시범을 보이고, 이후 몇 번 이야기를 요약하는 경험을 하면 처음에는 어려워하던 아이들도 나중에는 요약을 잘 합니다. 요약하기 전에 사실을 확인하는 질문을 만들어 골든벨로 확인하는 시간을 가지면 좋습니다.
- '글'로만 요약하는 것을 지루해할 아이들을 위해 '이야기 벽화 그리기' 활동을 운영했습니다. '이야기 벽화 그리기' 활동은 한 사람당 책의 한 쪽씩을 맡아 그 안의 이야기를 시각적 이미지로 색종이에 요약해 그리는 것입니다.
《불량한 자전거 여행》의 경우 보통 책의 한 소주제가 대략 25쪽으로 이루어져 있어서 아이들이 한 쪽씩 맡아 이야기를 요약하고, 색종이에 그림을 그리기 좋았습니다. 색종이 25장을 연결해 붙이면 이야기 벽화가 완성됩니다. 함께 완성했다는 성취감도 있고 벽화 속 그림만 살펴봐도 한 소주제의 이야기가 간략히 요약되는 것이 신기합니다.

요약하기를 어려워하는 아이들에게 시각적 이미지는 요약 활동의 비계가 됩니다. 이것을 보고 요약문 쓰기로 하면 아이들이 10줄 내외로 주요 사건 요약을 잘 했습니다.

(5) 인물 관계도 그리기
- 드라마나 영화의 등장인물 관계도처럼 인물 관계도를 만듭니다. 인물의 성격, 이야기의 흐름을 정리하는 데 도움이 됩니다.

(6) 인물들이 추구하는 가치 찾아 비교하기
- 내 삶 속 가치 나누기
- 5-6학년군 국어과 성취기준 '[6국05-06] 작품에서 얻은 깨달음을 바탕으로 하여 바람직한 삶의 가치를 내면화하는 태도를 지닌다.'와 연계하여 수업합니다. 《불량한 자전거 여행》에는 다양한 가치를 추구하는 인물이 등장합니다. 인물들이 어떤 가치를 추구하는지 이야기 나눠보고, 나는 어떤 가치를 추구하며 살지 이야기를 나눕니다.

(7) 인상 깊은 장면을 극본으로 바꿔 표현하고 연극하기
- 5-6학년군 국어과 성취기준 '[6국05-04] 일상생활의 경험을 이야기나 극의 형식으로 표현한다.'와 연계하여 수업합니다. 극의 형식에 대해 학습하고 난 뒤 모둠별로 선택한 장면을 극본으로 변형해 씁니다. 중간에 갑자기 지문이나 해설이 추가되기도 하고 대사 수정도 많이 이루어지기 때문에 노트북을 활용해 글을 쓰게 하는 것이 좋습니다.
  연극 발표회 전 추천하는 활동은 무언극 활동입니다. 모둠별로 이야기의 일부 장면을 무언극으로 발표하고 다른 모둠은 관람후 어떤 장면인지 맞히는 활동입니다. 비언어적 표현 방법을 탐색하고 그 중요성에 대해서도 느낄 수 있는 활동이라 연극 발표회 전에 해보길 추천합니다.

(8) 인상 깊은 장면을 음악극으로 표현하기
- 5-6학년군 음악과 성취기준 '[6음01-05] 이야기의 장면이나 상황을 음악으로 표현한다.'와 연계하여 수업합니다. 다양한 악기(주로 타악기)를 탐색한 뒤, 이 악기를 활용하여 이야기의 배경 음악을 표현하는 활동입니다. '해설'을 맡은 아이가 장면 설명을 하면 다른 아이들은 해설의 내용과 어울리는 음색의 악기를 가지고 창작한 리듬, 빠르기에 맞게 그 악기를 연주합니다.

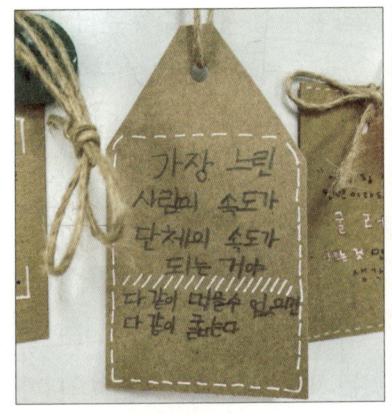 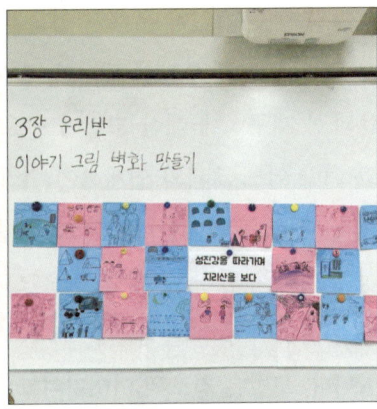

〈 책갈피 만들기 〉　　　　〈 이야기 벽화 만들기 〉

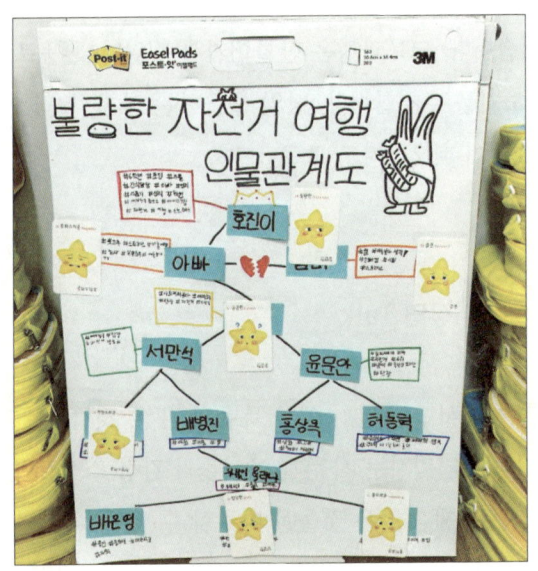

〈 인물 관계도 그리기 〉

    수업 활동 예시를 보면 교육과정을 재구성하여 온책 수업을 운영한 흔적이 보입니다. 실제로 국어 교과서의 많은 분량을 덜어냈습니다. 교육과정 재구성 없이 온책 수업을 운영하면 수업 시수, 수업 준비 면에서 교사에게 큰 부담이 됩니다. 깊이 있는 온책 수업을 운영하려면 교육과정 재구성에 대한 고민이 필요합니다. 저는 방학 중 책을 선정하고 대략 어느 교과와 연계하여 수업을 진행할지 어렴풋한 밑그림을 그린 뒤 개학을 맞이합니다. 특히 처음 맡는 학년일 경우 교육과정 재구성은 더욱 부담일 수 밖에 없으므로 먼저 수업해 본 선생님들의 사례를 수집하여 우리 반에 맞는 교육과정으로 수정해 시작하는 것이 필요합니다. 모방은 창조의 어머니이고, 뭐든 처음부터 잘할 수는 없으니까요. 어느 부분은 교과서를 활용하고 어느 부분은 온책을 활용할지, 어떤 학습 자료를 활용할지 모두 완벽하게 준비해 시작하려고 하면 시작하기가 어렵습니다. 교육과정은 만들어가는 것입니다. 동료와 함께 '일단' 시작해 보기를 추천합니다. 당일 출근하는 아침, 교직 인생 평생에 기억 남을 수업이 떠오를지도 모르니까요.

기억에 남는 수업 장면 Talk

책 대화를 하면서 고학년 아이들 특유의 감성, 깃털처럼 가벼웠다가 젖은 빨래처럼 무거워지는 사춘기 아이들의 감정 스펙트럼, 그들만이 보여줄 수 있는 무게감 같은 것들을 마주할 수 있어 좋았습니다.

온책을 덮는 날, 우리도 자전거를 타리라 철석같이 믿고 있는 아이들의 기대를 저버릴 수 없어 우리 반도 자전거 여행을 떠났습니다. 제가 사는 도시는 자전거 도로가 꽤 잘 구축되어 있는 편이고, 당시 근무한 학교에서 자전거 도로 시작 지점까지의 거리가 멀지 않아서 자전거 여행을 추진하는 데 큰 부담 없이 시작할 수 있었습니다. 3주 정도 전에 보호자분들께 알려 자전거, 헬맷, 보호장비를 미리 준비할 수 있게 했습니다. 토요일 오전에 모여 함께 자전거를 탔는데 자전거를 탈 줄 몰라서 참가하지 못한 아이가 한 명 있었고 개인 사정으로 참여하지 않은 아이들이 두 명 정도 있었습니다.

아침 열시 반, 우리가 만나기로 한 시간에 한 아이도 늦지 않고 약속을 지켰습니다. 책 속 '가장 느린 사람의 속도가 단체의 속도가 되어야 한다.'는 문장을 몸으로 익힐 수 있는 땀흘림의 시간이었습니다. 중간 쉬는 시간 포함 왕복 1시간 30분 정도 달리는 다소 무리 없는 일정이었습니다. 구름이 좋았고, 바람이 좋았고, 아이들이 좋았던 날이었습니다.

수업을 닫으며

제가 생각하는 이야기 책을 읽는 큰 기쁨 중 하나는 타인의 삶을 '안전하게' 들여다보고 그 마음에 머물러보고, 그러다 내 삶을 돌아보고 내가 놓친 내 안의 나를 만나는 기회를 얻을 수 있는 것입니다. 내가 놓친 문장을 친구의 밝은 눈으로 다시 만나고, 나는 놓친 주인공의 마음을 친구를 통해 다시 마주하게 되는 것은 함께 읽기의 커다란 기쁨입니다. 이야기 책을 함께 읽는 기쁨이 여러 교실에 피어나기를 기대합니다.

다름을 존중하는 아름다운 세상을 꿈꾸다

핵심 키워드 #나다움 #다름 #존중

관련 성취기준
[6국05-06] 작품에서 얻은 깨달음을 바탕으로 하여 바람직한 삶의 가치를 내면화하는 태도를 지닌다.
[6국03-04] 적절한 근거와 알맞은 표현을 사용하여 주장하는 글을 쓴다.
[6국05-04] 일상생활의 경험을 이야기나 극의 형식으로 표현한다.

수업 주제 We are all wonders!

활용 책 R. J. 팔라시오, 《아름다운 아이》, 책과콩나무

책 소개 《아름다운 아이》의 주인공 어거스트 풀먼은 선천적 안면기형으로 태어났습니다. 어거스트는 지금껏 스물일곱 번이나 얼굴 수술을 받았지만 아직도 그를 만나는 사람들은 그의 얼굴에 놀라고, 주변 아이들도 어거스트를 '괴물'이라고 놀리지요. 이런 이유로 어거스트는 홈스쿨링을 하고 있고, 외출을 할 때는 헬멧을 쓰고 다니며 세상과 단절한 채로 지냅니다.
그러던 어느 날, 어거스트의 엄마는 더 이상 홈스쿨링만으로는 어거스트의 성장을 도울 수 없다는 것을 깨닫고 아이에게 학교에 다닐 것을 권유합니다. 입학 첫날부터 어거스트의 학교 생활은 순탄치 않습니다. 어거스트에게 호의를 베푸는 친구들도 있지만, 어거스트에게 편견과 혐오를 표현하며 지속적으로 괴롭히는 친구들도 등장하지요.
《아름다운 아이》의 원제는 'wonder'입니다. 과연 어거스트에게는 기적이 일어날까요? 사랑과 친절로 우리는 누구나 서로에게 경이로운 존재가 될 수 있다는 것을 책 속 이야기를 통해 확인해보시길 바랍니다.

수업 디자인 Talk

2021년에는 6학년을 맡게 되었습니다. 2021년 3월 2일 교실에 처음 들어서는 아이들에게 이런 칠판 편지를 써두었습니다.

초등학교 마지막 시절인 6학년을 빛반에서 보내게 된 스물네 명의 친구들! 만나서 반갑습니다. 2021년은 어떤 친구들과 소중한 한 해를 보내게 될지 선생님은 많이 궁금하고 많이 기대가 되어요. 빛반 친구들! 서로 달라서 아름답고 멋진 일이 많다는 걸 배워가는 한 해가 되었으면 좋겠어요. 우리 교실에 오신 것을 환영합니다. 즐거운 한 해가 될 테니 기대해도 좋아요!

- 우리 교실 속 무지개가 뜨길 기다리는 선생님이

고학년 아이들은 이미 지난 5년의 학교 생활을 하며 서로를 오래 겪어서 어떤 편견으로 친구를 대우할 가능성이 저학년 아이들보다는 상대적으로 많은 편입니다. 4, 5학년 때 교우관계 무리 짓기를 끝내고 다른 친구들과의 소통 가능성을 닫아두는 아이들이 심심찮게 보이기도 합니다. 때문에 더욱 교실 속 다름을 존중하는 분위기를 만드는 일에 내가 먼저 앞장서리라 굳게 다짐한 3월의 어느 아침이었습니다.

그러다 보니 자연스럽게 열세 살 아이들과 함께 읽을 온책으로 《아름다운 아이》만한 것이 없겠다는 생각이 들었습니다. 《아름다운 아이》는 469쪽의 꽤 두툼한 소설책입니다. 온책 도서로 선정하기 전에 내가 만나고 있는 아이들이 이 책을 읽을 수 있는 아이들인지 교사의 사전 점검이 필요합니다. 작가가 이야기를 전개하며 사용하는 단어가 제가 만나고 있는 아이들 수준에 어렵지 않았고, 저는 이 책을 2학기 온책 도서로 사용했기 때문에 지난 1학기 동안 단련된 우리 아이들 독서력이면 한번 도전해 볼 만한 두께라는 판단이 들어 이 책을 선정하게 되었습니다.

지역마다 학교마다 아이들 상황과 수준이 다르기 때문에 어느 책이 어느 학년 온책 도서로 만능인양 다뤄지는 것을 경계해야 합니다. 그렇게 되면 다시금 표준화된 틀에 아이들을 가두게 됩니다. 적어도 교사가 직접 읽어 본 책을 골라야 합니다. 우리 반 배움의 빛깔을 빛낼 수 있는 책 또는 우리 반 아이들이 관심을 보이고 좋아할 책을 골라야 합니다. 내가 만나는 아이들이 고학년이라도 아이들 독서 수준이 높지 않다면 그림책으로 온책을 시작해도 좋습니다. 아이들이 거대한 서사와 복잡한 맥락도 거뜬히 읽어 낼 수 있다면 챌린지한 장편에 도전해보는 것도 좋습니다.

실제 열세 살 아이들과 한 《아름다운 아이》 온책 수업 활동을 소개합니다.

(1) 인물 소개 읽고 책 제목, 책의 이야기 상상하기

- 책 속 주요 등장인물인 어거스트, 올리비아, 써머, 잭, 줄리안을 소개하는 글을 제시하고 이 책은 어떤 이야기일지 아이들이 예측하여 써보게 하였습니다. 그리고 책의 제목은 무엇일지 'ㅇㅇㅇㅇ 아이'로 책 제목을 만들어보게 하였습니다. 이 활동은 개별로 해도 재미있고 모둠으로 운영해도 재미있는 활동입니다. 아이들이 예측한 책의 제목으로는 '괴물같은 아이', '엄청 강한 아이', '미움받는 아이', '그림자의 아이' 등이 나왔습니다.

(2) 첫 번째 소주제를 읽고 독서 골든벨하기

- 첫 번째 소주제에는 등장인물이 대거 소개되고 책 전체 이야기를 끌고 갈 사건이 시작됩니다. 주요 인물, 사건, 배경을 잘 파악하고 넘어가야 아이들이 빨리 책에 몰입할 수 있고 또 책 전반의 이해도를 높일 수 있습니다. 첫 번째 소주제를 읽고 아이들이 직접 골든벨 문제를 만듭니다. 이 활동은 승자, 패자를 구분하는 데 목적이 없는 활동이기 때문에 칠판에 골든벨 문제가 붙고 나면 아이들에게 답을 찾아볼 시간을 줍니다. 그러면 아이들이 인물, 사건, 배경에 대해서 서로 설명해주며 책의 밑그림을 탄탄하게 그려나가는 모습을 볼 수 있습니다.

(3) 인상 깊은 문장 나누기

- 《온작품을 만났다 낭독극이 피었다》(휴먼에듀, 2019)의 박지희, 차성욱은, 교사가 책 읽기를 통해 많은 것을 얻으려 하지 않고 아이들이 읽는 과정을 즐기는 것을 보며 더 발전시킬 방향을 찾는 것이 무엇보다 중요하다고 하였습니다. 좋은 읽기 과정에 반드시 학습지나 독후 활동 결과물이 수반되는 것은 아니라는 것이지요. 결과물에 연연하기 보다는 함께 읽은 시간의 의미와 소중함에 더 마음을 쏟고 눈과 귀를 기울여야겠습니다.

  아이들과 함께 책을 읽다 인상 깊은 문장을 만나면 밑줄을 긋거나 책 귀퉁이를 접습니다. 표시하지 않으면 문장은 금방 잊힙니다. 그 문장을 다시 찾는 일은 종종 사막에서 바늘찾기처럼 어렵습니다. 처음엔 감히(?) 책에 형광펜을 쳐도 되나, 갸우뚱해하는 아이들도 좋아하는 색의 형광펜이나 연필로 책에 줄을 긋는 맛을 알아버리면 다시는 그 전으로 돌아갈 수 없습니다.

  밑줄 그은 문장은 필사하도록 권유합니다. 왜 이 문장에 밑줄을 그었는지 생각을 나누고, 그 문장으로 책갈피를 만듭니다. 인상적인 문장을 활용해 아름다운 책갈피를 만들고 그 문장을 고른 까닭을 공유하면 지극히 개인적이고 비가시화된 독서 활동이 협력적이고 사회적인 동시에 가시화된 아름다운 예술 행위가 됩니다. 아이들이 문장을 고른 까닭을 듣고 있자면 마음이 말갛게 씻기는 기분입니다. 책읽기는 마음 빨래 같습니다. 함께 읽는 시간은 다 같이 마음을 말갛게 씻어 보송보송 말아 널리는 시간입니다.

(4) 아이들이 사랑한 문장을 낱자로 제시해 문장 가랜더 만들기
- 아이들이 사랑한 문장을 낱자 카드로 뒤죽박죽 섞어 제시하고 아이들이 이를 바르게 배열해 문장 가랜더를 만드는 활동을 했습니다. 《아름다운 아이》에 등장하는 브라운 선생님의 9월 금언 "만약 옳음과 친절 가운데 하나를 선택해야 한다면 친절을 택하라."를 총 26개의 낱자 카드로 아이들에게 제공하였습니다. 《아름다운 아이》는 워낙 주옥같은 문장들이 많아서 준비하는 재미가 더 컸습니다. 아이들이 배열한 낱자 카드는 가랜더로 만들어 교실에 예쁘게 걸어 두었습니다.

(5) 브라운 선생님의 금언에 대한 나만의 생각 쓰기
- 《아름다운 아이》 속 브라운 선생님은 매달 아이들에게 삶에 대해 들여다볼 수 있는 금언을 제시합니다. 교실 속 아이들도 브라운 선생님이 낸 과제를 함께 아침 활동 시간에 수행했습니다. 아이들이 금언에 대한 자기만의 생각을 잘 꺼낼 수 있도록 충분히 시간을 주었습니다. 충분히 몰입하여 자기 생각을 글자로 담아낼 수 있게 응원합니다. 아이들 글 속 문장을 발견해 줍니다. 저는 아이의 글을 읽고 아이가 쓴 문장 중 제 마음에 들어온 것을 골라 따로 포스트잇에 적어줍니다. (무려 '베스트 문장'이라는 타이틀을 달고서요!) '누구나 한 문장 쯤은 괜찮은 문장을 쓸 수 있다.' 아이 글을 읽을 때마다 떠올리는 마음입니다.

브라운 선생님의 9월 금언에 대한 아이들의 생각을 소개합니다.

"이 금언은 '옳음의 기준이 달라 자신한테 옳은 것이 상대한테는 옳지 않을 수도 있으니 옳은 것보다는 친절을 택하라.'라고 말하고 있는 것 같다. 사람마다 옳음의 기준은 다르다. 자신의 기준이 무조건 맞다고 생각하고 행동하게 되면 다른 사람이 볼 땐 그것이 옳지 않은 행동으로 보일 수 있다. 사소한 것이라도 그렇다. 모둠 활동을 할 때, 자신의 의견이 맞다고 무조건 우기면 다른 의견을 가진 사람은 오히려 그것이 더 옳지 않다고 생각하게 된다. 반면, 친절하게 설득을 하려고 하면 더 맞는 말처럼 들린다. 그러니 친절을 택해야 한다." (정○○)

"이 금언은 아무리 옳은 행동이라고 해도 친절하지 않으면 소용이 없다는 뜻인 것 같다. '옳은 것'은 기준이 정해져 있지 않다. 그래서 아무리 내가 옳은 행동을 해도 친절하지 않으면 상대방이 알아차릴 수 없다. 또는 내가 한 이 옳은 행동이 옳지 않다고 여겨질 수도 있다. 이러한 이유 때문에 옳음과 친절 중 친절을 택하라고 한 것 같다. 아무리 옳은 행동이라도 친절하지 않으면 소용이 없어진다." (김ㅇㅇ)

(6) 인물이 지니고 있는 가치 탐구하기

- 5-6학년군 국어과 성취기준 '[6국05-06] 작품에서 얻은 깨달음을 바탕으로 하여 바람직한 삶의 가치를 내면화하는 태도를 지닌다.'와 연계하여 수업합니다. 《아름다운 아이》에는 동생 어거스트를 극진히 챙기는 누나 올리비아가 등장합니다. 올리비아의 내면에는 어떤 미덕의 보석이 빛나고 있는지 찾아보고 이야기 나누는 시간을 가졌습니다. 올리비아의 마음을 헤아리는 아이들의 언어가 깊었습니다.

  ─ 올리비아에게 있는 미덕의 보석 ─

  너그러움 : 어거스트가 부모님의 사랑을 독차지해도 이해해주고 오히려 자신이 사랑을 주고 있으니 올리비아의 보석은 엄마 같은 '너그러움'이다.

  이해 : 올리비아에게는 기형인 동생을 더 챙길 수 밖에 없는 부모님을 향한 '이해심', 남과는 다른 동생을 향한 '이해심'이 있다.

  인내와 배려 : 올리비아는 부모님이 자신에게 신경을 써주지 못했지만 서운한 마음을 '인내'하며 참아냈고 어거스트를 더 챙길 수 밖에 없는 부모님의 상황을 이해하고 '배려'해주었다.

열세 살, 손 대면 토옥하고 터지는 가을 홍시 같은 나이인 줄 알았는데 이 날은 꼭 아이들이 가을 알밤 같다는 생각을 했습니다. 야무지고 밀도 있고 보드라운 알밤 같은 열세 살 아이들의 여문 내면을 만나는 시간이었습니다.

(7) 주장하는 글쓰기

- 5-6학년군 국어과 성취기준 '[6국03-04] 적절한 근거와 알맞은 표현을 사용하여 주장하는 글을 쓴다.'와 연계하여 수업합니다. 교과서를 활용해 뒷받침 문장 쓰는 법을 배운 뒤, 교과서 예제로 주장하는 글쓰기를 먼저 한번 연습했습니다. 《아름다운 아이》에는 어거스트를 향한 차별에 맞서 싸워주는 용감한 친구 써머가 등장합니다. 우리는 써머가 되어 주장하는 글을 쓰기로 했습니다. 아이들과 함께 써머라면 어떤 주장을 펼칠지 생각을 나누었습니다. 활동에 몰입할 수 있는 배경을 만들어주기 위해 '써머가 UN에 초대받아 연설을 하게 된다면'이라는 전제를 붙였습니다. 아래와 같은 안내로 글쓰기 활동을 열어주었습니다.

  [써머 하고 싶은 거 다 해] 써머는 UN에 모범 청소년 대표로 초대받아 연설을 하게 되었습니다. '평화로운 학교'를 주제로 연설을 해야 한다고 하네요. 오늘 밤 써머는 연설을 준비해야 합니다. 써머는 어떤 주장을 펼칠까요? 그 주장에 걸맞은 근거를 수집해 한 편의 주장하는 글을 써보세요.
  (근거: 나의 주장과 관련성이 있는 기사, 동영상, 속담, 나의 사례 등)

개별 노트북을 활용하여 근거 자료(기사, 동영상, 속담 등)를 수집하는 시간을 가졌습니다. 각자 주장하는 글 초안을 만들고 교사에게 피드백을 받은 뒤, 고쳐쓰기 과정을 거쳐 최종 산출물을 만들었습니다. 아이들의 과제 집착력은 내가 뭘 해야 할지 정확히 알 때, 그 과제가 내 삶과 연결되어 있을 때, 한 발 더 내딛을 수 있게 돕는 피드백이 주어질 때 폭발하는 것 같습니다.

기억에 남는 수업 장면 Talk

온책 읽기 수업 마지막 날 《아름다운 아이》를 원작으로 한 영화 〈원더〉를 감상했습니다. 〈원더〉의 주제곡 중 비 밀러Bea Miller의 〈brand new eyes〉라는 노래가 있습니다. 노래말이 《아름다운 아이》 내용과 아주 잘 어울려서 아이들과 가을 내내 이 노래를 불렀습니다. 잘 부르진 못해도 최선을 다해 노래를 부르는 아이들 모습이 예뻐서 혼자 눈시울을 붉힌 날이 많았습니다. 세상의 눈이 아니라 나의 눈으로 나를 보겠다는 노래말처럼, 넘어지면 넘어진 그 자리에 누워 하늘을 바라보겠다는 노래말처럼 아이들이 눈부신 날을 살아가고 있으면 좋겠습니다. 우리는 모두 '기적'이니까요.

수업을 닫으며

고작 책 한 권 같이 읽었다고 아이들의 타고난 성정이 곧바로 바뀌진 않겠지만, 그래도 함께 건너온 책 덕분에 아이들의 마음 평수가 한 평 정도는 넓어지지 않았을까 생각해봅니다. 《아름다운 아이》를 읽으며 아이들이 써내려간 글에서 나는 따뜻한 기운을 쬐고 있으면 고소한 단잠이 쏟아질 것만 같습니다. 우리는 스스로 이렇게 광합성할 수 있는 존재라는 걸 아이들이 잊지 않으면 좋겠습니다.

한글, 그 우수함과 아름다움에 대하여

핵심 키워드 #한글 #한글의우수성 #세종대왕 #한글디자인

관련 성취기준

[4국02-03] 글에서 낱말의 의미나 생략된 내용을 짐작한다.
[4국04-05] 한글을 소중히 여기는 태도를 지닌다.
[4국05-03] 이야기의 흐름을 파악하여 이어질 내용을 상상하고 표현한다.
[4수02-04] 구체물이나 평면도형의 밀기, 뒤집기, 돌리기 활동을 통하여 그 변화를 이해한다.
[4미01-04] 미술을 자신의 생활과 관련 지을 수 있다.
[4미02-06] 기본적인 표현 재료와 용구의 사용법을 익혀 안전하게 사용할 수 있다.
[4미03-01] 다양한 분야의 미술 작품과 미술가들에 관심을 가질 수 있다.

수업 주제 우리는 한글 지킴이, 한글의 우수성과 아름다움을 알려라!

활용 책 배유안, 홍선주, 《초정리 편지》, 창비

책 소개 초정에 사는 주인공 장운이는 석수장이 일을 하다가 다쳐 아픈 아버지를 모시며 누이와 함께 어렵게 집안을 꾸려나갑니다. 그러던 어느 날 산에 나무를 하러 갔다가 눈이 빨간 토끼눈 할아버지를 만나게 됩니다. 장운이는 한글을 외워오면 쌀 한 되를 주겠다는 할아버지의 말에 누이와 함께 한글을 익힙니다. 할아버지는 한양으로 돌아가고, 누이 역시 어려운 형편으로 인하여 남의 집살이를 하러 장운이 곁을 떠납니다. 그래도 누이와 한글로 편지를 주고받으며 마음에 위안을 얻습니다.

　석수 일에 소질을 보인 장운이는 한양으로 올라가 그 능력을 인정받습니다. 절 공사에 동원되어 연꽃 확을 만드는 중요한 일도 맡게 되지요. 장운이는 어느 날 임금님 행차에서 토끼눈 할아버지를 다시 만나게 됩니다. 토끼눈 할아버지의 정체를 알고 장운이는 깜짝 놀랍니다. 토끼눈 할아버지는 누구였을까요?

수업 디자인 Talk

《초정리 편지》는 세종대왕의 애민정신과 한글의 우수성을 느낄 수 있는 작품입니다. 이 책을 4학년 온책 읽기 수업 책으로 선정하면서 고민이 많았습니다. 호흡이 매우 긴 책이라 아이들이 중간에 흥미를 잃지는 않을까 고민이 되었고, 조선시대를 배경으로 한 작품이다 보니 익숙하지 않은 낱말들이 많이 등장하여 아이들이 어려워하지는 않을까 고민이 되었습니다. 하지만 이 책은 4학년 교과 성취기준과 부합하는 지점이 많은 책이었기에 아이들과 함께 읽어보면 좋겠다는 생각에 도전해보았습니다. 결과적으로는 반 아이들이 《초정리 편지》를 다양한 활동을 하면서 꽤 깊고 재미있게 읽어냈습니다.

한두 챕터를 읽을 때마다 보통 하나의 중심 활동과 수업 목표를 가지고 수업을 했는데, 한정된 지면에 매 차시 어떤 활동들을 했는지 소개하기에는 지면의 한계가 있을 것 같아, 핵심이 된 수업 흐름만 소개해 보고자 합니다. 이미 4학년 선생님들께서 《초정리편지》를 온책 읽기로 선정하여 수업을 진행한 사례가 많아서 초등교사 커뮤니티 인디스쿨에 가면 수많은 활동 자료들이 올라와 있습니다. 저는 이 수업 자료를 우리 반의 상황에 맞게, 교육과정에 맞게 조금씩 수정하여 의도한 수업 목표를 달성할 수 있도록 재구성하여 활용했습니다.

4학년 아이들과 한 《초정리 편지》 온책 읽기 수업 활동을 몇 가지 소개합니다.

(1) 삽화 보고 이야기 줄거리 상상하기
- 《초정리 편지》의 여러 삽화 중 5~6가지를 모아 순서를 섞어두고 어떤 이야기가 펼쳐질지 맘껏 상상해 보도록 했습니다. 먼저 아이들과 삽화를 자세히 함께 살펴보고 등장인물은 누구인지, 옷차림은 어떠한지, 인물끼리 어떤 관계일지, 어떤 일이 일어난 것 같은지 일단 입말로 맘껏 상상해 보도록 했습니다. 각자 생각한 이유와 증거를 바탕으로 그림의 순서를 배치해 본 뒤 줄거리를 상상해보는 수다를 짝과 떨어보도록 했어요.

  이야기를 나눈 다음 자신의 글로 정리해서 줄거리 상상하기 백일장을 열어보았습니다. 꽤 그럴 듯한 글들이 많이 나왔습니다. 원작과 가깝냐 그렇지 않느냐는 전혀 중요한 문제가 아니었습니다. 삽화를 얼마나 꼼꼼하게 살펴 이야기를 그럴 듯하게 풀어냈는가가 중요한 심사 기준이 되었습니다. 다른 친구들의 글을 돌려 읽으며 제일 그럴 듯한 글에 별점 스티커 투표를 하며 상상 글쓰기 장원을 뽑아보기도 했습니다.

(2) 책 소리 내어 읽기
- 워낙 긴 책이라 처음 몇 소주제는 수업 시간에 소리를 내어 함께 읽었습니다. 제가 실감나게 인물의 특성을 살려 능청스레 읽어주기도 했고, 아이들이 역할을 맡아 돌아가며 읽기도 하였습니다. 초반에 특히나 시간과 공을 들여 소리 내어 읽기를 하는 이유는 아이들이 초반부터 이야기를 놓치거나 인물 관계를 혼동하여 줄거리를 파악하지 못하는 일을 최대한 방지할 수 있기 때문입니다. 아이들이 이야기에 몰입하기 전부터 책 읽어오기 숙제를 내준다면 열심히 읽어오는 아이들은 읽어오겠지만 책 읽기에 흥미를 느끼지 못하는 아이들은 첫 소주제부터 읽기를 포기할 수도 있으니까요.

  어느 정도 아이들이 줄거리를 이해하면, 이후에는 아침 시간에 읽거나 집에서 읽어오는 것을 허용합니다. 각 소주제를 시작하는 수업 시간에는 10분의 여유 시간을 두어, 아직 읽지 못한 학생들이 책을 마저 읽거나 이미 읽어온 학생들은 다시 한 번 훑어보며 어떤 내용이었는지 파악하는 시간을 주었습니다.

(3) 모르는 낱말의 뜻을 추론하여 나만의 초정리편지 낱말 사전 만들기

- 4학년 국어의 문법 성취기준인 '[4국02-03] 글에서 낱말의 의미나 생략된 내용을 짐작한다.'를 온책읽기를 하는 동안 함께 다루었습니다. 《초정리 편지》에는 아이들 수준에 어려울 수 있는 조선시대를 배경으로 하는 단어들이 많이 나오기에, 모르는 단어의 뜻을 짐작하고 국어사전에서도 찾아보며 낱말 카드를 만들었습니다. 처음에는 단어 카드 하나를 만드는 데 꽤 시간이 오래 걸리지만 점차 익숙해지면 금방 만들어냅니다.

  낱말 카드는 시판되고 있는 커팅 메모지를 활용했고 좌측 상단에 펀치로 구멍을 뚫고 고리 링을 하나씩 끼워주었습니다. 낱말 카드에는 내가 짐작한 뜻, 이유, 국어사전에서 찾아본 낱말의 뜻을 찾아 적도록 했습니다.

  교과서를 활용하여 낱말의 뜻을 짐작하는 방법, 국어사전을 찾아보는 방법 등을 먼저 익힌 뒤 만들면 좋습니다. 새로운 소주제를 읽을 때마다 어려운 단어를 1개씩 찾아 낱말 카드를 만들었습니다. 책을 다 읽고 난 후에는 아이들의 낱말 카드를 다 모아 국어사전에 실리는 순으로 정리하여 링으로 묶어 낱말 사전을 완성하였습니다.

〈 초정리 편지 낱말 사전 〉

(4) 인물, 사건, 배경을 파악하며 줄거리 요약하기

- 매 수업 시간의 도입 부분에서는 인물, 사건, 배경을 파악하며 줄거리를 이해하는 것에 중점을 두었습니다. 아이들이 이야기의 흐름을 놓치지 않도록 집에서 읽어오게끔 과제로 낸 날에도 새롭게 등장한 인물이 있었는지, 핵심 사건이 어떤 것들이 있었는지를 묻고 핵심 사건들을 시간의 흐름대로 놓아보는 활동을 하였습니다. 이 활동을 통해 미처 책을 읽어오지 못한 아이들도 이야기의 큰 흐름은 따라올 수 있었습니다. 사건을 시간순으로 배열하기 활동을 할 때, 아이들의 수준에 따라 소주제의 전체 내용을 요약해보게 할 수도 있지만, 사건과 사건 사이를 비워두고 어떤 사건이 들어갈지 생각해보도록 해도 좋습니다.

(5) 한글의 우수성을 담아 외국인 친구에게 편지 쓰기

- 이야기를 읽다 보면 한글의 옛 모습도 등장하고, 백성들에게 문자가 필요한 이유도 알 수 있어서 한글의 아름다움과 소중함을 자연스레 느낄 수 있습니다. 중간중간 교과서를 활용하여 한글의 특성과 우수성을 다룬 글이나 한글이 만들어진 과정과 까닭과 관련된 글도 함께 읽고 영상도 찾아보면서 배경 지식을 보충했습니다.
  적용 과제로 한글이 소중한 이유를 외국인 친구에게 소개하는 편지글 쓰기를 통해 한글에 대한 아이들의 사랑을 확인하였습니다. 외국인 친구들 입장에서는 한글이 우수한 이유를 알지 못하니, 여러분이 잘 설명해 주어야 이 친구들이 이해할 수 있다는 식으로 이야기하니 자연스럽게 동기유발이 되었습니다. 한글이 소중한 이유를 소개할 때에는 그동안 배운 한글의 아름다움, 한글의 우수성, 한글이 만들어진 과정과 까닭 등을 담아보라고 했습니다.

아이들의 편지 중 일부를 소개합니다.

"한글은 우리나라가 소중히 지켜온 글자야. 우리나라 글자는 쉬워서 금방 익힐 수 있고 소리 나는 대로 금방 써낼 수 있는 음소문자란다. 적은 수의 문자로 많은 소리를 적을 수 있어."

"한글은 쓰기 편하고 24글자만 있어. 배우기에 끝도 없이 많은 한자와 비교해보면 한글이 얼마나 쉬운지 알 수 있지. 천, 지, 인 모음을 만들었고, 자음은 발음기관을 이용하고 획을 더해서 만들어서 과학적이지."

"위대한 세종대왕님이 한글, 훈민정음을 만드셨어. 백성이 한글도 모르고 중국 글자를 빌려서 쓰는 게 안타까워서 사랑의 마음을 담아 한글을 만들었지. 덕분에 일반 백성들의 어려움이 많이 줄어들었대."

"발음기관을 본떠 만든 자음 14글자와 모음 10글자, 즉 24글자로 8,800개의 소리를 낼 수 있어. 영어는 한 글자가 여러 가지로 소리가 나서 헷갈리지 않아? 한글은 하나의 소리만 나서 원하는 대로 받아 적기도 편해."

"요즘은 다른 나라 사람들도 한글 배워. 다른 사람들도 한글을 인정했다는 뜻이야. 우리는 타자도 쉽고 빠르게 치고 고치기도 쉬워서 인터넷이 잘 발달했어."

(6) 판본체 쓰기로 서예 체험하기

- 《초정리 편지》 속에는 판본체가 등장하기도 해서, 샛길 활동으로 서예를 체험해보는 시간을 가졌습니다. 서예의 기본 용구와 사용 방법을 익힌 후, 한글의 아름다움에 집중하여 정성스럽게 예쁜 글씨를 써보는 경험을 했답니다. 컴퓨터나 스마트폰에 익숙한 요즘 세대들은 공책에다가도 글씨 자체를 예쁘게 정성 들여 쓰는 경험을 해보지 않은 경우가 많잖아요? 한 글자를 쓰더라도 정성을 담아 하나의 작품을 만들어보는 서예 경험이 참 귀했습니다.

(7) 뒷이야기 상상해서 쓰기

- 중반 정도 이야기를 읽고 난 뒤에는 뒷이야기 상상해서 쓰기를 했습니다. 뒷이야기를 상상해서 쓸 때에는 지금까지의 이야기 흐름에 맞게, 인물의 성격과 배경에 맞게 쓸 것을 강조했습니다. 상상해서 글쓰기를 할 때

자유롭게 쓰도록 열어두면 재미에만 치우쳐 자극적인 소재를 등장시켜 그 어떤 이야기도 막장 드라마 같은 이야기로 만들어버리는 경우를 종종 보았습니다. 이를 방지하기 위해 쓰기 전에 어떻게 쓴 글이 좋은 글일지 기준을 먼저 이야기해 나누면 아이들이 그 기준에 맞추어 쓰려고 최대한 노력하기 때문에 성취기준에서 벗어나지 않는 글쓰기가 진행될 수 있습니다.

이어서 아이들이 다른 아이들의 글을 보며 배울 수 있게끔 상호 평가 시간을 가집니다. 먼저 쓴 아이들은 자신의 글을 앞에 제출하고, 다른 친구들의 글을 가져다 바꿔 읽으며 상호 평가 기준에 맞게 포스트잇 심사평도 써주고, 글의 재미있는 점을 칭찬하기도 합니다.

(8) 한글의 아름다움을 살린 디자이너와 디자이너 작품 조사하기

- 온책 읽기를 진행하는 동시에 수학 시간에는 도형의 밀기, 돌리기, 뒤집기를 익히고 있었습니다. 다 익힐 때 쯤, 한글 자모를 이용한 밀기, 돌리기, 뒤집기로 한글의 우수성과 아름다움을 드러내는 스텐실 작품을 만들 예정입니다.

'[4미03-01] 다양한 분야의 미술 작품과 미술가들에 관심을 가질 수 있다.' 성취기준을 다루고, 아이들의 작품 디자인에 도움이 될만한 참고 작품을 미리 수집할 수 있도록 다양한 한글 미술 작품들과 디자이너에 대해 조사해보는 활동을 진행했습니다. 이상봉 디자이너, 손민정 디자이너, 이건만 디자이너, 히읗 등 찾아보면 한글의 멋을 재발견하고 한글의 우수성과 아름다움을 알리기 위해 노력한 미술가들과 미술 작품들이 정말 많습니다. 아이들도 자신이 찾은 작품을 다른 친구들과 공유하면서 어떻게 나만의 디자인을 할지 고민해 보았습니다.

(9) 한글 자모의 밀기, 돌리기, 뒤집기를 활용하여 한글의 우수성과 아름다움을 알리는 스텐실 작품 만들기

- 너무 복잡하게 디자인을 하면 스텐실 작품을 찍는 과정에서 어려움이 발생할 수 있어, 간단하지만 아름다운 모양으로 구상하도록 했습니다. 이 과정에서도 아이들의 작품을 봐주며 피드백해주는 과정이 꼭 필요합니다. 디자인을 구상하고 난 뒤에는 어떤 한글 자모를 밀기, 돌리기, 뒤집기를

했는지 서술하여 학생들이 '[4수02-04]구체물이나 평면도형의 밀기, 뒤집기, 돌리기 활동을 통하여 그 변화를 이해한다.'라는 성취기준을 잘 달성했는지 평가하였습니다.

　도안 구상이 완성된 후에는 스텐실 찍는 방법에 대해 익혔습니다. 스텐실은 같은 도안을 두 번 이상 찍어야 하는 경우는 OHP 필름에 네임펜으로 그리게 했고, 한 번만 찍으면 되는 경우에는 라벨지를 이용하게 했습니다. 가위로 도안을 오린 후, 무지 필통에 염색 물감으로 찍어서 한글 디자인 작품을 완성했습니다.

(10) 한글의 우수성과 아름다움을 알리는 작품 경매하기

- 완성한 작품은 물감이 마를 때까지 전시해 두었다가 경매 활동을 함께 진행하였습니다. 작품 경매할 때에는 자신의 작품에 한글의 아름다움을 어떻게 나타내려고 했는지, 어떤 한글 자모의 밀기, 돌리기, 뒤집기를 적용하여 작품을 제작했는지를 중점으로 작품을 소개하도록 하였습니다. 경매 활동 후에는 두 학생 모두가 만족한다면 서로 작품을 바꿔서 가져가도 좋고, 다시 제작한 사람이 가져가도 좋다고 했습니다. 대부분 학생들이 자신의 작품에 대한 애착이 있어서 그런지 자신의 작품을 가져갔습니다.

　이렇게 한 달에 거친 《초정리 편지》 온책 읽기가 끝이 났습니다. 물론 텍스트를 읽고 이해하는 것도 중요하지만, 그것과 연계한 교육과정을 함께 배우면서 공부할 수 있어서 더 작품을 깊이 있게 이해할 수 있었습니다.

〈 한글 작품 〉

〈 한글 아름다움 경매 〉

기억에 남는 수업 장면 Talk

　낱말사전 만들기 활동을 사실 아이들이 조금은 지루해하지 않을까 우려가 되었습니다. 모르는 단어를 찾아 뜻을 짐작하고 국어사전에서 뜻을 찾아보는 활동을 반복적으로 하니 말입니다. 때로는 아이들의 반응이 교사의 예상과 빗나갈 때가 있습니다. 아이들이 힘들어 할까 소주제마다 1개씩만 만들어보라고 했는데 몇몇 학생들은 스스로 만든 낱말사전이 뿌듯했는지 여러 개를 만들어 내면서 성취감과 재미를 느끼더군요. 국어사전 순서대로 단어를 정리한 뒤에는 구멍을 뚫어 링으로 연결을 해주었는데 완성본을 보며 즐거워하는 모습을 보였습니다.
　긴 글이라 아이들이 잘 읽을 수 있을지 고민도 많이 된 것이 사실입니다. 걱정과는 별개로 아이들이 글을 읽는 즐거움을 알고 끈기 있게 읽었습니다. 몇몇 아이들에게는 그 분량과 내용이 벅찼을 것입니다. 그렇지만 수업 시간마다 진행한 이야기 간추리기 활동이 미처 읽어오지 못한 아이들도 줄거리를 놓치지 않고 따라올 수 있게 한 계기가 되었습니다.

수업을 닫으며

　대략적인 수업의 흐름만 갖고 수업 전에 구체화하면서 수업을 진행했는데, 이렇게 아이들의 반응을 살피면서 수업을 진행하는 것이 참 의미 있는 일이라는 것을 새삼 느끼게 되었습니다. 아이들이 흥미를 느끼는 활동을 더 넣기도 하고, 어려움을 느끼는 부분에 더 머무르기도 하면서 아이들과 호흡하는 수업을 할 수 있었습니다. 이렇게 수업을 계획하고 실행해 나가면서 그때의 상황을 반영해 나가는 예술성을 발휘하는 일, 그것이 수업 디자이너가 해야 하는 일이 아닌가 싶습니다.

8. '꿈'을 길어올리는 십일십이월

다양한 진로 가치 살피기

핵심 키워드 #진로가치 #직업편견 #직업고정관념

성취기준
E Ⅱ 2.3.1 직업에 대해 떠오르는 생각을 통해 자신이 지닌 고정관념이나 편견이 무엇인지 설명할 수 있다.
[4국02-05] 읽기 경험과 느낌을 다른 사람과 나누는 태도를 지닌다.
[4국02-02] 글의 유형을 고려하여 대강의 내용을 간추린다.
[4국05-02] 인물, 사건, 배경에 주목하며 작품을 이해한다.

수업 주제 《행복한 청소부》를 읽으며 일과 직업에 대한 편견을 점검하고, 나의 진로가치 파악하기

활용 그림책 모니카 페트, 《행복한 청소부》, 풀빛

그림책 소개 주인공 아저씨는 독일에서 표지판 닦는 일을 합니다. 자신의 일을 사랑하고 일을 하면서 행복함을 느낍니다. 그러던 어느 날, 한 아이와

엄마의 대화를 듣고 그동안 닦아온 표지판에 적힌 거리의 이름이 독일의 유명한 작가, 음악가의 이름에서 따온 것이라는 것을 깨닫습니다. 그동안 자신이 무지했다는 사실에 충격을 받고 아저씨는 자신이 닦아온 표지판과 관련된 작가와 음악가들을 알기 위해 열심히 공부합니다. 청소를 할 때도 음악가의 노래를 부르고 작가의 글을 외우다보니, 어느 순간 아저씨의 강의를 듣기 위해 관객들이 모여듭니다. 방송 취재도 오고, 교수 제의도 받게 되지요. 여러분이라면 청소부 일을 그만두고 교수직을 선택할 것인가요, 아니면 청소부 일을 계속할 것인가요? 청소부 아저씨는 과연 어떤 선택을 하게 될까요?

수업 디자인 Talk

《행복한 청소부》는 직업 고정 관념과 직업 가치와 관련된 이야기를 나누기 좋은 그림책입니다. 이 책은 글밥이 꽤 있는 편이라 아이들과 이야기를 나누며 읽다 보면 책을 끝까지 읽는 데에만 1시간이 훌쩍 넘게 걸립니다. 하지만 아이들의 다양한 생각을 들을 수 있어서 시간이 어떻게 가는지도 모를 만큼 의미있는 책입니다. 일반화할 수 없지만 학년에 따라 이 책을 읽어줄 때의 반응이 참 달랐습니다. '내가 하고 싶은 일을 하면서 살아가는 게 진짜 행복한 삶이다.'라는 의견과 '돈과 명예를 갖게 되면 사람은 행복해진다.'라는 의견이 꽤 팽팽하게 맞섰습니다. 고학년이 될수록 후자의 의견을 강하게 드러내는 아이들이 많습니다.

처음 이 책을 6학년 아이들에게 읽어주었을 때, 교실의 여론은 돈만 많이 벌면 어떤 직업이든 괜찮다는 의견이 강했습니다. 교직 생활 3년

차던 저는 '돈이 최고다!' 여기는 배금주의에 물든 사회가 교실에서도 보이는 것 같아 속상한 마음이 들고 아이들의 반응에 당황스러웠습니다. 결국 돈보다 중요한 가치가 세상에는 많다는 것을 설교하는 것으로 성급히 수업을 마무리해버렸습니다. 하지만 아이들은 설득당하지 않은 듯한 묘한 표정을 지었습니다.

지금 그 수업을 돌이켜보면 이 책을 통해 아이들에게 어떤 경험과 배움을 주고 싶었는지에 대한 고민이 부족하지 않았나 싶습니다. 저는 무조건 한 가치가 최고라 여기는 생각에 질문을 던져주고 싶었던 것 같습니다. 아이들이 추구하는 가치를 존중하면서 특정 가치만 추구하고 살아간다면 어떻게 될지 상상하게 했다면 아이들이 조금 다른 표정을 지었을까요? 하나의 가치만 지나치게 추구하며 살아가는 삶에 대해 성찰하는 기회를 줬으면 좋았겠다는 아쉬움이 드는 수업이었습니다.

이후 이루어진 수업에서는 제가 수업을 통해서 아이들과 나누고 싶은 이야기를 명확히 하고 책을 읽어주었습니다. 사람들은 각자 다양한 진로 가치를 추구하고 선택한 가치에 따라 자신의 삶을 살아갑니다. 그 다양성을 존중하는 것이 중요하다는 것과 단 하나의 가치만을 지나치게 추구하다 보면 그 과정에서 잃을 수 있는 것들이 많음을 아이들에게 전해주고 싶었습니다. 상황에 따라 나의 선택이 달라질 수 있고, 또 삶을 살아가다 보면 내가 추구한 가치가 자연스럽게 바뀔 수도 있으니 유연한 태도를 갖고 삶을 살아가야 함을 아이들이 깨달았으면 하는 마음이었습니다.

이 마음으로 4학년 아이들과 《행복한 청소부》를 읽고 한 온책 수업 활동을 소개합니다.

(1) 질문을 주고받으며 책 내용 이해하기

- 글밥이 많고 독일을 배경으로 한 책이라 인물 이름도 낯설어서 책을 찬찬히 읽고 내용을 이해하는 데에 충분한 시간을 할애하였습니다. '청소부의 표정은 어떤가요?', '청소부는 주로 어떤 일을 하나요?', '여러분이라면 교수 제의를 받아들일 건가요?', '여러분도 좋아하는 것을 깊이 공부해 본 경험이 있나요?' 등 가벼운 사실 질문부터 내 삶에 적용하여 생각해 볼 수 있는 묵직한 생각 질문까지 여러 질문을 던지며 아이들의 몰입을 도왔습니다.

(2) 인물, 사건, 배경에 주목해서 줄거리 요약하기

- 온책 읽기를 할 때 진도의 압박을 내려놓기 위해서는 성취기준 중심의 교육과정 재구성이 필요합니다. 4학년 국어과 성취기준 '[4국02-02] 글의 유형을 고려하여 대강의 내용을 간추린다.', '[4국05-02]인물, 사건, 배경에 주목하며 작품을 이해한다.'를 활용해 수업을 디자인했습니다. 이 책은 배경의 변화가 이야기의 흐름에 큰 역할을 하는 책은 아니어서, 배경은 간단히 시간적 배경과 공간적 배경을 짚어주는 정도로 넘어갔습니다. 이어 교사가 미리 인쇄해 둔 책 속 삽화를 살펴보며 핵심 사건을 떠올려보았습니다. 그리고 삽화를 시간 순서대로 배열해보며 사건이 일어난 차례를 되짚어보았습니다. 마지막으로는 배열한 삽화에 따라 사건을 정리하면서 자연스럽게 이야기를 요약하였습니다.

(3) 인물에 주목해서 인물이 추구하는 진로 가치 파악하기

- 이 책은 '인물'에 초점을 두어 읽으면 더욱 이야깃거리가 풍성해집니다. 진로 고정관념이나 진로가치에 초점을 두고자 선택한 책이었으므로, 주인공인 아저씨의 말과 행동에 주목하여 인물의 성격과 추구하는 진로 가치를 파악해보았습니다. 아이들에게 추상적이고 어려울 수 있는 '진로 가치'라는 개념을 어떻게 설명해야 할지 고민이 되었는데, 아이들이 평소에 하고 있는 미덕 활동과 연계하여 다음과 같이 설명하니 쉽게 이해했습니다.

'우리가 삶을 살아가다 보면 중요한 선택을 해야 하는 순간이 옵니다. 어떤 학교를 갈지, 전공은 무엇으로 할지, 어떤 직업을 가질지 다양한 선택을 해야 합니다. 책 속 청소부 아저씨도 직업을 처음 정할 때, 교수 자리를 제안받았을 때 여러 고민을 했겠지요. 이것처럼 삶의 중요한 선택을 해야할 때, 그 선택에 영향을 주는 가치가 바로 '진로 가치'입니다. 가치라는 말이 너무 어려우면 미덕으로 바꾸어서 생각해 볼 수도 있어요. 나에게 중요한 미덕은 무엇인가요? 그 미덕이 여러분이 중요한 선택을 할 때에 영향을 주는 진로 가치입니다.'

아이들은 주인공의 진로 가치를 다음과 같이 찾았습니다.

"청소부 아저씨가 중요하게 생각하는 미덕은 '행복'입니다. 자기가 하는 일이 행복하다고 느껴서 끝까지 청소부 일을 했기 때문입니다."
"청소부 아저씨는 '끈기'를 소중하게 생각합니다. 모르는 것을 끝까지 공부해서 알게 되었기 때문입니다."
"청소부 아저씨에게는 '청결'이 중요하지 않을까요. 청소부라는 직업은 거리를 깨끗하게 해주는 직업이니까요."

(4) 인물이 추구하는 가치를 바꾸어 '만약에' 역할극하기

• 이야기의 줄거리는 인물의 성격에 따라 달라질 수 있습니다. 모둠별로 아저씨가 지금과는 다른 진로 가치를 추구한다고 가정하고 뒷 이야기를 상상해 보고, 역할극으로 표현했습니다.

'만약 청소부 아저씨가 돈을 중요하게 생각했다면?', '만약 청소부 아저씨가 명예를 중요하게 생각했다면?', '만약 청소부 아저씨가 도전을 중요하게 생각했다면?'의 상황 중에서 선택해 뒷이야기를 생각하게 하였습니다.

"만약 청소부 아저씨가 '돈이 최고야!'라고 생각한다면, 이야기가 어떻게 되었을까?"

"길거리에서 강의 듣는 사람들한테 입장료를 받아요!"
"유명해지면 돈을 더 많이 벌 수 있으니까 인터뷰를 적극적으로 할 것 같아요."
"청소부 일을 그만두지 않을까요? 돈을 더 벌 수 있는 직업을 선택해요."

활동지에는 상황, 추구하는 가치, 역할, 첫 대사를 제시해 주었습니다. 나머지 구체적인 대사는 아이들이 상상하여 발표하였습니다.

〈 활동 예시 〉

[상황] 행복한 청소부가 아침 일찍 강연을 기다리는 사람들과 마주친 상황
[추구하는 가치] 돈
[역할] 청소부, 강연을 듣는 사람들
강연 듣는 사람 1 : 청소부님, 기다리고 있었어요! 얼른 강연 좀 해주세요.

[아이들이 쓴 대본]
청소부 : 오늘부터는 돈을 내셔야 제 강연을 들을 수 있어요.
강연 듣는 사람 2 : 네? 갑자기 왜요?
청소부 : 저에게는 돈이 중요하니까요. 어서 강연료를 내세요.

[상황] 행복한 청소부가 교수가 되어달라는 편지를 받은 상황
[추구하는 가치] 도전
[역할] 교수, 청소부
교수 : 어떤 청소부님의 길거리 강연이 그렇게 유명하다던데. 우리 대학으로 모시고 싶구만. 편지를 써볼까.

[아이들이 쓴 대본]
청소부 : (편지를 읽고 나서) 정말 재미있겠어. 교수가 되면 새로운 곳에서 또 다른 일을 하게 되겠지. 교수가 되겠다고 답장을 써야지.

(5) 비경쟁 독서 토론하기

- 내가 청소부라면 교수가 될 것이다.'를 주제로 비경쟁 토론을 하였습니다. 찬반으로 나누어 승패를 가르는 토론보다는 사람마다 중요하게 생각하는 가치가 다를 수 있다는 것을 이해하는 것에 초점을 두고자 했습니다. 대형도 찬반이 마주 보는 대형으로 앉는 것이 아니라 회전목마대형으로 배치하여 다양한 친구들을 만나 의견과 질문을 주고받을 수 있게 하였습니다.

  반론을 들었을 때는 상대방의 의견 중에서 인정할 만한 점을 찾은 뒤 내 생각을 덧붙여서 말할 수 있도록 했습니다. 아이들이 대화를 진행할수록 다른 친구의 생각을 이해하려고 노력하는 모습을 보여 기특했습니다.

(6) 직업에 대한 편견 점검하고 올바른 생각으로 바꾸기

- 《행복한 청소부》에는 사람들의 고정 관념이 깨지는 부분을 이렇게 묘사하고 있습니다.

  '그들의 고정 관념은 수채통으로 들어가, 타버린 종이 조각처럼 산산이 부서졌어.'

  이 부분을 읽어주면 아이들도 통쾌한 표정을 짓습니다. 고정 관념은 우리도 모르게 우리를 단단히 옭아매는 어른이고 아이고 벗어나고 싶은 굴레 같은 것인가 봅니다.

- 《행복한 청소부》를 읽으며 책 속의 어른들이 갖고 있는 고정 관념을 먼저 찾아봅니다. 청소부는 시와 음악을 모를 것이라는 고정 관념, 청소부는 공부와 어울리지 않다고 생각하는 고정 관념, 청소부가 강연을 하는 것은 낯설다는 고정 관념 등 다양한 고정 관념을 아이들이 찾아냅니다.

- 다음으로 우리가 가지고 있는 고정 관념을 점검해 봅니다. 빈 종이에 교사가 들려주는 직업명을 듣고 떠오르는 직업인의 모습을 그림으로 그려봅니다.* 교사가 간호사, 버스 운전기사, 경찰관, 선생님 등 아이들이 쉽게 떠올릴 수 있는 직업을 불러주면 아이들은 그 일을 하고 있는 사람의 모습을 그림으로 그립니다.

그림을 그린 뒤에는 함께 살펴보며 그 안에 숨겨진 고정 관념을 찾아봅니다. 아이들의 그림을 보면 특정 성별에 치우쳐져 있거나 비장애인의 모습만 그려져 있는 등 우리의 고정 관념이 숨겨진 부분을 찾을 수 있습니다. 나에게도 고정 관념이 있음을 생각해 보고 편견을 걷어내고 마음을 열도록 도와주는 활동입니다.

- 이어 고정 관념을 올바른 생각으로 바꿔보는 활동을 합니다.** '무슨 일을 하든 돈을 많이 버는 것이 최고다.', '컴퓨터 게임을 좋아하니 매일 컴퓨터 게임만 해서 프로게이머가 되면 된다.', '부모님이 돈이 많으면 굳이 일하지 않아도 된다.' 등 아이들이 흔히 쉽게 빠질 수 있는 고정 관념 중 몇 가지를 골라 올바른 생각으로 바꾸어 써보게 합니다. 이 활동은 교사가 개입하여 가르침을 주기보다는 모둠 친구들과 이야기를 나눠보며 이 생각이 잘못된 이유를 스스로 깨닫게 하는 편이 좋습니다. 자칫 교사가 개입할 경우, 잔소리로 들릴 수 있기 때문입니다. 끝까지 고정 관념을 깨지 못하는 아이들도 있는데 그런 경우에는 아이의 현재 생각을 인정해주고 성찰해 볼 수 있는 질문을 던져주면 좋습니다.

- '인생에서 돈만 추구하면 어떻게 될까?', '컴퓨터 게임만 매일 하면 정말 프로게이머가 될 수 있을까?', '직업을 갖는 이유가 돈에만 있을까?' 등의 질문을 던져봅니다. 이에 대한 답을 찾는 것은 이제 그 아이의 몫으로 남겨둡니다.

(7) 진로 고정관념을 극복한 위대한 인물 조사하여 발표하기

- 진로 고정관념을 극복한 롤모델을 조사해 발표하는 시간을 가졌습니다. 시판하고 있는 롤모델 진로카드를 모둠별로 여러 장씩 나눠준 뒤, 아이들이 원하는 사람의 카드를 살펴보게 하였습니다. 그 중 한 인물을 정해 어떤 진로 고정관념을 극복했는지, 어떻게 극복했는지 찾아 정리하게끔 했습니다. 모둠 안에서 발표하고 공유해보는 정도로 마무리 했습니다.

* 커리어넷의 '초등학교 블렌디드 진로수업 15~16차시'에서 아이디어를 참고하여 진행하였습니다.
** 커리어넷의 'SCEP 창의적 진로 개발(초등학교-학생용) 삐뚤어진 생각은 버리고, 새롭게 만들어요'를 참고하여 진행하였습니다.

기억에 남는 수업 장면 Talk

　교사가 어디에 초점을 두고 수업을 진행하는가에 따라 수업의 결이 달라짐을 느낀 수업이었습니다. 과거 아이들의 반응이 올해 아이들과의 수업에 영향을 미치기도 하고, 과거 실패한 수업의 경험이 올해 수업을 더 성장시켜주기도 합니다. 아이들의 생각을 설득해 바꾸어 보겠다고 생각한 수업과 아이들 생각을 인정하고 스스로 정답을 찾게 한 수업의 분위기 역시 참 달랐습니다. 교사가 아이들의 반응을 전부 다 예상할 수 없고, 성공적인 수업만 항상 할 수는 없지만 수업 경험을 통해서 교사도 조금씩 더 성장해갑니다. 아이들이 선생님의 스승이 되는 순간이 이런 순간이 아닐까 싶습니다.
　이 수업을 한 4학년 아이들은 승부욕이 강해서 토론만 하면 활활 불타오릅니다. 이겨보겠다는 마음으로 상대방의 의견을 날카롭게 반박합니다. 이번 토론은 비경쟁 토론임을 안내하고 활동의 목적이 다름을 인지시키기 위해 아이들에게 이렇게 말합니다.

"이번 토론은 이기는 게 목적이 아닙니다. 친구들은 무엇을 중요하게 생각하고 있는지 그 생각 자체를 소중하게 여겨주세요. 친구가 미처 생각하지 못하는 점이 있다면 존중하는 말투로 말해주세요. 친구 생각 중에서 타당한 점이 있다면 받아들여주세요. 끝까지 내 생각이 옳다는 생각을 갖고 다른 친구들의 생각을 듣지 않는 사람과 여러 사람의 의견을 귀 기울여 듣고 내 생각을 유연하게 바꾸는 사람 중에서 어떤 사람이 현명한 사람일지 스스로 판단해보세요."

수업을 닫으며

　인생의 갈림길에서의 선택은 누군가 대신 해주지 못합니다. 선택을 하면 책임은 온전히 나의 몫입니다. 그래서 각자의 주관이 중요합니다. 그 주관이 협소한 것이 아니었으면 좋겠습니다. 부모님, 선생님, 친구들의 조언, 책 속의 조언도 들어가며 여러 가지를 보고 체험하고 느끼고 생각한 것을 바탕으로 갖게 된 주관이면 좋겠습니다. 아이들이 미디어를 통해 보여지는 단편적인 것들만 보고 인생의 중요한 선택을 하지 않으면 좋겠습니다.

선택의 갈림길에서 현명한 선택하기

핵심 키워드 #현명한선택 #의사결정 #조언 #또래상담 #꿈

관련 성취기준
EⅣ 1.1.1 일상생활에서 의사결정이 필요한 상황을 알아본다.
EⅣ 1.1.2 여러 가지 의사결정 방식과 특성을 이해할 수 있다.
EⅣ 1.2.1 일상의 여러 문제에 대해서 스스로 의사결정을 내릴 수 있다.

수업 주제 여러 가지 의사결정 방식과 특성을 알고, 선택 관련 고민에 의사결정 내리기

활용 그림책 고미 타로, 《이럴 때 너라면》, 천개의 바람

책 소개 우리 삶 속에는 많은 선택의 순간이 있습니다. 무엇을 먹을까, 무엇을 입을까, 무엇을 하고 놀까, 누구랑 놀까 등 어른뿐만 아니라 어린이들도 선택을 하며 살아갑니다. 어떤 선택은 단순하지만 어떤 선택은 참 어렵습니다.

이럴 때 나만의 기준과 이유를 갖고 선택해보는 연습이 필요합니다. 《이럴 때 너라면》에서는 다양한 선택 상황을 보여줍니다. 그리고 독자들의 의견을 묻습니다. 아이들에게 이 책을 읽어주면 재잘재잘 쉴새 없이 자기 선택에 대해 이야기하는 모습을 보게 될 겁니다. 아이들의 기상천외하고 통통 튀는 선택을 듣고 싶을 때 읽어주면 좋은 책입니다.

수업 디자인 Talk

밸런스 게임이 유행한 적이 있습니다. 저도 몇 번 도전했다가 중간에 포기한 적이 있습니다. 무엇 하나 선택하기도 포기하기도 어려운 두 상황을 제시해놓고 나의 선택을 기다리는 게임이라네요. 선택을 끝마치지 못하면 끝이 나지 않는 이 게임을 하다 보면 내가 왜 이 괴로운 것을 하고 있는지 자괴감이 올라올 때가 있습니다. 그럼에도 불구하고 밸런스 게임이 사랑받는 이유는 무엇일까요. 내가 어떤 선택을 하는지를 살펴보면서 나의 진정한 모습을 발견하게 되기 때문은 아닐까요. 선택을 통해서 우리는 나 자신을 잘 알게 되기도 합니다. 현실 속 선택의 무게는 무겁지만 게임을 통한 가벼운 선택은 나를 알아가는 소소한 즐거움이 될 수 있는 것이지요.

우리의 삶은 선택의 연속이라는 말이 있습니다. '오늘 저녁 무엇을 먹을까?'처럼 간단한 선택도 있지만 '나는 어떤 일을 하면서 살아야 할까?'라는 묵직한 고민까지 살아가며 마주하는 선택 상황은 다양합니다. 아이들 역시 수많은 선택 상황을 만나고 있고, 미래에도 수없이 많은 선택을 하며 살아갈 것입니다. 아이들이 주체적으로 자기 삶을 결정하고 꾸려가기 위해서는 학교에서도 아이들에게 의사결정 기회를 제시하고 자기 선택에 책임을 질 수 있는 기회를 제공해야 합니다. 의사결정 실전편에 첫 발을 들이기 전, 아이들에게 현명한 선택을 하는 방법을 학교에서 가르쳐주면 좋겠지요.

'선택'에 관한 이야기를 나누기 위해 《이럴 때 너라면》이라는 그림책을 활용했습니다. 두 가지 선택지를 놓고 어떤 것이 좋은지 묻는 단순한 그림책인데 아이들이 자신의 선택과 그 이유에 대해 끊임없이 생각해볼 수 있습니다. 책 대화를 나누는 과정에서 나의 선택과 친구의 선택이 다를 수 있음을 인지하고, 중요하다고 생각하는 것이 다르기 때문에 서로 다른 결정을 내릴 수 있다는 결론까지도 아이들이 충분히 내릴 수 있습니다.

이 책을 읽은 뒤에 4학년 학생들과 한 활동을 소개하겠습니다.

(1) 《이럴 때 너라면》을 읽으며, 다양한 선택 상황과 현명한 선택 방법 나누기

- 그림책 내용과 나의 선택에 대해서 아이들과 실컷 수다를 떤 뒤, 그림책에서처럼 내가 일상생활 속에서 고민한 선택의 문제는 없었는지 떠올립니다. '피구할 때 누구를 팀원으로 고를까?', '5분 더 잘까, 지금 일어날까?', '키 작다고 놀리는 친구를 어떻게 하면 좋을까?' 등 아이들 삶과 관련한 고민이 많이 나왔습니다. 이어서 이럴 때 어떻게 선택을 하는지 아이들만의 방법을 물어보았습니다. '곰곰이 생각해본다.', '현재와 미래를 상상해보고 결정한다.', '조언을 들어보고 결정한다.' 등 어른들도 고민 해결을 위해 활용하는 방법들이 아이들 입에서 쏙쏙 나왔습니다.

〈 고민 게시판 〉

(2) 나의 선택과 관련한 고민 나누고 고민 상담하기

- 다양한 의사결정 방법이 있지만 그 중에서 '조언'을 활용해 결정하는 방법과 '의사결정단계'를 활용하여 결정하는 방법을 수업 속에서 다루고 싶었습니다. 당시 우리 반에는 고민 게시판이 있었는데 그 속에 이런저런 이야기들이 쌓여가고 있었거든요. 아이들이 부모님, 선생님, 친구라는 인적 자원을 활용하여 고민을 해결해보게 하였습니다.

아이들이 가진 고민을 다른 친구들이 또래 상담사가 되어 상담해보는 활동을 운영하였습니다. 아이들이 붙인 고민 쪽지를 교사가 미리 살펴보고 몇 가지를 선정해 두었습니다. 아이들의 고민은 이런 것들이 있었습니다.

'키가 작아서 놀리는 친구가 있는데 세게 표현해야 할까? 아니면 부드럽게 표현해야 할까?'
'축구 훈련을 다니고 있는데 다른 운동도 시도해볼까?'
'모델을 해야 할까, 댄서를 할까?'
'디자이너가 꿈인데 학원 때문에 지쳐서 미술 학원에 다니지 못하는데 어떻게 할까?'

수업 흐름 상, 고민 당사자가 자신을 드러내야 했기 때문에, 수업 전 고민 당사자들에게 고민을 공개하고 조언을 들어도 될지 양해를 구했습니다. 그리고 고민 당사자들이 한 모둠에 한 명씩 배치될 수 있도록 자리를 조정했습니다. 고민 당사자들은 자신의 고민에 대해 친구들에게 자세히 들려주었습니다. 친구들의 추가 질문에 고민 쪽지에서 알 수 없던 깊은 이야기를 나누었습니다. 사실 고민이라는 것이 누군가 시간과 마음을 들여 들어주는 것만으로도 사르르 해결이 되어 버리는 경우가 있습니다. 이 수업에서도 그런 모습이 보였습니다. 이어서 꼬마 상담사들은 고민을 진지하게 경청하고 고민 해결 쪽지를 써서 붙여 주었습니다. 아이들 고민의 무게가 생각보다 무거웠고, 온 마음을 다해 서로 응원하고 상담해주는 모습이 아름다웠습니다.

'조언'을 활용해 의사결정을 내리는 것이 이 수업의 목적이어서, 고민 당사자들은 고민 상담 쪽지를 읽어보고 의사결정을 내려보았습니다. 하지만 의사결정을 지금 내리라고 강요하지는 않았습니다. 친구들이 이런 조언 쪽지를 주었고 나에게 이런 쪽지가 도움이 되었다 정도로만 발표해보았습니다. 자칫 조언만 듣다가 결정을 못내리는 것을 방지하기 위해서, 조언을 구한 뒤 결정은 나 스스로 해야 한다는 것 역시 강조하였습니다.

(3) 현명한 의사결정단계 익히기

- 이어서 의사결정단계*에 대해 지도했습니다. 문제 확인하기 – 해결방안 떠올리기 – 평가 기준 정하기 – 해결방안 선택하기 – 실천하기로 이어지는 의사결정단계를 익혀보고, 보다 묵직한 고민에 적용해보았습니다. 한 가지 고민 예시를 가지고 각 단계별로 어떻게 적용하면 되는지 살펴보고 각자의 고민에 맞게 적용해 보았습니다.

'키가 작아서 놀리는 친구가 있는데 세게 표현해야 할까? 아니면 부드럽게 표현해야 할까?'라는 고민을 예시로 들었습니다.

문제 확인하기	키가 작다고 놀리는 친구에게 마음을 표현하는 세기에 대한 고민
해결 방안 떠올리기	1. 강하게 표현한다. 2. 부드럽게 표현한다.
평가기준 정하기	1. 친구와의 관계 2. 나의 괴로움 어떤 기준이 나에게 더 중요할까? ➔ 괴롭지 않은 것이 더 중요하다.
해결방안 선택하기	평가기준으로 해결방안을 살펴봄 ➔ '강하게 표현하기'로 결정을 내림
실천하기	결정한 내용을 바탕으로 실제로 실천하기

(4) 현명한 의사결정 방법을 적용하여 꿈 동아리를 조직하고 운영하기

- 학습한 의사결정을 실제 상황에 적용해볼 수 있는 장치를 마련했습니다. 아이들에게 '나의 적성, 흥미와 관련 있는 꿈 동아리를 운영해야 한다.'라는 상황을 제시하고 의사결정을 통해 '꿈 동아리'를 조직하고 운영하는 과제를 주었습니다. 아이들이 의사결정 과정을 거쳐 자신과 맞는 부서를 조직하고 활동 계획을 수립하였습니다.

(5) 꿈 동아리 발표회하기

- 우리 반에는 '수학놀이', '공예', '만화 그리기' 동아리가 조직되었습니다. 동아리 활동 결과물을 포트폴리오로 잘 관리하라고 당부했습니다. 동아리 마지막 시간에는 그동안의 산출물들을 전시하고 동아리 회장이 어떤 활동을 했는지 발표하는 시간을 가졌습니다. 서로 질의응답도 나누고 칭찬 쪽지도 붙여보았습니다.

* 의사결정단계는 커리어넷의 'SCEP 창의적 진료 개발(초등학교 – 학생용)'의 합리적인 의사결정단계를 바탕으로 진행하였다.

기억에 남는 수업 장면 Talk

'디자이너가 꿈인데 학원 때문에 몸이 지쳐서 미술 학원을 갈 수 없다.'는 고민을 적어낸 아이가 있었습니다. 교사도 선뜻 무어라 조언해야 할지 고민이 되는데 꼬마 상담사들도 어렵겠다 싶었습니다. 고민 상담을 끝내고 아이가 상담을 받은 소감을 발표하는데 '그냥 내 이야기를 친구들이 진지하게 들어주니까 마음이 따뜻해졌다.'는 이야기를 해주었습니다. 그리고 이 아이의 고민은 또래 상담사들이 제안한 해결책을 통해 해결되었습니다. 미술 학원 대신 미술과 관련된 책을 구입해서 공부하는 것으로 말입니다.

아이들은 무엇이든 스스로 결정하게 하면 책임감과 자율성이 높아집니다. 꿈 동아리 활동은 1년 수업 중 제일 좋았다고 말할 정도로 아이들이 몰입해 참여한 활동입니다. 하지만 이 동아리가 원활하게 운영되기 위해서는 교사가 끊임없이 관심을 갖고 지켜봐야 합니다. 의사결정의 단계는 일방향이 아니라 끊임없이 나의 선택이 옳았는지 성찰하고 다시 결정하는 순환적인 과정이므로 아이들이 다시 결정하고 싶은 사항이 있다면 왜 이런 결과가 나오게 되었는지 성찰해보고 다시 활동 방향을 잡도록 도와줘야 합니다.

처음에 수학을 좋아하는 몇몇 아이들은 '수학공부' 동아리를 조직했습니다. 활동 준비물로 문제집을 사달라고 하면서 동아리 시간마다 수학 공부를 하겠다고 활동 계획을 세웠습니다. 다른 동아리 친구들이 신나게 활동할 때 조용히 수학 문제를 풀고 있어야 하는 동아리라니……. 결과가 눈에 그려졌지만 일단 아이들의 결정을 존중했습니다. 역시나, 동아리 활동이 지속될수록 따분해하는 모습이 역력했습니다. 아이들을 불러 어떻게 하면 수학 공부를 재미있게 할 수 있을지 물었습니다. 그랬더니 수업 시간에 몇 번 한 카프라 활동, 수학 놀이 활동을 떠올리며 그것들을 하고 싶다는 이야기를 꺼냈습니다. '수학공부' 동아리는 '수학놀이' 동아리가 되었습니다. 활동 계획과 준비물을 다시 제출한 아이들은 남은 동아리 활동을 만족스럽게 마쳤답니다.

나의 꿈 담은 미래 자서전 만들기

핵심 키워드 #롤모델 #학습경로 #전기문 #미래자서전 #진로

성취기준
EⅡ 2.3.2 직업에 대한 편견과 고정관념을 극복한 사례를 통해 직업에 대한 개방적인 태도를 기를 수 있다.
EⅢ 1.2.1 초등학교 이후의 학습경로를 알 수 있다.
EⅢ 2.1.2 존경하거나 닮고 싶은 인물의 직업경로를 알아본다.
EⅣ 2.2.3 자신의 꿈을 담아 진로계획을 세워본다.
[4국02-05] 읽기 경험과 느낌을 다른 사람과 나누는 태도를 지닌다.

수업 주제 편견과 고정 관념을 극복한 인물의 사례를 그림책을 통해 익히고, 나의 미래 자서전 만들기

활용 그림책 박은정, 《니 꿈은 뭐이가? - 비행사 권기옥 이야기》, 웅진주니어

그림책 소개 이 책은 우리나라 최초의 여성 비행 조종사 권기옥 씨의 삶을 그린 그림책입니다. 나라를 빼앗긴 일제 강점기, 여성이 천대받는 시대에 태어나 꿈을 이루기가 한없이 힘들던 그 시절, 권기옥은 한 조종사의 곡예 비행을 보고 비행기 조종사가 되겠다는 꿈을 꿉니다.

> 독립 운동을 하다가 감옥에 잡혀가기도 하고 중국의 비행학교에서 여성이라는 이유로 입학을 거절당하기도 하지만 끈질긴 집념으로 결국 입학 허가를 받아냅니다. 힘든 비행 훈련도 마다하지 않고 도전한 권기옥 씨는 우리나라 최초의 여성 비행사가 됩니다. 김진화의 콜라주 그림이 책의 이야기를 더욱 돋보이게 합니다. 책 뒷편에는 권기옥 씨에 대한 자세한 이야기가 수록되어 있으니 책을 끝까지 살펴보길 바랍니다.

수업 디자인 Talk

그림책 《네 꿈은 뭐이가?》는 전기문의 전형을 보여줍니다. 4학년 국어 교과서에서 다루는 전기문의 특성(시대 상황, 인물이 겪은 어려움, 어려움 극복 방법, 인물이 한 일, 인물의 가치관)을 책 곳곳에서 찾을 수 있는 작품이기에, 학생들과 읽으면서 구체적으로 하나씩 찾아보았습니다.

그림책을 통해 전기문이 어떤 것인지 파악한 뒤 아이들에게 나의 미래 자서전을 써보자고 제안하였습니다. 미래 자서전은 '내가 미래에 마주할 진로 장벽, 미래에 예상되는 시대적 어려움, 미래의 학습 경로, 내가 이루어 낼 일' 등 전기문의 특성을 반영하여 써야 한다고 활동 안내를 하였습니다.

4학년 아이들과 한 미래 자서전 만들기 활동을 소개합니다.

(1) 《네 꿈은 뭐이가?》 그림책 읽고, 인물의 삶 파악하기

- 전기문의 구성 요소는 교과서에 제시된 전기문을 활용하여 수업하였습니다. 교과서를 통해 전기문의 구성 요소를 익힌 뒤, 그림책《네 꿈은 뭐이가?》에서 전기문의 구성 요소를 찾아보았습니다. 시대 상황, 인물이 겪은 어려움, 어려움 극복 방법, 인물이 한 일, 인물의 가치관을 찾을 수 있습니다.

(2) 미래 자서전 구성 요소 정하기

- 미래 자서전 활동 재료로 학토재에서 나온 '북아트 종이(Book&I 8면)'를 주었습니다. 북아트 종이는 총 8쪽으로 되어 있어서, 여덟 페이지에 어떤 내용을 담으면 좋을지 아이들과 이야기를 나누어 정했습니다. 우리 반 아이들은 1) 제목 2) 출생과 어린 시절 3) 초등학교 시절 4) 청소년＋대학교 5) 미래 시대 상황 6) 내가 겪은 어려움 7) 어려움 극복 방법 8) 이루어낸 일을 적는 것으로 결정하였습니다.

(3) 미래 자서전 개요 작성하기

- 8쪽의 내용을 구상할 수 있는 개요 짜기 활동지를 제공했습니다. 제목은 내용을 다 쓴 다음 작성하도록 했고, 출생과 어린 시절은 부모님께 여쭤보고 오라고 했습니다. 간단한 삽화와 함께 장면마다 글은 1~2문장으로 작성했습니다. 이 단계에서 교사의 피드백이 충분히 있어야 자신있게 자서전 만들기 작업을 해냅니다.

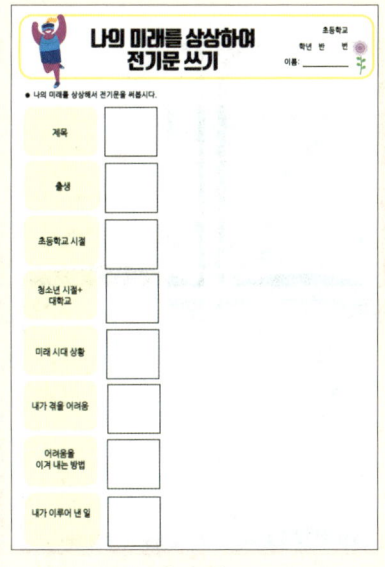

〈개요〉

(4) 미래 사회 변화 모습 및 유망 직업 탐색하기

- O2O 서비스, AI, 클라우드, 공유경제 등 미래 사회에 대한 단어는 하나같이 어렵고, 이 변화가 내 삶에 어떻게 작용하게 될지 어른들도 사실 상상하기가 힘듭니다. 아이들과 관련 영상이나 도서들을 함께 살피며 배경 지식을 넓히는 시간을 가졌습니다. 처음에는 어려워했는데 미래 사회 키워드를 중심으로 다양한 영상자료, 예시를 들어주니, 점차 아이들이 관심 직업과 미래 사회의 변화를 연계해 생각할 수 있게 되었습니다.

(5) 미래 자서전 쓰고 발표하기

- 개요 활동지에 쓴 내용을 북아트 종이에 옮겨 전기문을 완성합니다. 각 쪽별로 관련된 삽화를 그려도 좋습니다. 미래 자서전은 보호자 공개수업에 활용하여 모든 아이들이 한 명씩 나와 발표를 했습니다. 내 진로를 다른 사람들 앞에서 공언하는 기회가 되었습니다. 발표를 듣고 나서는 붙임쪽지에 서로의 꿈을 응원하는 말을 적고 전달해 주었습니다.

〈 미래자서전 학생 작품 8컷 〉

기억에 남는 수업 장면 Talk

아이들의 작품 하나하나 모두 소중한 수업이었습니다. 기부를 하는 창업가부터 홀로그램 웹툰 개발자, 4D 카메라 제작자, 로봇과 한일전에 뛰어든 축구선수 등 미래 사회를 반영한 아이들의 톡톡 튀는 아이디어가 미래 자서전 안에 가득했습니다. 아이들이 서로에게 남긴 응원 메시지도 인상적이었습니다. 저도 함께 아이들의 꿈을 응원했습니다.

수업을 닫으며

아이들이 사회에 나가 자립할 수 있도록 돕는 것, 이것이 학교의 역할이라고 생각합니다. 아이들이 미래를 준비하는 데에 도움이 되길 바라는 수업이었습니다.

Ⅲ. 사이즈별 프로젝트 수업 룩북
LOOKBOOK

1. 11세 사이즈(4학년)

우리는 꼬마 창업가
- 지역 문제 해결하기 창업 프로젝트 수업 -

핵심 키워드 #도시문제 #촌락문제 #해결방안 #창업아이디어 #창업

관련 성취기준
EⅡ 2.1.1 자신의 일을 즐기는 직업인의 사례를 통해 좋아하는 일을 하는 것의 기쁨과 보람을 이해할 수 있다.
EⅢ 2.1.1 책, TV, 인터넷 등에서 접한 다양한 직업에 대해 탐색할 수 있다.
[4사04-01] 촌락과 도시의 공통점과 차이점을 비교하고, 각각에서 나타나는 문제점과 해결 방안을 탐색한다.
[4국01-06] 예의를 지키며 듣고 말하는 태도를 지닌다.

수업 주제
도시와 촌락 문제를 해결하기 위한 창업 아이디어를 구상하여 발표하기

수업 디자인 Talk

　코로나19가 유행하며 가정과 학교, 사회, 국가의 모든 것들을 낯설게 바꾸어버린 2021년의 어느 날이었습니다. 아이들을 만나지 못하고 원격 수업을 하면서 그 어떤 때보다 학교의 모습이 낯설게 느껴졌습니다. 그해, 저의 관심사는 '미래는 어떻게 변할까?'였습니다. 4차 산업혁명, AI, IoT, 드론, 무인 자동차 등 미래와 관련한 단어들이 뉴스에서도 심심찮게 들리는 요즘, 아이들이 미래를 위해서 어떤 역량을 갖추어야 할지 고민이 되었습니다. 그러던 중 미래 사회 키워드 중 하나인 '창업'이라는 문구가 눈에 들어왔습니다. 2030년에는 현존하는 일자리의 절반이 사라질 것이라고 토마스 프레이가 예측한 것처럼, 현재 존재하는 일자리에만 집중하기보다는 새로운 일자리를 만드는 창직이나 창업으로 눈을 돌려볼 필요성이 있다는 생각이 들었습니다. 미래의 핵심 역량으로 '창의성'을 중요하게 생각하는 만큼, 말랑말랑하고 톡톡 튀는 아이디어로 어른들을 놀라게 하는 아이들에게 창업을 접해보게 하는 것도 좋겠다는 생각이 들었습니다.

　2018년 OECD에 따르면, 한국의 창업 선호도는 24%에 불과했습니다.[1] 이스라엘, 스웨덴, 인도 같은 국가의 창업 선호도가 48%를 웃도는 것과 비교하면 우리나라 사람들의 창업은 주로 생계형에 머무는 경우가 많습니다. 우리나라 사람들이 창업을 꺼리는 데에는 여러 이유가 있겠지만, 실패를 피하려는 사회적 분위기가 한몫을 한 것은 아닌가 싶어 씁쓸합니다. 국가에서도 청년들의 창업가 정신을 기르고 혁신적이

---

[1] 이창곤 기자, 〈관심 열정으로 창업을 선택한 비중 OECD 중 한국 꼴찌〉, 《한겨레》 2021년 01월 11일자. (https://www.hani.co.kr/arti/economy/economy_general/978153.html)

고 흥미와 열정을 바탕으로 한 창업을 촉진하기 위해 다양한 노력을 하고 있습니다. 특히 청소년을 대상으로 기업가 정신을 길러 '융합형 창의인재'를 기르고자 하는 노력을 지속해오고 있는데, 온라인 창업 체험 교육 플랫폼 YEEP이 바로 그것입니다. YEEP에서는 청소년을 대상으로 온라인 창업 체험 교육을 해볼 수 있는 프로그램을 운영하고 있습니다. 창업 수업이 처음인 저 같은 교사도 쉽게 따라할 수 있는 활동지나 수업 자료들이 있어서 창업 수업에 도전할 수 있도록 해줍니다. 이 프로젝트에서는 YEEP의 '창업가 정신 학교에 가다 - 창업가 정신편' 자료집의 흐름을 저희 반 아이들에게 맞게 수정하여 적용하였습니다.

제가 창업 수업에 대해 고민한 때가 마침 4학년 아이들과 '촌락과 도시의 문제점과 해결 방안'을 이야기 나누고 있는 시점이었습니다. 창업의 시작점은 불편함을 느끼고 개선해보려는 마음과 아이디어로부터 시작되니, 촌락과 도시의 문제점을 해결할 수 있는 창업 아이디어를 생각하게 하면 좋을 것 같았습니다. 프로젝트를 처음 시작하면서 제일 고민한 점은 어른들도 창업 아이디어를 떠올려보라고 하면 어려워하는데, 아이들도 당연히 어려워할 것 같다는 점이었습니다. 그래서 시제품 제작은 생략하고 아이디어 형성에만 집중하도록 수업을 디자인했습니다. 현실성 있는 아이디어를 구상하여 시제품까지 만들고 가상 투자까지 받아보게 하면 좋겠지만 저도 처음이고 아이들도 처음인 상황이라 그 과정은 어려울 것 같았습니다. 창업의 의미를 알아보고 과정을 체험하며 아이디어를 구상해보는 것까지만을 이번 프로젝트의 목표로 삼았습니다.

(1) [창체] 창업의 의미와 우리 주변의 창업가 알아보기

첫 수업은 창업의 의미를 알아보는 것부터 시작했습니다. YEEP의 '창업가 정신 학교에 가다' 자료를 활용하여 창업이란 무엇이고, 창업가 정신이란 무엇인지, 대표적인 창업가가 누가 있는지, 어떤 창업을 했는지 조사하며 감을 잡도록 하였습니다. 주변에서 보이는 문제를 해결해나가는 과정이 창업이 될 수 있음을 알고, 그 문제를 효과적으로 잘 해결해낸 CEO들의 사례를 보며 우리나라에서 주로 이루어지는 생계형 창업이 아닌 창의적인 아이디어를 바탕으로 한 창업의 사례를 접해보았습니다.

자료집에는 애플사를 창업한 스티브 잡스, 마이크로소프트사를 창업한 빌 게이츠, 구글사를 창업한 래리 페이지, 방글라데시의 경제학자로 그라민 은행을 설립하여 빈곤퇴치에 앞장선 무하마드 유누스, 세계 최대규모의 온라인 쇼핑몰을 운영하는 알리바바 그룹을 창업한 중국의 마윈, 에듀테크 기업 에누마를 창업한 이수인을 예로 들고 있습니다. 이 인물 중 아이들이 모둠별로 원하는 인물을 선택하여 제시된 글을 읽고 다른 친구들에게 설명해보게 하였습니다. 글이 4학년 아이들이 이해하기에 어려울 수 있어 보충 설명을 해주기도 하고 관련 동영상 자료를 제시해주기도 하였습니다. 이어서 인물들의 공통점 찾기를 통해 창업이란 무엇인지 감을 잡아보았습니다. '자신의 힘으로 제품을 만들었다.', '사람들을 편리하게 해주는 것을 만들었다.', '모두 세상을 뒤집어놓을 정도로 훌륭한 일을 했다.', '다른 사람들에게 도움이 많이 되는 일을 했다.', '창의적인 생각을 가지고 좋은 것을 만들었다.' 등으로 아이들은 인물의 공통점을 찾아내었습니다.

(2) [창체] 창업 팀 구성하고 팀 빌딩하기

다음 단계에서는 창업가 핵심 역량 검사를 활용하여 아이들의 역량이 골고루 분배되게 팀을 나누었습니다. 창업 활동을 할 때 강점을 가진 팀원들이 골고루 조화를 이룰 때 그 결과물도 좋게 나올 수 있습니다. 역량에 기반한 팀 구성은 아이들이 자신의 강점을 인식하고 자존감과 소속감을 기르는 데에도 좋은 활동이 되므로 시간을 들여 창업가정신 핵심 역량 진단을 실시했습니다.

창업가정신 핵심 역량은 자기 주도 역량군, 가치 창출 역량군, 집단 창의 역량군, 도전 역량군의 4가지로 강점 역량을 제시해줍니다. 반 아이들이 4가지 역량군에 고르게 분포하지는 않았지만 되도록 골고루 나눠지도록 팀을 짜 모둠 활동이 잘 진행될 수 있게 하였습니다. 아이들을 세 모둠으로 나누어 세 가지 기업을 구성했습니다. 모둠 구성 직후에 빼놓지 않고 꼭 하는 활동은 팀 빌딩입니다.

아이들이 자신의 모둠 이름을 지어보고 소속감을 갖게 하는 팀 빌딩은 추후 모둠 활동을 할 때 큰 도움이 됩니다. 기업을 조직한 후에도 팀 빌딩 활동을 했습니다. 기업 이름을 정하고 파악한 핵심 역량대로 구성원의 역할을 정해 명찰에 적어보기도 했습니다. 기업의 이름은 우리 기업의 목표를 잘 담아서 만들게 하고, 직책은 기획, 디자인, 홍보, 총괄로 나누어보게 했습니다. 작은 종이를 나누어주고 명찰을 만들어서 창업 프로젝트 할 때마다 착용하라고 했더니 아이들이 훨씬 즐겁게 몰입하는 모습을 볼 수 있었습니다.

(3) [창체] 소셜 벤처의 의미와 종류 알아보기

지역의 문제 해결을 위한 아이디어를 떠올리는 것이 이 프로젝트의 목표였기 때문에, 이와 맞닿아 있는 '소셜벤처'에 대해 알아보았습니다.

소셜 벤처란 이윤 추구도 하지만 사회적 가치도 중요시하는 기업입니다. 자료집에는 빈곤과 기아 문제에 관심을 갖고 소비자가 1개의 신발을 살 때마다 1개의 신발을 기부하는 TOMS, 해양 쓰레기를 업사이클링하여 팔찌를 제작하여 판매하는 4OCEAN의 사례를 소개하고 있습니다. 이 사례를 통해 어떤 사회적 문제를 해결하기 위해 이 회사들을 만들었는지 분석해보고, 우리 기업은 지역 사회의 문제 중 어떤 문제를 해결해볼지 선택하게 하였습니다.

(4) [사회] 촌락과 도시의 문제 분석하기

소셜 벤처 기업을 만들기 위해서는 촌락과 도시의 문제에 대해 충분히 알고 있어야 합니다. 교과서를 통해 촌락과 도시의 문제가 어떤 것들이 있는지 이해한 뒤 촌락과 도시의 문제를 잘 드러낸 기사문을 분석했습니다. 기업별로 조사하고 싶은 촌락과 도시의 문제 상황과 문제의 원인이 무엇인지 분석해서 마인드맵으로 나타냈습니다.

(5) [사회] 촌락과 도시 문제 해결방안 월드카페 열기

분석한 자료를 바탕으로 다양한 해결 방안을 찾기 위한 월드 카페를 열었습니다. 월드 카페는 모둠 별로 호스트만 남고 호스트를 제외한 학생들은 다른 모둠을 돌아다니면서 토론 주제에 대해 이야기하고 답변을 쓰며 자유롭게 이야기를 나누는 토론 방법입니다. 다른 모둠의 순회가 끝난 후, 자기 모둠으로 돌아와서 함께 답변을 읽어보고 자기 모둠의 생각을 정리합니다.

먼저, 호스트는 촌락과 도시의 문제 상황과 원인에 대해 정리한 자료를 다른 기업 친구들에게 발표합니다. 다른 기업의 학생들은 호스트의 설명을 듣고 해결방안을 떠올려 포스트잇에 적어 붙여줍니다. 해결 방안에 대한 아이디어는 좋다, 나쁘다를 미리 판단하지 말고 아무리 엉뚱한 아이디어라도 좋으니 창의적으로 해결 방안을 떠올려 붙여보는 데 초점을 두었습니다.

(6) [사회] 해결 방안 분석 및 좋은 창업 아이디어 선택하기

순회를 끝낸 뒤에는 자신의 모둠으로 돌아와 해결 방안 아이디어를 분석하여 좋은 창업 아이디어를 선택합니다. 해결책을 판단할 때 어떤 아이디어가 좋은 아이디어일지 기준을 생각해보자고 했더니, 실현 가능성, 비용, 이익 실현 등 아이들이 적절한 기준을 잘 떠올렸습니다. 이어서 이 해결책을 창업 아이디어로 가져갔습니다. 기업별 회의를 통해 촌락과 도시의 문제 해결을 위해 창업가로서 어떤 상품과 서비스를 제공할 수 있을지 진지한 회의를 거쳤습니다. 아이들의 아이디어 하나하나가 우리 사회를 소중히 여기고 진지하게 문제를 해결하고 싶은 예쁜 마음을 담고 있었습니다.

아이들의 아이디어를 몇 가지 살펴보자면, 촌락과 도시의 문제 중 환경 오염 문제를 해결하기 위해서 '녹조를 재활용하여 식물의 밥으로 만들기', '샴푸통을 재활용하여 손소독제 통으로 쓰기', '마스크 끈을 재활용하여 머리끈으로 만들기' 등 업사이클링 제품을 떠올렸습니다.

각 기업의 아이디어 윤곽이 나온 후에는 엘리베이터 피치를 준비했습니다. 엘리베이터 피치란 기업의 아이디어 중 핵심이 되는 내용을 엘리베이터가 이동하는 짧은 시간에 효과적으로 전달하여 고객의 마음을 사는 기술입니다. 투자 설명회 때 어떻게 발표하면 고객들의 마음을 얻을 수 있을지 고민하는 시간을 가졌습니다.

(7) [창체] 원격 진로 멘토링으로 창업가와 가상으로 만나기

창업 과정을 경험해보며 원격영상 진로멘토링[2] 프로그램을 활용하여 창업 컨설턴트와의 만남을 진행했습니다. 진로 멘토링은 아이들이 실제 직업인을 만나 실제적인 이야기와 조언을 얻게 하기 위해 신청하였습니다. 창업 컨설턴트란 어떤 직업이고, 어떤 능력이 필요한지, 창업을 하려면 어떻게 해야 하는 지에 대한 전반적인 설명과 함께 아이들이 하고 있는 창업 활동에 대한 궁금증을 창업 컨설턴트에게 질문했습니다.

(8) [국어] 투자 설명회하기

마지막 활동으로 투자 설명회를 진행했습니다. 아이들은 창업가이자 투자자 역할을 동시에 했습니다. 스티커를 6개씩 나누어주고, 스티커 1개당 1억의 가치를 지닌다고 가정했습니다. 자기 기업의 아이디어에는 투자할 수 없고, 다른 기업의 아이디어에만 투자할 수 있는 규칙을 정했습니다. 자기 기업의 아이디어를 친구에게 발표할 때에는 우리 촌락과 도시에 어떤 문제가 있는지, 문제 상황을 해결하기 위해 어떤 사업을 구상했는지 소개하고 투자자의 질문에 대해 대답해주는 방식으로 발표를 진행했습니다. 질의응답 시간에는 꽤 날카로운 질문들이 오갔고, 그 아이디어에 답변을 해주면서 아이들의 창업 아이디어 역시 더 공고해지는 것을 느낄 수 있었습니다.

주택 문제 해결을 위해서 주택이 필요한 사람들의 신청을 어플로 받아 정부 지원금으로 집을 지어주고 기부금을 받아 직원 월급을 충당하

---

[2] 원격영상진로멘토링이란 교육부의 지원을 받아 한국청년기업가정신재단에서 여러 분야의 직업인들이 진행하는 멘토링 수업을 원격으로 받을 수 있는 프로그램이다. (https://mentoring.career.go.kr/)

겠다는 창업 서비스에 대한 아이들의 질문 중에서 몇 줄을 옮겨보자면 이런 내용들이 오갔습니다.

"아파트 같은 공동주택이면 이 서비스는 신청하지 못하는 건가요?"
"기부로만 운영을 하면 직원들 월급을 줄 수 있는 것 맞아요?"

플라스틱으로 인한 도시 환경오염 문제가 심각하니 플라스틱을 모아 오면 일정 금액을 보상해주고 모은 플라스틱으로 바구니를 만들어 판매하고 그 수익금으로 회사를 운영하겠다는 기업의 아이디어에 대한 아이들의 질문은 이러했습니다.

"플라스틱으로 바구니를 어떻게 만들 생각인가요?"
"플라스틱을 처음에 모아오면 사람들에게 줄 돈은 어디에서 마련해요?"

저도 대답하기 어렵겠다 싶은 질문들에 꽤 의연하게 답변하는 모습이 보였습니다. 자금에 대한 부분에서는 자비를 털어서 기업을 키울 테니 걱정 말라는 아이들도 있어 귀엽기도 했습니다. 통장에 70만 원이나 있다고 하면서요. 세 기업의 발표를 모두 듣고 투표를 시작했습니다. 투표를 하기 전에 어떤 기준으로 평가를 할 수 있을지 브레인스토밍을 했습니다. 아이들은 이런 평가 기준을 떠올리더군요.

촌락과 도시 문제를 효과적으로 해결해 줄 수 있는 아이디어인가요?
실천 가능성이 있나요?(해결을 위해 구체적인 방법을 떠올렸나요?)
문제를 창의적으로 해결하고 있나요?
팀원들의 발표 태도는 어땠나요?

각 기업의 창업 아이디어를 평가하고 스티커를 주고받았습니다. 이기고 지느냐가 중요한 것이 아니라 아이들이 촌락과 도시의 문제와 해결방안에 대해 진지하게 고민해보는 것이 중요한 과정이었기에 아이들 모두에게 듬뿍 칭찬을 해주었습니다.

이 수업을 통해 저 역시 배운 점이 참 많습니다. 4학년 수준에서 창업이 어렵지 않을까 고민했지만 막상 부딪혀보니 아이들이 훌륭하고 감동적인 아이디어를 제시해서 참 행복했습니다. 수업에 대한 충분한 고민과 소통, 관찰이 있다면 수업적인 모험을 얼마든지 해보는 것도 아이들에게나 교사에게나 좋다는 생각에 확신이 생겼습니다.

이 수업을 마친 아이들의 후기도 만족스러웠습니다. '가상이기는 했지만 창업이 너무 재밌고 다음에 또 했으면 좋겠다. 제품 만드는 게 재미있었고 친구들에게 질문하는 것과 질문받아 답변하는 것이 재밌어서 만족스럽다. 창업가가 물건만 만드는 줄 알았는데 앱도 만들어서 신기했고 나도 커서 창의적인 앱, 물건 등을 만들어 보고 싶다.'라는 이야기를 해주었어요.

기억에 남는 수업 장면 Talk

무엇보다 아이들의 소중한 아이디어 하나하나가 마음에 많이 남습니다. 어른들도 선뜻 제시하기 힘든 아이디어를 아이들은 떠올렸습니다. 걱정했던 과거의 제 모습이 무색하게도 말이지요. 나만 잘 살아내기에도 바쁜 세상에서 다른 이들과 사회를 걱정하는 아이들이 존재한다는 것이 얼마나 마음 벅찬 일인가요. 이 아이들이 성장해서 우리 사회를 생각해주는 어른들로 자라날 것을 기대합니다.

수업을 닫으며

이 수업은 '[4사04-01] 촌락과 도시의 공통점과 차이점을 비교하고, 각각에서 나타나는 문제점과 해결 방안을 탐색한다.'라는 사회과 성취기준과 창업 절차에 대해 푹 빠져보았다는 점에서 좋았습니다. 창업을 경험하게 하겠다는 교사의 의도 역시 짙은 수업이기도 하였습니다. 국가 수준에서 지정한 성취기준을 충실하게 따르는 수업을 하는 것은 기본 중 기본일 것입니다. 국가 성취기준에 +α를 할 수 있는 수업으로, 아이들의 경험의 폭을 넓혀주는 것 역시 교사가 재량껏 할 수 있는 일입니다. 조금 더 폭넓은 수업을 아이들과 경험할 수 있어 만족스러웠습니다.

수업 흐름도

① [창체] 창업의 의미를 알고, 우리 주변의 창업가 알아보기
② [창체] 창업 팀 구성하고 팀 빌딩하기
③ [창체] 소셜 벤처의 의미와 종류 알아보기
④ [사회] 촌락과 도시의 문제 분석하기
⑤ [사회] 촌락과 도시 문제 해결방안 월드카페 열기
⑥ [사회] 해결방안 분석 및 좋은 창업 아이디어 선택하기
⑦ [창체] 원격 진로 멘토링으로 창업가와 가상으로 만나기
⑧ [국어] 투자 설명회하기

세종시 공공기관 유퀴즈!
- 공공기관에서 하는 일 알아보기 -

핵심 키워드 #공공기관 #직업의소중함 #공공기관가상인터뷰 #공공기관이하는일

관련 교과 성취기준
E Ⅱ 1.1.1 주변의 직업들이 없는 자신의 생활을 상상해보고 모든 일과 직업의 소중함을 이해할 수 있다.
E Ⅱ 1.2.1 생활 속의 다양한 직업을 찾아보고 각 직업이 하는 일을 설명할 수 있다.
E Ⅱ 2.1.1 자신의 일을 즐기는 직업인의 사례를 통해 좋아하는 일을 하는 것의 기쁨과 보람을 이해할 수 있다.
[4국01-06] 예의를 지키며 듣고 말하는 태도를 지닌다.
[4사03-05] 우리 지역에 있는 공공기관의 종류와 역할을 조사하고, 공공기관이 지역 주민들의 생활에 주는 도움을 탐색한다.
[4미02-01] 미술의 다양한 표현 주제에 관심을 가질 수 있다.

수업 주제
1) 우리 지역의 공공기관을 알아보고 공공기관의 종류와 역할 조사하기
2) 공공기관에서 하는 일을 알 수 있도록 인터뷰 및 체험 활동 준비하기
3) 공공기관이 하는 일을 살려 간판 디자인하기
4) 인터뷰 및 체험활동을 통해 공공기관의 소중함 느끼기

수업 디자인 Talk

저는 다양한 직업인의 모습을 간접적으로 살펴볼 수 있는 유퀴즈라

는 프로그램을 좋아합니다. 수업 시간에 활용할 수 있는 부분도 많고 경험해보지 못한 다른 직업인들의 세계를 인터뷰를 통해서 알 수 있다는 점이 참 좋습니다. 유재석 씨와 조세호 씨의 예의를 갖추면서도 유쾌하고 부드러운 진행에 아이들도 지루함 없이 유퀴즈를 잘 봅니다.

아이들과 '[4사03-05] 우리 지역에 있는 공공기관의 종류와 역할을 조사하고, 공공기관이 지역 주민들의 생활에 주는 도움을 탐색한다.'라는 성취기준을 공부하면서 이 프로그램을 접목해보면 좋겠다는 생각이 들었습니다. 코로나19 상황이 아니었다면 아이들과 직접 우리 주변의 공공기관을 답사하기도 하고, 직업인을 교실로 모셔 인터뷰를 하면서 보다 생생한 수업을 할 수 있었을 텐데, 2021년 우리의 학교는 닫혀 있었습니다. 그 대안으로 우리 반 학생들이 각각 직업인이 되어 인터뷰도 하고 현장체험을 할 수 있게 간단한 부스를 꾸려보면 어떨까 하는 생각이 들었습니다. 인디스쿨의 일인분은하자 선생님께서 교실에서 할 수 있는 체험 활동을 떠올려 교실에서 공공기관별로 부스를 만들어서 체험할 수 있도록 만든 훌륭한 자료를 공유해 주셨습니다. 이 자료를 이번 프로젝트에 응용하여 활용했습니다.

(1) [사회] 우리 지역의 공공기관의 종류, 역할 조사하기

먼저 우리 지역에는 어떤 공공기관들이 있는지 교과서를 통해서 살펴봅니다. 그 중 자세히 조사하고 싶은 공공 기관을 선정하여 2~3명씩 팀을 짰습니다. 당시 반 아이들이 15명이었는데, 다양한 공공기관이 하는 일을 체험하고 인터뷰하기 위해서 팀원을 소인수로 구성했습니다. 15명 아이들이 팀을 나누어 경찰서, 도서관, 법원, 보건소, 소방서, 우체국, 주민센터 총 7개의 공공기관을 조사하였습니다. 인디스쿨의 자료를 활용해서 공무원증 만들기도 했습니다. 간단히 자신의 이름과 소속된 공공기관, 직업의 이름을 적어 제작했습니다.

이어서 공공기관의 종류와 역할을 조사하기 위한 계획서와 보고서를 제작했습니다. 2장의 종이를 배부하여 좌측에는 계획서를 우측에는 보고서를 쓰도록 하였습니다.

좌측(계획서)	우측(보고서)
- 일시 - 조사한 사람 - 알고 있는 것 - 알고 싶은 것 - 인터뷰 질문	- 조사 내용 - 알게 된 점 - 느낀 점 - 더 알고 싶은 점

인터뷰 질문은 유퀴즈처럼 모든 게스트에게 하는 공통 질문을 제시했고, 그밖에 더 묻고 싶은 질문도 적어보도록 했습니다. 공통 질문은 '이 공공기관에서는 어떤 일을 하나요?', '주민들에게 어떤 도움을 주었을 때 제일 보람을 느끼세요?', '힘든 적은 없나요?'를 제시했습니다.

(2) [사회] 공공기관에서 하는 일을 바탕으로 인터뷰와 체험 활동 준비하기

인터뷰를 준비할 때는 인터넷에서 조사한 내용을 그대로 적기보다는 친구들이 이해할 수 있는 쉬운 말들로 바꾸어 적어보도록 합니다. 공공기관 중 경찰서를 조사한 아이들이 유사수신, 메신저 피싱 등 아이들이 이해하기에 어려울 수 있는 내용을 조사했습니다. 이 아이들에게는 모르는 단어는 꼭 국어사전을 찾아서 어떤 낱말인지 쉽게 풀이를 달거나 설명할 준비를 충분히 해두도록 하고 선생님이나 친구에게

먼저 설명해 보도록 했습니다. 공공기관 누리집 역시 어른의 눈높이에서 만들어진 경우가 많아, 낱말 뜻을 어려워하는 아이들이 있어 어려운 말을 풀어서 충분히 설명해 주었습니다.

(3) [미술] 공공기관의 특징을 살려 간판 디자인하기

다음 활동으로는 공공기관의 특징을 살려 간판 디자인을 했습니다. 체험 부스를 그럴듯하게 꾸미면 아이들이 상황에 더 몰입하여 참여할 수 있습니다. 보고서 쓰기에 모둠별 시간 차이가 많이 나서 간판 디자인은 일찍 끝낸 아이들만 만들고, 나머지 부스 학생들은 크게 인쇄를 해주었습니다.

(4) [사회, 국어] 공공기관 체험 및 인터뷰 활동하기

다음으로는 공공기관에서 하는 일을 바탕으로 체험 활동을 준비했습니다. 인디스쿨 자료를 보니 선생님께서 준비해주시는 경우가 많았습니다. 하지만 아이들이 직접 공공기관 체험 활동을 준비해보는 것도 의미 있겠다 싶어 아이들이 체험거리를 준비하게 했습니다. 인디스쿨 자료를 예시로 들어주면서 어떤 활동을 할 수 있을지 몇 가지 일러주니 금방 감을 잡았습니다.

경찰서 부스에서는 도둑 잡기를 주제로 범인에 대한 단서 카드를 교실 곳곳에 보물찾기처럼 숨겨두었습니다. 단서를 다 찾아오면 범인을 검거한 것으로 하고 직접 자신들이 만든 경찰 계급 뱃지를 증정했습니다. 보건소에서는 각종 건강검진과 미로 찾기를 준비했습니다. 시력 검사판을 만들어 시력 검사도 해주고, 청력 검사를 위해 종이컵으로 귀를 막고 어느 방향에서 들리는지 검사도 해주었습니다. 또 백신 미로 찾기를 만들어 손수 미로를 그려서 백신을 찾아 주사를 맞을 수 있게

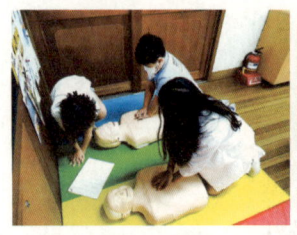  

〈 소방서 체험 〉　　　　〈 공공기관 인터뷰 〉　　　　〈 공공기관 인터뷰 〉

도 했습니다. 우체국 부스에서는 편지지에 편지를 쓰게 해서 배달을 해주기도 했고, 소방관 부스에서는 심폐 소생술 교육을 실시하였습니다. 아이들이 평소에 한 작은 경험을 떠올려 이렇게 체험 활동을 만들어내는 게 기특했습니다.

　준비가 끝나고 본격 인터뷰와 체험이 시작되었습니다. 한 부스 당 운영 시간은 인터뷰와 체험까지 10분씩 진행하였습니다. 먼저 부스에 손님이 앉으면 인사를 하고 유퀴즈처럼 인터뷰를 먼저 진행하였습니다. 아이들이 그 직업이 하는 일, 주민들에게 주는 도움, 어려움 등을 직접 그 직업인이 된 것처럼 실감나게 답변하였습니다. 인터뷰가 끝이 나면, 준비한 체험 활동을 손님들이 경험해보게 하였습니다. 아이들이 직접 준비한 활동이다 보니 적극적으로 활동하였습니다.

기억에 남는 수업 장면 Talk

　저는 공부는 힘들고 어렵게 배워야 기억에 오래 남는다는 말에 동의합니다. 수동적으로 설명을 듣고 이해한 공부는 쉽게 얻은 만큼 금방 잊히는 법입니다. 아이들은 이번 프로젝트에서 일련의 과정을 스스로 구상하여 계획했고 실행하는 과정을 통해 어렵게 공부를 했습니다. 이 수업을 끝낸 아이들은 내가 맡은 공공기관을 다른 친구들에게 설명해 줄 수 있어서 재미있었다는 반응, 체험도 하고 설명도 해야 해서 힘들었다는 반응, 직업 이름만 알았는데 다른 직업에 대해서 자세히 알게 되었고 꿈이 다양하게 생겨서 좋았다는 반응을 보였습니다. 아이들의 후기 중에서 '~점이 힘들었어요.'라는 반응에서 엉뚱한 즐거움을 느낄 때도 있습니다. 이 수업도 마찬가지입니다. 매 수업을 아이들 중심으로 끌어갈 수는 없지만 때로는 아이들이 끙끙거리며 열심히 자기 주도적으로 공부해보는 경험도 의미가 있을 것입니다.

아이들 주도의 프로젝트를 기획하면 교사는 인내심을 가지고 끝까지 기다려주는 것이 필요합니다. 이 프로젝트 수업도 아이들이 어떤 부스 활동을 만들어 낼지, 단순히 흥미 위주가 아니라 각각의 공공기관이 하는 일을 자신의 말로 정리하는 기회로 삼을 수 있을지 고민이 많이 되었습니다. 하지만 아이들은 교사의 기대보다 훨씬 더 많은 것을 잘 해냅니다. 물론 아이들을 기다려주는 동안 교사의 역할도 참 많습니다. 모둠의 대화가 학습 목표대로 잘 흘러가는지 살피기도 해야 하고, 어려움을 겪는 부분에서는 적절한 비계를 놓아주기도 해야 합니다. 열려 있는 수업이지만 교사에게 큰 설계도가 있다면 아이들은 그 안에서 배움의 지도를 안정적으로 그려갑니다. 학습조력자로서의 교사 역할을 실감할 수 있던 수업이었습니다.

아쉬운 점은 시간을 10분 정도로 구상하라고 했지만 아무래도 부스별로 시간 차이가 발생했다는 점입니다. 먼저 인터뷰와 체험을 끝내버린 부스는 무엇을 해야 할지 몰라 하기도 했습니다. 시간이 남을 때 추가 활동으로 심층 인터뷰를 해보라고 했다면 아이들이 더욱 의미 있는 시간을 보낼 수 있었을 것입니다.

수업을 닫으며

아이들 기억에 오랫동안 남는 수업은 어떤 것일까요? 저도 어린 시절의 경험을 돌이켜 생각해보면 선생님의 설명보다는 친구들과 직접 함께 한 경험이 기억에 남습니다. 학습 효율성 피라미드를 보면 강의 듣기는 불과 5%, 읽기는 10%, 시청각 수업 듣기는 20%, 시범 강의 보기 30%, 집단 토의 50%, 실제 해보기 75%, 서로 설명하기 90%의 효율성이 있다고 합니다. 교사의 입장에서 어떻게 수업을 구상해야 할지 시사해주는 바가 크다고 생각합니다. 아이들이 교사보다 더 많이 말하고 활발하게 참여하는 수업을 어떻게 구상할지 오늘도 고민이 깊어갑니다.

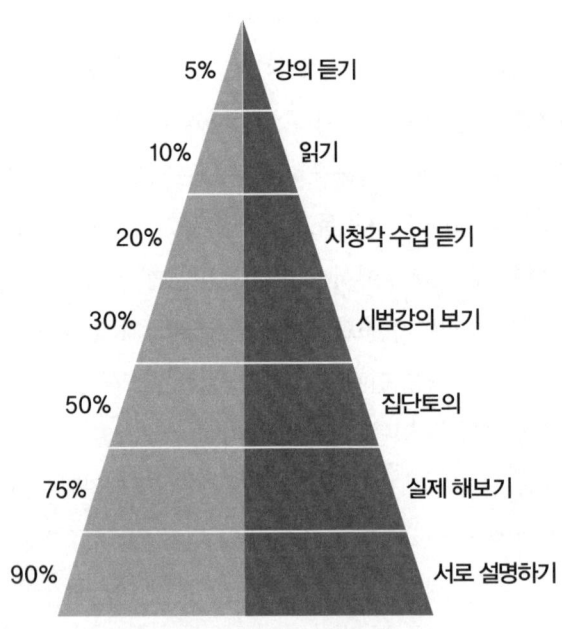

〈학습효과 피라미드〉
출처: 미국행동과학연구소(National Training Laboratory)

수업 흐름도

① [사회] 우리 지역 공공기관의 종류, 역할 조사하기
② [사회] 공공기관에서 하는 일을 바탕으로 인터뷰와 체험 활동 준비하기
③ [미술] 공공기관의 특징을 살려 간판 디자인하기
④ [사회, 국어] 공공기관 체험 및 인터뷰 활동하기

지역 인물 만화 작가 도전기
- 지역 인물 알리기 프로젝트 수업 -

핵심 키워드 #지역인물 #글간추리기 #만화그리기

성취기준
[4국05-04] 작품을 듣거나 읽거나 보고 떠오른 느낌과 생각을 다양하게 표현한다.
[4국02-02] 글의 유형을 고려하여 대강의 내용을 간추린다.
[4국01-05] 내용을 요약하며 듣는다.
[4사03-04] 우리 지역과 관련된 역사적 인물의 삶을 알아보고, 지역의 역사에 대해 자부심을 갖는다.
[4미02-01] 미술의 다양한 표현 주제에 관심을 가질 수 있다.

수업 주제
1) 우리 지역과 관련된 역사적 인물의 삶과 관련된 글을 읽고 대강의 내용 간추리기
2) 우리 지역의 인물이 가진 참된 아름다움을 찾고 자부심 갖기
3) 우리 지역 인물에 관련된 만화 그리기

수업 디자인 Talk

  3~4학년 사회과 교육과정의 키워드를 꼽자면 지역화 학습입니다. 내가 살고 있는 이 지역에 대해 관심을 갖고 애향심을 갖게 하는 것이 궁극적인 목표입니다. 애향심은 그냥 생기는 것이 아니라 우리 지역에 대해 충분한 지식을 알고 감화가 되었을 때 생깁니다. 아이들에게 이 부분을 어떻게 지도할지 고민이 되었습니다.

  제가 근무하고 있는 세종시는 2012년 7월에 출범한 신생도시입니다. 처음 4학년을 맡고 다른 시도에서 나고 자란 저는 세종시의 역사에 대해 잘 모르는 상태였기에, 저 먼저 세종시가 어떤 역사를 지니고 있는지, 어떤 인물이 있는지 아는 것부터 시작해야 했습니다. 인터넷 자료나 지역화 교과서를 통해 공부하며 느낀 점은 아이들이 익히기에는 참 어려운 말들이 많고, 자료를 찾기가 어렵다는 것이었습니다. 아이들에게 조사 학습을 하도록 했을 때, 과연 인터넷에서 의미 있는 정보를 수집할 수 있을지, 지역화 교과서를 보고 충분히 그 내용을 스스로 이해할 수 있을지 고민이 되었습니다. 세종시와 관련된 인물의 경우, 아이들이 평소 위인전 등을 통해 접하지 못했을 생소한 인물도 많았습니

다. 교사 주도로 설명하는 수업이 나쁜 것은 아니지만, 반 아이들의 특성상 스스로 조사하고 발표하는 활동적인 수업을 좋아한다는 것을 알고 있었기에 수업을 어떻게 디자인해나갈지 고민이 되었습니다. 아이들의 배경 지식을 점검하기 위해 슬쩍 운을 뗐더니 역시나 아이들이 알고 있는 인물은 거의 없는 상태였습니다. 저와 학생들이 느낀 이 문제 상황을 프로젝트 상황으로 가져왔습니다.

'세종시의 학생들이 세종시와 관련된 인물에 대해서 공부를 합니다. 아직 출범한지 오래되지 않은 새로운 세종시이지만, 세종시와 관련된 위대한 인물들이 많습니다. 그런데 세종시에 살고 있는 우리도 잘 모르고 있는 경우가 많습니다. 여러분이 앞으로 세종시를 방문하는 초등학생 친구들을 위해 세종시의 인물을 소개하는 쉬운 설명 자료를 만들어 소개해주세요.'

마침 4학년 국어 10단원이 만화와 관련된 내용이고, 미술 교과서에서도 만화와 관련된 내용을 다루고 있어 쉬운 설명 자료는 '만화'의 형태를 띠게 되었습니다. 그래서 최종적인 프로젝트 주제는 '세종시 인물에 대한 만화 그리기'로 정리가 되었습니다.

(1) [사회, 국어] 우리 지역의 인물 살펴보고, 집중 탐구 인물 선정하여 조사하기

아이들이 세종시와 관련된 인물의 이름조차 모르고 있는 상황이었기에, 프로젝트 진행 과정에서 제일 먼저 한 일은 지역화 교과서를 활용하여 세종시에 어떤 인물이 있는지 간단히 개관하는 수업을 하였습니다. 그 후에는 2인 1조가 되어 자신이 관심이 가는 인물을 선정하였습니다.

국어 시간을 활용해 자신이 조사할 인물과 관련된 위인전을 찾은 학생들은 빌려와서 읽도록 하였습니다. 아이들이 인물과 관련해서 읽는 위인전 중에 'WHO' 시리즈는 아이들이 산출할 최종 작품과 비슷했기에 수업 시간에 읽어 보도록 했습니다. 위인전이 없는 인물의 경우, 교사가 아이들 수준에 맞는 텍스트 자료를 제공해 주었습니다. 교육청이나 세종시 교육과정연구회에서 개발한 자료가 교육청 누리집에 탑재되어 있어, 아이들 수준으로 적힌 글을 제공해 줄 수 있었습니다.

(2) [국어] 인물의 생애 조사하고 글 간추리기

책이나 글을 읽고 아이들은 '간추리기' 작업을 했습니다. 국어 '[4국02-02] 글의 유형을 고려하여 대강의 내용을 간추린다.'는 성취기준을 함께 다루었습니다. 글을 여러 번 읽으며 중요한 문장에 밑줄을 긋도록 했고, 플로우 차트로 정리했습니다. 이 작업은 배경지식을 쌓는 작업이므로 아이들이 충분히 이해할 때까지 시간과 기회를 주었습니다. 2인 1조를 구성할 때 아이들의 학습 수준을 고려하여 구성하면 좋습니다. 잘 간추리는 아이들의 자료를 참고해서 다른 아이가 간추리기도 했고, 서로 설명해주기 활동도 가능하기 때문입니다. 이 활동을 할 때, 교사는 학생들이 이 인물에 대해 충분히 이해했는지 점검하고 부가적인 설명을 하였습니다. 글이나 책을 충분히 이해한 팀은 추가적인 동영상이나 인터넷 자료도 찾아볼 수 있도록 했습니다. 아이들이 기초적인 배경 지식이 쌓인 상태에서의 조사라 어떤 내용을 찾아야 하는지 감을 잡게 됩니다.

(3) [미술, 국어] 만화 개요 짜고 만화의 기초 익히기

줄거리 간추리기 작업을 하고 나니 자연스럽게 만화의 내용 흐름이 잡혔습니다. 교사는 아이들이 몇 컷으로 만화를 그리게 할지 고민하면 좋습니다. 만화 그리기를 어려워하는 아이들은 그려야 하는 만화의 컷 수를 미리 정해두고 이야기의 흐름을 그 컷에 맞게 구분해서 이야기를 간추리게 하면 좋습니다. 저는 그리고 싶은 분량은 자기가 선택해서 그려도 된다고 했기에 아이들마다 만화 분량의 편차가 컸습니다. 매주 한 편씩 완성해서 가져오는 학생들도 있었고, 8컷 만화로 짧게 완성한 학생들도 있었습니다.

국어 교과서를 활용해서 만화의 표현 방법에 대한 수업도 진행하였습니다. 만화의 특성에 대해 배우고, 만화에서는 줄거리가 어떻게 펼쳐지는지 알아보았습니다. 만화 그리기도 세분화해서 익히면 익힐 것들이 많았는데 간단하게 감정별로 이모티콘을 그려보고, 나의 만화에서 등장시킬 등장인물을 설정하는 것으로 수업하였습니다. 각 등장인물이 어떤 성격인지 설정해보고 어떤 역할로 등장시킬지 구상했습니다.

(4) [국어] 내가 맡은 인물 강의하기

글을 이해하고 간추린 뒤에는 간추린 글을 친구들 앞에서 강의 형식으로 설명하는 시간을 가졌습니다. 처음에는 그 인물에 대해 잘 모르는 아이들도 한 인물에 대해 2번씩 친구가 설명하고 듣는 시간을 가지니 다른 친구들이 조사한 인물들도 잘 이해했습니다. 강의를 들으며 중요한 내용을 메모하며 듣기도 연습했습니다. '[4국01-05] 내용을 요약하며 듣는다.'라는 국어과 성취기준을 함께 다루었습니다. 친구들의 발표를 들으며 마인드맵이나 플로우맵, 글 등 다양한 방법으로 요약하며 듣기를 수차례 연습했습니다. 이 강의 시간은 수업 시간을 따로 내어 하지 않고 매일 아침 시간을 활용하여 2명씩 나와서 발표했습니다.

(5) [창체] 원격영상진로멘토링으로 웹툰 작가와 가상으로 만나기

　프로젝트 중에 '원격영상진로멘토링' 수업을 활용했습니다. '원격영상진로멘토링'은 실제 직업인과 원격으로 만나서 하는 일, 되기 위한 방법, 전망 등에 대한 설명도 듣고 질문도 해볼 수 있는 프로그램입니다. 원하는 직업을 찾아 미리 주문형 수업을 개설해 두면 원하는 수업 시간에 아이들이 직업인을 실제로 만날 수 있기에 아이들의 동기가 올라가고 직업인의 생생한 이야기를 들을 수 있어서 좋습니다. 우리 반 아이들은 웹툰 작가를 온라인에서 만났습니다. 아이들이 만화를 직접 그리고 있어 자신의 작품에 대한 질문거리를 가득 안고 갔는데, 직업인이 아이들 질문에 답해주는 시간이 충분하지 않아서 조금 아쉬웠습니다. 그래도 아이들이 실제 직업인을 만날 수 있어 좋았습니다. 웹툰작의 용어를 귀 기울여 들은 아이들은 그때부터 '마감의 고통이 밀려온다.'라는 표현을 쓰기도 했습니다.

(6) [미술] 웹툰 그리고 인터넷으로 공유하기

　정말 아이들은 마감의 고통을 겪으며 만화를 완성했습니다. 만화를 즐겨 그리는 아이는 정말 웹툰 작가처럼 일주일에 한 편씩 연재해왔지만, 그리기를 즐기지 않는 아이는 친구, 선생님, 부모님 모두의 도움을 받아 완성했습니다. 어떻게 완성했든 모두 완결의 기쁨을 맛보았습니다. 아이들의 작품은 블로그에 올려 공유하기도 했고, 주변 선생님들과 나누기도 했습니다. 또 작품을 묶어 책 형태로 출판하기도 했습니다. 인터넷에 자기의 이름과 작품명을 검색하면 검색화면에 자신의 작품이 뜨는 것을 보고 기뻐하기도 했습니다.

〈책 출판〉

〈웹툰〉

Ⅲ. 사이즈별 프로젝트 수업 룩북

기억에 남는 수업 장면 Talk

서로 도움을 주고받는 아이들의 모습은 볼 때마다 항상 감동입니다. 때로는 선생님인 저보다 더 인내심을 가지고 친구의 성장을 위해 설명하고 돕습니다. 모든 학생들이 1인 1작품을 산출할 수 있도록 수업을 기획했는데, 미술 자체를 두려워하는 어떤 아이에게는 이것이 많은 부담으로 다가왔나 봅니다. 컷수를 줄여주기도 했고, 인물에 대한 이해도 충분히 되었다고 생각했는데 그림 자체를 어려워하다 보니 어떻게 해야 할지 많이 망설이고 집중력을 잃어가는 모습이 보였습니다. 이때, 함께 같은 인물에 대해 공부하는 친구의 도움을 많이 받았습니다. 자신이 완성한 작품을 보여주기도 하고, 스케치를 완성한 작품을 함께 색칠해주기도 했습니다. 자신의 재능을 다른 친구들을 위해 활용하는 아이들이 예뻤습니다.

재능이라는 것은 혼자만을 위해 쓸 때보다 우리 사회 속에서 베풀 때 더욱 아름다운 것이라고 생각합니다. 재능이 있는 친구들이 이 프로젝트에서 자신의 재능을 친구들을 위해 많이 활용했습니다. 재능나눔을 하면서 자신감도 찾고, 내적인 기쁨을 찾아가는 모습이 인상 깊었습니다. 저에게도 아이들에게도 도전의 요소가 많은 프로젝트였는데, 아이들 수준보다 +1의 프로젝트를 제시했을 때 아이들이 그것을 해내느라 애쓰고 힘들어 하지만 다 해냈을 때에는 아이들이 부쩍 커있더라구요.

세종시에 대한 아이들의 작품들을 묶어 책으로도 만들었습니다. 이 책에는 아이들이 열심히 그린 세종시 인물에 대한 만화가 주를 이루고, 4학년 1학기 사회를 공부하면서 만든 세종시의 관광명소, 공공기관에 대한 내용도 있습니다. 세종시에 대해 공부하는 친구들이 쉽고 재밌게 공부했으면 좋겠다는 예쁜 마음을 담은 이 책은 우리 학교 도서관에 전시가 되었고, 이 책을 출판하면서 아이들과 출판기념회라는 것도 했습니다. 출판기념회에서 아이들은 보람 있었다라는 말을 많이 했습니다. 그만큼 아이들에게는 이 과정 자체를 경험해 보는 게 큰 의미가 아니었을까 싶습니다.

수업을 닫으며

　10차시 이상의 긴 호흡 흐름을 가진 프로젝트 수업이었습니다. 처음 맡은 4학년에 교육과정과 아이들의 수준이 정확히 파악이 되지 않은 상태에서 의욕만 가지고 시작한 프로젝트 수업이었는데 아이들이 잘 따라와 주어서 고마운 수업으로 기억에 남습니다.
　이 프로젝트가 끝나고 나서 한 달 쯤 뒤, 마을 교사 선생님이 찾아오셔서 우리 고장의 인물에 대한 마무리 수업을 해주셨어요. 인물이 나올 때마다 척척 대답하고, 꽤 수준 높은 질문에도 막힘 없이 대답하자 마을 교사 선생님이 어쩜 아이들이 이렇게 우리 고장에 대해서 잘 아냐면서 반 아이들을 잔뜩 칭찬해주시고 가셨답니다. 우리가 함께 그린 만화를 보여드리며 세종시 마을 교사 수업을 할 때 활용해주십사 부탁도 드렸어요. 잘 활용하시겠다면서 꼬마 웹툰작가들에게 '만화를 그려줘서 고맙다'고 말씀하시며 돌아가셨답니다.

수업 흐름도

① [사회, 국어] 우리 지역의 인물을 살펴보고, 집중 탐구 인물 선정하여 조사하기
② [국어] 인물의 생애를 조사하고 글 간추리기
③ [미술, 국어] 만화 개요 짜고 만화의 기초 익히기
④ [국어] 내가 맡은 인물 강의하기
⑤ [창체] 원격진로멘토링으로 웹툰 작가와 가상으로 만나기
⑥ [미술] 만화를 그리고 인터넷으로 공유하기

편견과 차별 극복을 위한 나눔 장터 열기
- 학기 말 함께하는 따뜻한 마무리 -

핵심 키워드 #학기말활동 #나눔장터 #편견과차별극복 #우리끼리하는학년졸업식

성취기준
[4사04-06] 우리 사회에 다양한 문화가 확산되면서 생기는 문제(편견, 차별 등) 및 해결 방안을 탐구하고, 다른 문화를 존중하는 태도를 기른다.
[4국03-03] 관심 있는 주제에 대해 자신의 의견이 드러나게 글을 쓴다.

수업 주제
1) 학기 말 나눔 장터를 열고 수익금 기부하기
2) 우리 사회에서 편견과 차별을 겪는 사례와 해결방안을 탐구하여 주장하는 글쓰기
3) 편견과 차별 문제 해결을 위한 체험 부스 및 나눔 장터 운영하기

수업 디자인 Talk

추운 날씨 탓에, 곧 예정된 아이들과의 이별 탓에 왠지 모르게 마음도 몸도 서늘해지는 학기 말입니다. 매년 새로운 아이들을 만나고 헤어지지만, 헤어짐을 앞둔 학기 말이 되면 왠지 아이들과 특별하게 마무리를 하고 싶어집니다. 저는 이럴 때 마지막으로 함께하고 싶은 행사를 아이들과 계획해서 실행하며 추억을 만들어 봅니다. 특히나, 우리들만의 행사로 끝나지 않게, 우리 주변의 소외된 곳들에 보탬이 되는 따뜻한 행사면 더욱 의미가 있겠지요. 이런 학기 말 활동을 교육과정과 연계하여 실행하면 좋겠다 싶은 마음에 편견과 차별 극복을 위한 나눔 장터 열기 프로젝트를 시작하게 되었습니다.

아이들에게 처음 행사를 기획하여 실행해보라고 하면, 처음에는 그동안 경험한 것 안에서 떠올립니다. 학기 말 활동으로 어떤 것들을 하고 싶냐는 질문에 아이들이 흔히 떠올리는 것은 영화 보기, 과자 파티 이런 것들입니다. 하지만 자꾸 아이들 스스로 기획하고 실행해보는 경험을 제공하면 점점 계획의 구체성도 높아지고, 단순히 흥미 위주의 활동에서 벗어나 교육적 의미가 있는 활동을 기획하는 모습을 볼 수

있습니다. 우리끼리 즐겁게 추억을 쌓는 것도 좋지만 추운 겨울에 다른 사람들을 도와줄 수 있는 활동이면 더 좋겠다, 우리가 배우고 있는 것이랑 관련이 있으면 좋겠다, 이런 이야기들을 자꾸 하다 보면 아이들은 또 찾아냅니다.

이야기를 나누던 중 '기부'에 대한 이야기가 나왔습니다. 기부에는 다양한 방법이 있습니다. 용돈을 기부할 수도 있고, 무언가를 만들어서 기부를 할 수도 있고, 직접 봉사 활동을 해보는 방법도 있습니다. 하지만 우리가 배우는 내용과 관련이 있고 추억을 동시에 쌓을 수 있는 활동, 코로나19 상황에서 안전하게 활동할 수 있는 것에 부합하는 것들은 아니었습니다. 그렇게 고민을 하다가 '나눔 장터'를 열어보기로 했습니다. 이렇게 장기 프로젝트를 할 때에는 모둠을 다시 구성하고 조사할 주제에 맞게 이름도 정하고 팀 빌딩도 합니다. 그러면 아이들의 몰입도도 올라가고, 소속감 있게 활동에 참여하게 됩니다.

(1) [사회] 편견과 차별로 인한 문제 사례와 해결방안 조사하기

마침 사회 시간에 편견과 차별 문제에 대해서 배우고 있었습니다. 편견과 차별이 무엇인지 교과서를 통해서 개념을 익히고 조사하고 싶은 주제를 정해서 실제 뉴스 사례를 탐구했습니다. 아이들은 장애인 차별, 외모 차별, 다문화 가정 차별 등으로 나누어서 사례를 조사하였고, 이에 대한 해결 방안을 생각해 보았습니다. 조사할 때 기본 질문을 제시하였는데, 어떤 일이 있었는지, 계속 차별이 지속되면 어떤 일이 벌어질지, 해결 방안은 무엇일지 생각해서 적어보도록 했습니다. 조사 후에는 반 전체가 함께 해결 방안에 대해 고민해 보았습니다.

(2) [국어] 편견과 차별 극복을 위한 주장하는 글쓰기

　사회 시간에 조사한 내용을 바탕으로 국어 시간에는 '[4국03-03] 관심 있는 주제에 대해 자신의 의견이 드러나게 글을 쓴다.'는 성취기준을 공부하였습니다. 조사한 내용을 바탕으로 의견을 제시하는 글을 쓰는 시간을 가졌습니다. 아이들이 이 프로젝트 전에도 의견을 제시하는 글쓰기를 수차례 해서 익숙하게 적어내는 모습을 보였습니다.

　주장하는 글처럼 형식이 정해진 글을 쓸 때에는 뼈대와 글의 예시를 보여주면 아이들이 곧 잘 써냅니다. 뼈대를 작성하는 단계에서 근거의 타당성, 실천 가능성 등을 미리 생각해 보게 하고 교사 피드백을 받은 뒤 글을 쓰게 하면 고쳐쓰기 단계에서 보다 수월합니다.

　아이들이 생각해 낸 해결 방안이자 주장이 가지각색이었습니다. 차별 금지법을 만들자, 서로 입장을 바꿔서 생각해보자 등 다양한 주장을 내세웠습니다. 조사한 자료를 통해 근거의 타당성을 높이는 글쓰기는 5~6학년 성취기준에 해당하므로, 이번 글쓰기에서는 조사한 자료를 문제 상황에서 인용하는 정도로 활용하였습니다. 글을 쓴 뒤에는 서로의 글을 바꿔보며 기준에 따라 의견과 근거의 타당성을 판단하는 상호 평가도 실시하였습니다. 친구들끼리 글을 바꿔 읽고 평가 기준에 맞추어 댓글을 써주고, 친구의 글에서 좋은 점을 찾아서 포스트잇에 붙여주었습니다.

(3) [국어] 《초코곰과 젤리곰》을 읽고 편견과 차별 극복을 위해 내가 할 일 찾기

　코로나19 확산으로 갑자기 온라인 수업으로 전환된 날에는 온라인 수업을 활용하여 《초코곰과 젤리곰》 그림책을 읽어주었습니다. 초코곰과 젤리곰은 인종차별 문제를 귀여운 젤리곰의 이야기에 빗대어 소개하고 있습니다. 버스에서 인종별로 좌석이 구별되어 있던 것, 서로의 일터, 놀이장소 등 일상 생활 공간이 분리되는 점 등이 그림책 곳곳에서 발견됩니다. 아이들에게 책 곳곳에서 차별 요소를 찾아보라고 했고, 초코곰의 입장에서 제일 상처 받았을 것 같은 장면을 찾아보라고도 했습니다. 초코곰과 젤리곰은 결국 결혼하여 초코틴과 젤라코라는 아이들을 낳게 되는데, 이 아이들이 우리 학교에 다닌다면 우리는 어떤 것들을 할 수 있을지도 물어보았습니다. 아이들은 외모가 달라도 응원하고 존중해주기, 차별이 보이면 멈추라고 말하기, 같이 함께 놀기, 수호천사 되어주기 등의 해결 방안을 제시해주었습니다.

(4) [사회] 편견과 차별 극복을 위한 체험 부스 준비 및 실행하기

편견과 차별 사례, 해결 방안에 대한 발표 자료와 편견과 차별을 간접적으로 느껴볼 수 있는 체험 부스 사례를 만들었습니다. 체험 활동은 아이들에게 몇 가지 예시를 들려주니 잘 생각해냈습니다. 외모 차별 체험 부스에서는 가면을 씌워놓고 편의점 면접 상황을 연출했습니다. 장애 차별 체험 부스에서는 눈을 가리고 물건을 찾게 하거나, 왼손으로 글을 써보게 하는 등 불편함에 초점을 두고 그 감정을 느껴보게 했습니다. 인종 차별 체험 부스에서는 가면을 만들어보고 인종 차별이 섞인 말들을 들어본 뒤 감정이 어떤지 말해보게 하기도 하였습니다.

체험 시작 전, 아이들이 편견과 차별로 인해서 우리 사회에서 어떤 문제점이 일어나고 있는지 먼저 설명하고 이에 대한 해결 방안을 이야기했습니다. 이어서 자신들이 준비한 체험을 하게 한 뒤, 느낀 점이나 해결방안을 포스트잇에 적어보도록 하기도 했습니다.

외모 차별 체험 부스에서는 이런 대화가 오갔습니다. 아이들의 대화가 실제 상황보다 과장되고 상상력이 가미된 측면도 있기는 하지만, 황당하게도 이 사례는 실제 기사문을 근거로 하고 있습니다.[3]

"저희가 외모를 보고 뽑는다고 홈페이지에 올려두었죠. 그래서 당신은 탈락입니다. 외모가 저희 편의점과는 맞지 않아요!"
"왜 외모를 보고 뽑아요? 저 잘할 수 있는데요? 억울해요!"

장애인 차별 체험 부스에서는 휠체어를 타고 식당에 갔는데 거부를 당한 상황, 버스에 탑승했는데 정면을 볼 수 없는 자리에 배치되어 멀미가 나는 상황, 장애가 있다는 이유로 유치원 입학에 거부를 당한 상황을 연출하고 이를 위로하는 글을 들려주며 마음이 어떤지 묻기도 하였습니다.

(5) [창체] 편견과 차별 극복을 위한 장터 준비 및 실행하기

편견과 차별 극복을 위한 장터를 열었습니다. 장터 물품을 준비하기 위해서 보호자들께 학급 SNS를 활용하여 공지를 하고 필요 없는 물품을 학교로 보내달라고 말씀드렸습니다. 장터의 취지를 설명하고, 물품이 없을 경우에는 가져오지 않아도 괜찮다고도 함께 말씀드려 최대한 부담을 덜어드리려고 노력했습니다. 아이들은 장터 이야기가 나오자마자 그 다음 날부터 교실에는 엄청난 양의 물건들을 가져 왔습니다.

아이들이 가격표도 만들어 붙였는데 쉬는 시간도 없이 몰입해서 물

---

3 이지영 기자, 〈얼굴 부었다는 이유만으로 편의점 채용 거부는 인권 침해〉, 《매일경제》 2018년 01월 28일자. (https://www.mk.co.kr/news/society/view/2018/01/63313/)

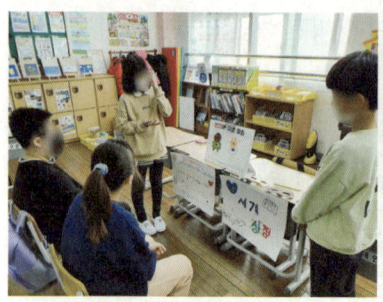
〈 편견과 차별 설명 모습 〉

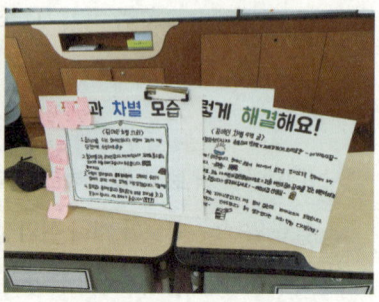
〈 장애인 차별 관련 조사 자료 〉

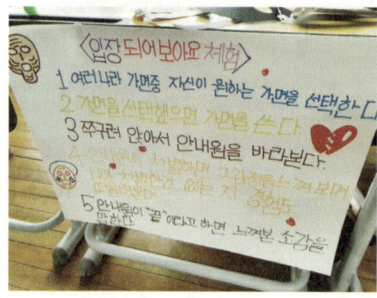
〈 체험 안내 〉

〈 외모 편견과 차별 체험 모습 〉

품을 정리하고 붙였습니다. 각 가정의 부담을 덜어주고 교실 내에서 용돈으로 인한 소외감을 느끼는 학생들이 없도록 개인당 2~3천원 선에서 구입할 수 있게 했습니다. 그런데 많은 아이들이 물품을 가져오기도 했고, 학기 말 물품이 풍요로워 물가가 너무 저렴해지는 현상이 발생해버렸습니다.

장터 당일, 아이들이 짤랑짤랑 아침부터 동전을 들고 오는 소리가 들렸습니다. 아이들이 기대를 하고 와서 신나게 장터 활동을 했습니다. 교실에서 물품들이 말도 안되는 가격으로 판매가 되었습니다. 일반 시장 가격의 95% 할인된 가격으로 물건들이 판매되고, 기부금이 모였습니다. 장터를 마치고 번 금액을 정산했습니다. 기부액이 크지는 않지만 아이들이 고사리 손으로 모은 돈이라 소중하게 느껴졌습니다. 각자 부스에서 기부하고 싶은 단체를 찾아 계좌번호를 봉투에 적도록 했습니다.

(6) [창체] 수익금 기부하기

기부 과정에 아이들이 참여했으면 좋겠어서 대표 아이 2명과 근처 은행으로 향했습니다. 많은 아이들이 오고 싶어 했지만, 대규모 인원 방문으로 은행에 피해를 주면 안되므로 가위바위보로 어렵게 정했습니다. 계좌 이체를 위한 양식을 처음 써보는 아이들이라 시간이 오래 걸렸지만 또박또박 힘주어서 작성했고 결국 이체에 성공했습니다. 인증샷까지 신나게 찍고 학교로 돌아왔습니다.

수업을 닫으며

방학에 대한 기대감으로 헤어짐에 대한 아쉬움으로 이래저래 시끌시끌한 학기 말, 어떤 활동으로 올해 활동을 마무리 지으면 좋을까 고민하는 선생님들께 학기 말 장터 활동을 추천합니다. 장터와 기부 활동으로도 충분히 의미가 있지만 교육과정과 연계하여 진행하면 교육적 효과가 더 배가 됩니다. 학기 말의 교육과정을 살펴보면 장터와 연계할 수 있는 성취기준들이 꽤 많다는 것을 발견할 수 있을 겁니다. 학기 말, 아이들과 추억도 쌓고, 주변에 따뜻한 마음을 전해보면 어떨까요?

수업 흐름도

① [사회] 편견과 차별로 인한 문제 사례와 해결방안 조사하기
② [국어] 편견과 차별 극복을 위한 주장하는 글쓰기
③ [국어] 《초코곰과 젤리곰》을 읽고 편견과 차별 극복을 위해 내가 할 일 찾기
④ [사회] 편견과 차별 극복을 위한 체험 부스 준비 및 실행하기
⑤ [창체] 편견과 차별 극복을 위한 장터 준비 및 실행하기
⑥ [창체] 수익금 기부하기

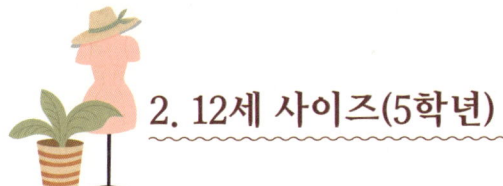

2. 12세 사이즈(5학년)

산지, 하천, 해안, 섬, 평야 어디로 떠날까?
- 국내 배틀트립 프로젝트 -

핵심 키워드 #국내지형 #국내여행박람회 #여행사직원되어보기

성취기준
[6국03-03] 목적이나 대상에 따라 알맞은 형식과 자료를 사용하여 설명하는 글을 쓴다.
[6국02-02] 글의 구조를 고려하여 글 전체의 내용을 요약한다.
[6사01-03] 우리나라의 기후 환경 및 지형 환경에서 나타나는 특성을 탐구한다.
[6미02-03] 다양한 자료를 활용하여 아이디어와 관련된 표현 내용을 구체화할 수 있다.
[6미01-05] 미술 활동에 타 교과의 내용, 방법 등을 활용할 수 있다.

> **수업 주제**
> 1) 우리 국토의 지형적 특성 알아보기
> 2) 국내 지형에 따라 여행사 조직하고 여행상품을 개발하기
> 3) 설명 방법을 익혀 여행 상품 설명 자료 및 설명하는 글쓰기
> 4) 여행 상품 박람회에서 친구들, 부모님께 설명하기

수업 디자인 Talk

보호자 공개수업은 아이들이 학교에서 수업하는 모습을 아이 보호자들께 보여드리는 자리입니다. 모든 교육은 학생, 보호자, 교사가 함께 하는 것이기라고 생각하기에, 저는 보호자 공개수업 시 보호자들께 역할을 부여하여 수업에 참여하게 합니다. 이 프로젝트도 보호자 공개수업을 계기로 디자인하게 되었습니다. 아이들에게 친구들 외에 수업 중 참관자가 생긴다는 것은 좋은 긴장감의 요소로 작용합니다. 이 해 학생들은 자기 생각을 표현하는 것을 좋아하는 학생들이 많아서, 부모님 앞에서 발표하는 수업을 편안하게 받아들일 것으로 예상했습니다.

성취기준들과 각 과목의 교과서를 둘러보다 '[6국03-03] 목적이나 대상에 따라 알맞은 형식과 자료를 사용하여 설명하는 글을 쓴다.'와 '[6사01-03] 우리나라의 기후 환경 및 지형 환경에서 나타나는 특성을 탐구한다.'라는 성취기준이 연계하기에 적합해 보였습니다. 재미를 더 해줄 수 있는 미술 관련 성취기준들도 섞으면서 국내 배틀트립 프로젝트를 시작하였습니다.

프로젝트의 시작은 아이들과 이 프로젝트의 목적지와 과제, 평가를 공유하고 시작합니다. 첫 시간에는 프로젝트 과제를 개발할 때 쓰이는 GRASPS[4]를 아이들에게 안내하였습니다. 교과서를 함께 살펴보며 어떤 내용을 배우게 될 것인지, 어떤 역할을 가지고 청중에게 어떤 결과물을 보여주어야 하는지 예시 작품과 함께 보여주었습니다. 아이들에게 제시한 상황은 다음과 같습니다.

> 코로나가 끝나면 어디로 떠나고 싶으신가요? 여행사 직원이 되어, 지형에 대한 여행 상품 설명 자료를 만들어 여행상품 박람회에서 친구들, 부모님께 설명해 봅시다.
>
> 여행 박람회 일시 : 20○○년 4월 ○일,
> 조건 및 평가 기준 : 지형별 특성이 잘 드러날 것, 설명 방법 중 1가지 이상을 적용해서 대본을 작성할 것, 모두가 협력하여 준비에 참여하고 발표에 참여할 것

아이들에게 과제를 설명한 뒤, 교사가 먼저 만든 예시 작품을 보여주며 직접 시연을 하였습니다. 모델링은 아이들이 최종 수행과제에 대한 감을 잡고, 학습 중 내용 요소에 집중하게 합니다.

---

[4] GRASPS란 백워드 설계에 기반을 두어 평가 과제 개발에 활용하는 도구로 활용되며, G(Goal)-목표, R(Role)-역할, A(Audience)-청중, S(Situation)-상황, P(Product)-결과물, S(Standards)-준거를 바탕으로 학생들에게 명확하게 수행 목표나 수행 과제를 제시할 때 활용한다.

(1) [창체] 지형별로 여행사 조직하기

　여행사 조직 및 팀 빌딩 활동을 실시하였습니다. 사회 시간에 배운 국내 지형대로 산지, 하천, 해안, 섬, 평야로 나누어 여행사를 조직하였습니다. 프로젝트 학습을 할 때 모둠 조직은 매우 중요합니다. 서로 다른 능력을 가진 학생들이 함께 모였을 때 또래를 통해 배울 수 있고, 함께 결과물을 제작할 때 전체적인 흐름이 원활하게 진행될 수 있기 때문입니다. 아이들의 선호대로 모둠을 구성하되, 조정이 있을 수 있음을 미리 양해를 구하고 모둠을 조직하였습니다. 여행사 조직 후에는 모둠별로 여행사 이름을 정하고 모둠 간판을 만들었습니다. 각 지형의 특성이 드러나게 만들어도 좋고, 여행사 특성이 드러나게 만들어도 좋다고 했더니 다양한 이름들이 만들어졌습니다. 발표 때 외칠 여행사 구호도 만들었습니다.

(2) [사회] 지형 특성 익히고 지형 모형 제작하기

　이어서 우리나라 지형의 특성에 대해 익히고 지점토로 지형 모형을 만들었습니다. 우리나라 지형의 특성을 교과서와 사회과부도를 활용하여 살펴보았습니다. 등고선의 높이에 따라 색깔이 어떻게 달라지는지 알아보고, 우리나라의 대표적인 산맥을 살펴본 뒤, 지점토를 활용해 높은 곳은 높게, 낮은 곳은 낮게 쌓아보도록 했습니다. 산맥을 만든 뒤에는 이쑤시개와 라벨지로 산맥 이름을 표시했습니다. 산맥을 직접 지점토로 만드는 과정을 통해 우리나라에는 산이 참 많음을 익힐 수 있었습니다.

　다음에는 우리나라의 하천과 평야의 지형적 특성을 알아보고, 지점토가 마른 뒤 평야와 하천을 색칠해 보았습니다. 마른 뒤에는 대표적인 평야와 하천을 그리고 이름을 적었습니다. 마지막으로 해안과 섬의 특성에 대해 알아보고 수심에 따라 해안의 색깔을 달리하여 색을 칠했습니다. 2시간 이상 걸린 대작업이었지만, 직접 만들어보며 우리나라가 동고서저 지형이라는 것, 대표적인 산맥, 평야, 하천의 이름, 우리나라 해안선과 해안별 수심의 특징에 대해 익힐 수 있었습니다.

〈국토 지형 만들기〉

(3) [미술] 여행사 로고 제작 및 여행사 직원 기념 촬영하기

프로젝트에 재미를 더하기 위한 활동으로, 여행사 로고를 제작하였습니다. 반 학생들이 1년 동안 미리캔버스나 구글 프레젠테이션을 자주 활용할 예정이어서, 매체 활용 기술을 함께 지도하였습니다. 지형 모형을 만들며 지형에 대해 익힌 것을 마인드맵으로 복습해보며 해당 지형 하면 떠오르는 것들을 쭉 적었습니다. 그중에서 로고에 넣고 싶은 것을 선택한 뒤, 미리캔버스로 제작했습니다. 미술 교과서에 사진 촬영에 대한 단원이 있어, 여행사 단체 인물 사진도 촬영해보는 시간을 가졌습니다. 미술 시간에 빛의 방향, 빛의 양, 거리, 셔터 등에 대한 설명과 함께 격자 선을 이용해 찍는 방법, 수직, 수평 맞추기 등 구도에 대하여 지도 후, 야외에서 촬영하였습니다.

(4) [국어] 설명하는 글의 구조를 익히고, 설명 자료 수집하기

'[6국03-03] 목적이나 대상에 따라 알맞은 형식과 자료를 사용하여 설명하는 글을 쓴다.'는 성취기준을 지도하면서는 국어 교과서를 활용하였습니다. 국어 교과서의 제재 글을 활용하여 비교, 대조와 열거의 뜻, 적용된 예시 글을 살펴보았습니다. 적용 과제로, 각 모둠에서 여행지 설명을 할 때 어떤 설명 방법으로 내용을 구성할지 골라보았습니다. 교사가 지형을 비교, 대조와 예시 방법으로 글을 쓴 예시 자료를 제시했기에 학생들이 설명 방법을 잘 골라낼 수 있었습니다.

(5) [국어] 설명하는 글을 쓰고, 설명 자료 제작하기

발표 자료를 조사하고 구글 프레젠테이션으로 발표 자료 제작을 시작하였습니다. 구글 프레젠테이션은 별도의 로그인 없이 바로 사본에 접속하여 수정할 수 있다는 점과 간단한 링크 주소를 주소창에 넣으면 여러 명이 동시에 접속하여 수정할 수 있어서 편리합니다. 접속 방법, 이미지 삽입 방법, 글자 넣는 방법 등을 지도해주면 아이들은 금새 능숙하게 제작합니다. 발표 자료 예시를 충분히 살펴보게 하여, 핵심적인 내용만 사진과 글로 담는다는 것을 강조하여 지도하고, 발표하고 싶은 내용은 따로 설명하는 글에 써서 설명하도록 하였습니다.

자료 만들기를 끝낸 모둠은 설명하는 글을 작성하였습니다. 비교, 대조와 열거 중 어떤 방법을 활용하여 소개를 할지 정한 뒤, 구글 프레젠테이션의 발표자 노트 부분에 적도록 했습니다.

발표 연습을 수차례 진행하였는데, 발표할 때 제일 강조하는 점은 매체를 '활용'해서 발표하게 하는 것입니다. 자료를 활용하여 발표하는 연습을 하지 않으면 발표 자료를 열심히 만들었음에도 자신이 쓴 글만 보고 읽거나 설명 없이 넘기는 경우가 발생합니다. 만든 발표 자료를 손으로 짚어가며 최대한 자신이 설명하는 내용을 숙지한 상태에서 발표합니다. 아이들은 발표 연습을 할 때마다 내용도 풍성해지고 발표

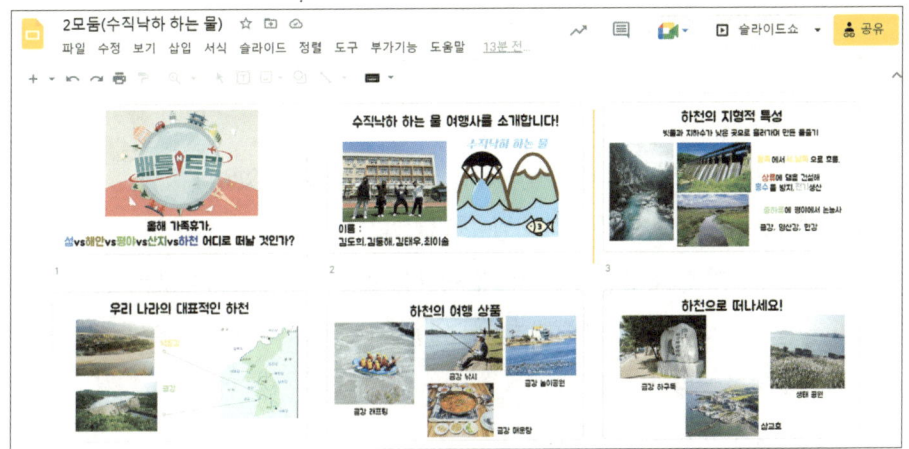

〈 학생 발표 자료 〉

태도도 좋아지게 됩니다.

   이번 공개수업은 코로나19 유행으로 인하여 보호자들이 직접 학교로 방문하시지 못하고 원격으로 생중계하는 공개수업이었습니다. 줌으로 하는 공개수업이었기에, 아이들이 목소리가 잘 송출되도록 발표 연습하는 데에 노력을 더욱 많이 했습니다.

(6) [사회] 여행박람회 개최하기

   드디어 보호자 공개수업 날이자 여행 박람회 날이 되었습니다. 아이들이 준비한 과정이자 프로젝트 학습 과정을 사진으로 담아 간단히 설명해드렸습니다. 보호자께 여행 박람회 손님 역할을 드려, 발표를 듣고 난 뒤에는 소감과 칭찬을 꼭 들려달라고 부탁드렸습니다. 아이들은 공개수업을 앞두고 떨린다고 했으나, 예상한 대로 태연하게 자신의 끼들을 맘껏 보여주었습니다.

보호자들께서는 아이들의 발표를 보시고 이런 후기들을 남겨주셨습니다.

"또박또박 설명을 잘 해줘서 내용을 쉽게 알아들을 수 있었다."
"자료 조사를 꼼꼼하게 하고 발표를 잘했다."
"친구들과 함께 즐겁게 조사에 참여하는 모습이 느껴졌고, 새로운 것을 알게되어 다음 여행 때 조사한 내용을 바탕으로 가이드를 잘해줄 것 같은 느낌이 든다."
"여행을 가고 싶게 만들었다."

프로젝트 마지막 활동으로 글쓰기를 진행하였습니다. 아이들이 배움을 글로 정리하고 자신의 수업 태도를 차분히 되돌아보기에 글쓰기는 참 좋은 활동입니다. 교사 입장에서는 모둠 아이들 사이에 어떤 상호 작용이 오갔는지와 교우 관계도 파악할 수 있고, 어떤 활동을 선호하는지를 알 수 있어 다음 프로젝트 계획에도 도움이 됩니다. 아이들이 들려준 수업 수기입니다.

"협동심이 엄청 중요하다는 것을 알게 되었고, 자기 말만 맞다고 하면 한 명 때문에 모둠 전체가 망가질 수 있다는 것을 깨달았어요."
"지역 특징에 대해서 모르는 사람이 있다면 제가 자신 있게 소개해줄 수 있을 것 같아요."

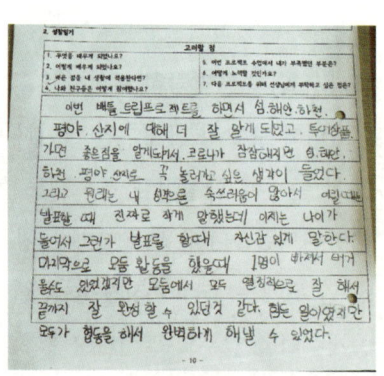

〈수업후기〉

"작년까지만 해도 발표하는 것을 싫어했는데 이제는 발표를 자신 있게 할 수 있겠어요."

"모둠 친구들과 함께하는 프로젝트 학습은 언제나 환영이에요."

기억에 남는 수업 장면 Talk

이 프로젝트 수업이 한창 진행된 2022년 4월, 코로나19로 교실의 반 넘는 학생이 출석하고 결석하기를 반복했습니다. 어제까지 함께 발표를 준비한 친구가 코로나로 나오지 못하기도 했고, 2주간 계속 결석을 하다가 학교에 나와 모둠 활동이 어떻게 진행되고 있는지 뒤늦게 파악하고 급하게 발표 준비를 하는 학생도 있었습니다. 그럴 때마다 모둠이 하나가 되어 수업 상황을 설명해 주기도 하고, 갑자기 결석한 다른 친구의 몫까지 대신해서 발표하기도 했습니다. 어수선한 상황 속에서 진행된 수업이었지만 아이들 모두가 하나가 되어 성공적으로 수업을 마칠 수 있었습니다. 이 혼란스러운 상황에서도 아이들은 각자의 배움을 형성해나가고 또 성장합니다. 아이들 성장에 마음이 뭉클해집니다.

수업을 닫으며

많은 것들을 담기도 했고, 많은 것들을 가르치려고 한 프로젝트 수업이었습니다. 보호자 공개수업을 단 2주 남기고, 아이들이 짧은 기간 동안 잘 따라올 수 있을지 우려도 하였습니다. 우려와는 다르게 공동의 목표와 문제 상황을 만들어내니 아이들이 훌륭하게 해냈습니다.

아이들은 교사의 기대 이상으로 해낼 수 있는 무궁무진한 가능성의 존재라는 것이 참 고마울 따름입니다.

수업 흐름도

① [창체] 지형별로 여행사 조직하기
② [사회] 지형 특성 익히고 지형 모형 제작하기
③ [미술] 여행사 로고 제작 및 여행사 직원 기념 촬영하기
④ [국어] 설명하는 글의 구조를 익히고, 설명 자료 수집하기
⑤ [국어] 설명하는 글을 쓰고, 설명 자료 제작하기
⑥ [사회] 여행박람회 개최하기

3. 13세 사이즈(6학년)

떠나요! 세계여행
― 세계의 각 문화 속으로 빠져보아요 ―

핵심 키워드 #세계여행 가이드 #세계 뮤지컬 공연 #세계의 문화 #세계급식페스티벌 #세계의건축물

성취기준
[6사07-03] 세계 주요 기후의 분포와 특성을 파악하고, 이를 바탕으로 하여 기후 환경과 인간 생활 간의 관계를 탐색한다.
[6사07-04] 의식주 생활에 특색이 있는 나라나 지역의 사례를 조사하고, 이를 바탕으로 하여 인간 생활에 영향을 미치는 여러 자연적, 인문적 요인을 탐구한다.

[6체04-01] 세계 여러 나라의 전통적인 민속 표현의 종류와 특징을 탐색한다.
[6체04-02] 세계 여러 나라 민속 표현의 고유한 특징을 효과적으로 표현하는 데 적합한 기본 동작을 적용한다.
[6체04-03] 민속 표현 활동에 포함된 다양한 표현 방법(기본 움직임, 대형, 리듬 등)을 바탕으로 작품을 구성하여 발표하고 이를 감상한다.
[6체04-04] 세계 여러 민족의 문화적 특성을 이해하고 존중하는 개방적인 마음으로 참여한다.
[6음02-02] 다양한 문화권의 음악을 듣고 음악의 특징에 대해 발표한다.
[6미01-05] 미술 활동에 타 교과의 내용, 방법 등을 활용할 수 있다.
[6미02-01] 표현 주제를 잘 나타낼 수 있는 다양한 소재를 탐색할 수 있다.
[6실02-10] 밥을 이용한 한 그릇 음식을 위생적이고 안전하게 준비·조리하여 평가한다.

수업 주제
1) 세계의 의식주를 바탕으로 인간 생활에 영향을 미치는 자연적, 인문적 요인 탐구하기
2) 세계의 민속춤을 익히고, 민속춤에 영향을 미친 자연적, 인문적 요인 탐구하기
3) 세계의 음식을 조사하고, 인간 생활에 영향을 미친 자연적, 인문적 요인 탐구하고 세계급식 페스티벌 열기
4) 세계의 대표 건축물을 조사하여, 다양한 소재로 대표 건축물 제작하기
5) 세계의 문화와 영향을 미친 요인을 알 수 있는 뮤지컬 공연하기

수업 디자인 Talk

 교직 경력 중 반 이상을 6학년 아이들과 함께 했습니다. 한 학년을 연속적으로 지도하다 보면 교육과정이 쏙 들어오는 경험을 할 수 있습니다. 함께 묶어서 지도하면 좋을 성취기준들이 눈에 들어오기도 하고, 시기를 바꾸어 지도하면 더 좋을 성취기준들도 보여 자연스레 프로젝트와 그 시기가 머릿 속에 구성됩니다.
 묶어서 함께 지도하면 효과적인 대표적인 성취기준을 뽑아보자면, 6학년 2학기의 세계와 관련된 성취기준입니다. 국어, 사회, 미술, 체육, 음악 등 다양한 교과목을 섞어 지도할 수 있어서 다채로운 수업이 가능합니다. 지역에 따라 다르겠지만 세종시에서는 마을 교사, 예술 강사를 지원해 주어서 공예, 무용, 연극 등 전문적인 세종시 내 선생님들의 도움을 받아 수업을 더욱 풍요롭게 진행할 수 있습니다. 이번 프로젝트에서는 학교 외부의 강사 선생님들의 도움을 받았고, 보호자 공개수업과 학예회를 하나의 프로젝트로 해결할 수 있도록 기획하였습니다.
 묶은 성취기준을 보더라도 얼마나 긴 기간이 걸렸을지 짐작하시겠지요. 거의 1달 반의 기간이 소요된 프로젝트였습니다. 제가 근무한 학교의 경우 10월에 보호자 공개수업과 학예회를 진행합니다. 학예회에서는 아이들의 공연뿐만 아니라 아이들의 작품도 전시를 합니다. 수업의 흐름은 크게 두 가지 행사를 준비하는 방향으로 진행하였습니다. 학예회는 교육과정과 동떨어져 기계적이고 반복적인 연습이 되지 않도록 하고, 교육과정과 관련된 의미 있는 시간이 되었으면 했습니다. 보호자 공개수업은 아이들이 그동안 배운 내용을 친구들, 후배들, 학부모님들께 설명해 보는 박람회 행사로 디자인하였습니다.
 먼저 아이들과 어떤 프로젝트를 진행할 예정인지 전반적인 계획과 관련된 성취기준, 교과서를 살펴보며 프로젝트의 큰 그림을 공유합니다. 최종적인 도착지로 세계 문화 체험과 관련된 체험 부스를 보호자 공개수업 때 열 것과 세계 문화와 관련된 뮤지컬을 할 것을 안내하였습니다. 프로젝트를 기획하기 전, 학예회 때 아이들에게 하고 싶은 공연을 물었더니 춤, 연극으로 의견이 좁혀져서 두 가지 요소를 다 충족할 수 있는 뮤지컬로 결정하였습니다.

제가 근무한 학교는 6학년이 두 반, 각 반에 15명 남짓인 소규모 학교였습니다. 보호자 공개수업에서는 반별로 3~4대륙씩 맡아 6대륙 여행을 통해 각 나라의 문화를 체험하는 활동을 진행하였습니다. 대륙을 나눈 뒤에는 조사하고 싶은 나라를 각 모둠에서 정했습니다. 나라 이름을 바탕으로 모둠 이름과 구호를 만들며 팀 빌딩 시간을 가졌습니다. 우리 반 아이들은 유럽의 독일, 아시아의 필리핀, 오세아니아의 뉴질랜드, 유럽의 러시아를 선택하였습니다.

사회 시간에 5대양 6대륙, 위도, 경도, 지형, 기후, 의식주 등에 대해 배울 때마다 발표용 판넬에 바로 적어넣었습니다. 예를 들어, 위도와 경도 보는 방법을 배웠으면 자기 모둠에서 조사하는 나라의 위도와 경도를 바로 조사하여 판넬에 적는 식입니다. 판넬에는 조사한 나라 이름, 백지도에서 표시한 나라의 위치, 위도, 경도, 주변에 있는 대양, 주변에 있는 나라, 기후, 의식주, 간식, 축제, 인구, 산업, 놀이, 음악, 건축물 등이 적혔습니다. 조사할 항목들은 아이들이 소화해낼 수 있는 만큼으로 조정하였습니다.

식생활 조사를 하고 식생활에 영향을 미친 요소를 탐구한 뒤에는 맡은 나라의 전통 음식과 간식을 조사하여 발표 판넬에 정리했습니다. 실과 시간을 활용하여 세계 음식 페스티벌도 열었습니다. 세계의 간식과 음식을 직접 구입하여 체험해 보거나 만들어서 체험해보는 활동입

〈 세계 음식 페스티벌 〉

니다. 음식을 먹기 전에는 만든 모둠에서 음식 이름, 먹는 법, 유래 등을 소개해주고 음식을 나누어 먹었습니다. 뷔페처럼 각 나라의 음식을 앞에 모아 두고 먹을 만큼 가져가서 먹었습니다. 독일에서는 부어스트를, 필리핀은 망고 스무디를, 러시아에서는 펠리메니와 케이크를 만들었습니다. 세계 음식 페스티벌 후에 남은 과자들은 보호자 공개수업 부스에 사용했습니다.

   주생활에 대한 수업을 하면서 각 나라의 전통 가옥을 조사하고 전통 가옥의 형태에 영향을 미친 요소를 탐구하고 발표 자료를 제작했습니다. 이어서 각 나라의 대표적인 건축물을 다양한 소재를 활용하여 제작해보는 활동을 하였습니다. '[6미02-01] 표현 주제를 잘 나타낼 수 있는 다양한 소재를 탐색할 수 있다.'라는 성취기준을 활용한 수업이었습니다. 마을교사 공예 선생님께서 도움을 주셨는데, 각 건축물을 수학 시간에 배운 입체도형들로 크게 나누어 구조를 생각해보았습니다. 구조를 스케치 한 뒤에는 주변에서 구할 수 있는 상자, 페트병 등의 재활용품이나 우드락 등을 활용하여 구조를 잡았습니다. 세부적인 부분을 묘사하기 위해서 이쑤시개, 색지 등 다양한 재료들이 활용되었습니다. 아이들이 건축물을 만들 때 어떤 재료를 활용하여 어떻게 표현할 지 고민을 많이 했습니다. 모둠별로 공예 선생님과 담임교사가

〈 필리핀 아레나 〉

계속 도움을 주고 함께 제작에도 참여했습니다. 러시아를 맡은 모둠에서는 크렘린 성모승천 대성당을, 필리핀을 맡은 모둠에서는 필리핀 아레나를, 뉴질랜드를 맡은 모둠에서는 국회의사당을, 독일을 맡은 모둠에서는 독일의 전통 가옥인 파흐베르크를 완성해내었습니다.

다음은 세계 여러 나라의 민속춤을 탐구해보는 시간을 가졌습니다. 예술 강사 선생님의 도움을 받아 체육 무용 시간에 수업을 진행하였습니다. 먼저 워킹 스텝, 러닝 스텝, 호핑 스텝, 스키핑 스텝, 슬라이딩 스텝 등 기본이 되는 스텝을 익혔습니다. 이어서 러시아 펭귄춤, 미국의 카우보이 부기, 이스라엘의 마임, 나이지리아 파타파타, 네덜란드 버디 댄스 등을 익혔습니다. 아이들이 선정한 나라에 딱 들어맞는 나라의 민속춤은 아니었지만 어떤 민속춤이 있는지 살펴볼 수 있었습니다. 아이들이 배운 민속춤을 뮤지컬에 활용할 예정이어서 수업 중에 다루지 못한 민속춤은 따로 조사하여 익혔습니다. 반 아이들은 필리핀의 티니클링, 뉴질랜드의 하카, 러시아의 펭귄 춤, 독일의 킨더 폴카를 30초 정도 준비하여 뮤지컬에 녹여내었습니다.

음악 시간에는 각 나라의 민속 음악을 조사하여 발표하는 시간을 가졌습니다. 각 모둠 별로 나라의 대표적인 음악을 함께 감상해보고 가사의 의미와 음악의 유래도 조사해서 들려주었습니다. 뉴질랜드를 맡은 모둠에서는 우리나라에도 잘 알려진 연가(포카레카레 아나)라는 노래와 연가에 얽힌 이야기를 조사하여 그 이야기를 뮤지컬 대본으로 작성하기도 했습니다.

　미술 시간을 활용하여 지우개 볼록 판화를 제작하였습니다. 보호자 공개수업에서 여권을 제작하여 체험을 잘 마친 학생들에게 출입국 도장을 찍어주도록 할 예정이어서, 각 나라를 상징할 수 있는 로고를 디자인하여 조각도로 지우개를 파내어 도장을 제작하였습니다.

　이렇게 여러 교과목의 다양한 내용을 배운 뒤에 보호자 공개수업을 열었습니다. 보호자 공개수업에서는 그동안 조사하고 정리한 판넬의 내용을 바탕으로 자신이 조사한 나라에 대해서 설명합니다. '[6국01-05] 매체 자료를 활용하여 내용을 효과적으로 발표한다.'는 성취기준을 중심으로 지도하였습니다. 발표 자료를 읽는 것이 아니라 활용하여 발표할 수 있도록 손으로 발표 자료를 짚기도 하고, 동영상에서 중요한 부분에서 멈춰서 이야기할 수도 있도록 자신이 발표할 내용을 숙지하도록 하였습니다.

　보호자 공개수업에서는 6학년 두 개 반이 함께 총 8개 국가의 부스를 열고 80분동안 공개수업을 하였습니다. 모둠별로 발표하고 체험할 수 있는 시간을 일정하게 설정하여 모든 부스가 같은 시간에 발표가 시작되고 끝날 수 있도록 하였습니다. 각 모둠을 가이드팀과 관광객팀으로 나누어 설명과 관람을 모두 해볼 수 있도록 하였습니다. 보호자들은 자녀와 함께 한 팀의 관광객이 되어 함께 움직일 수 있도록 하였습니다. 부스를 원형으로 배치하여 시계 방향으로 이동하며 관람하도록 하였고, 가이드 또는 관광객의 역할이 끝나면 교대하여 진행하였습니다.

　보호자님들께서도 아이들이 한달 동안 배운 내용을 의젓하게 설명하는 모습에 감동을 많이 받았고, 프로젝트 수업에 대한 만족도를 높게 평가해 주셨습니다. 보호자 공개 수업이 끝난 후에는 후배들을 대상으로 공개수업을 한 차례 더 실시하였습니다. 보호자님들만 대상으로 하면 아까울 것 같다는 교장 교감 선생님의 말씀에 따라 5학년 후배들을 대상으로 부스를 한 차례 더 열었습니다.

학예회 준비도 함께 진행하였는데, 국어 시간을 활용해 그동안 세계에 대해서 조사하고 배운 내용으로 대본을 만들고 있었습니다. '[6국05-04] 일상생활의 경험을 이야기나 극의 형식으로 표현한다.'는 성취기준을 수업하였습니다. 먼저 세계와 관련된 내용 중에서 우리 모둠에게 인상 깊던 내용을 떠올린 뒤 인물, 사건, 배경을 만든 뒤 이야기를 짜보라고 했습니다. 이 수업은 아이들에게 사실 어려운 작업이었습니다. 아무래도 일상생활의 경험이 아니라 가상의 인물과 이야기를 만들어내는 일이어서 어렵게 느낀 것 같습니다. 이에 따라 아이들은 대략적인 스토리라인, 아이디어 정도를 떠올리고, 이야기가 전체적인 흐름에 맞게 진행될 수 있도록 대본을 교사가 수정하였습니다.

연극의 전체적인 포맷은 리포터가 각 나라를 돌아다니며 취재하는 형식이었고, 각 나라 사람들의 문화가 잘 드러날 수 있도록 이야기와 음악, 춤을 구상하였습니다. 모든 학년이 함께 하는 학예회라서 각 모둠 별로 공연 시간은 1분 30초 정도로 짧게 구상하였습니다. 이후에는 대본 연습, 동선 연습, 춤 연습, 녹음, 의상, 무대 세팅 등은 연극 강사의 도움으로 비교적 수월하게 진행하였습니다. 하지만 학예회 공연까지 고려해야 할 것, 수정해야 할 것들이 계속 나와 마지막까지 긴장을 놓을 수 없는 프로젝트였습니다. 다행히도 공연은 큰 실수 없이 잘 끝났습니다. 공연이 끝나고 나니 긴장을 모두 풀고 뿌듯해하는 시간을 가졌습니다.

기억에 남는 수업 장면 Talk

　쉽게 배운 것은 쉽게 잊히지만 어렵게 배운 것은 꽤 길게 머릿 속에 남습니다. 이 프로젝트를 한지 저도 4년 가까이 흘렀음에도 그때의 사진들과 수업 자료들을 보니 새삼 그때의 기억이 새록새록 떠오르니 말입니다. 1달 반을 아이들과 함께 고민하고 긴장한 시간들이었습니다. 지금 생각하면 보호자 공개수업과 학예회를 감히 동시에 할 생각을 어떻게 했을까 싶어요. 떠올려보니 결국 교육과정을 살펴본 데에서 그 힘이 나온 것 같습니다. 교과서 내용대로 그대로 따라가기보다는 성취기준과 큼직큼직한 흐름을 바탕으로 잡고 혼자가 아니라 같은 학년 선생님과 외부 강사 선생님들이 함께 해서 끝까지 해낼 수 있었습니다. 학교 행사가 교사 혼자만의 노력이 아니라 아이들도 함께 만들어가고 끝난 뒤의 성취감을 함께 느낄 수 있는 것이었으면 좋겠습니다.

수업을 닫으며

　'세계'를 주제로 묶을 수 있는 것들은 다 묶어서 수업한 대규모 프로젝트였습니다. 진도는 성취기준을 중심으로 교육과정을 바라보면 많은 것들이 해결됩니다. 교육과정 문해력이라는 말이 있듯, 이제는 교과서가 아니라 교육과정 성취기준과 아이들을 바라보며 우리 아이들이 더 의미있게 행복하게 배울 수 있는 수업은 어떤 것일지 고민해보면 좋겠습니다.

수업흐름도

① [사회] 대륙, 대양, 위치, 영역, 위도, 경도 등 세계와 관련된 기초 개념 익히기
② [창체] 모둠별로 대륙을 뽑고 조사하고 싶은 나라를 정하여 모둠 세우기
③ [사회] 조사할 나라의 대륙, 위도, 경도, 주변 나라, 대양을 적고 판넬 제작하기
④ [사회] 의생활에 영향을 미친 요인을 탐구하고, 판넬 제작하기
⑤ [사회, 미술] 주생활 및 건축물에 영향을 미친 요인을 탐구하고, 대형 건축물 제작하기
⑥ [사회, 실과] 식생활 및 급식에 영향을 미친 요인을 탐구하고 세계 음식 페스티벌 열기
⑦ [체육] 세계 민속 무용 조사하고 익히기
⑧ [음악] 세계 민속 음악과 특징을 조사하고 발표하기
⑨ [국어] 뮤지컬 대본 작성하고 연습하기
⑩ [음악] 뮤지컬에 넣을 음악과 민속 무용 정하고 연습하기
⑪ [사회] 떠나요! 세계여행 학부모 공개수업하기
⑫ [음악] 떠나요! 세계여행 뮤지컬 공연하기

우리가 만드는 수학여행
– 수학여행 공모전으로 수학여행 코스를 직접 만들어봐요 –

핵심 키워드 #수학여행 #학생자치 #주장하는글 #교육과정연계수학여행 #수학여행공모전

성취기준
[6국01-04] 자료를 정리하여 말할 내용을 체계적으로 구성한다.
[6국01-05] 매체 자료를 활용하여 내용을 효과적으로 발표한다.

수업 주제
1) 수학여행 공모전을 위해 수학여행 일정과 그 장소에 가야 하는 이유를 담은 주장하는 글쓰기
2) 매체 자료를 활용하여 발표 자료 제작하기
3) 수학여행 공모전(보호자 공개수업)에서 학부모, 친구들을 대상으로 모둠별 수학여행 코스 발표하고 선정하기
4) 선정된 코스로 수학여행 떠나기

수업 디자인 Talk

 '수학여행'이라는 단어는 학생들에게 6학년을 행복하게 보내게 해주는 설렘과 흥분의 단어입니다. 우리의 어릴 적만 떠올려보더라도 보호자품을 잠시나마 벗어나 친구들과 함께 여행을 다니고 밤을 지새우며 이야기를 할 생각에 설렌 기억이 납니다. 그러나 수학여행 업무를 맡은 선생님의 입장은 또 다릅니다. 학생 및 학부모님들의 만족도와 교육과정을 반영하여 수학여행 일정을 짜는 것, 일정별 예약, 버스 임차, 예

산, 안전사고 예방, 사전답사 등 꼼꼼하게 따져보고 고민하여 결정할 것들이 많아 막중한 고민거리로 다가옵니다. 수학여행이 2학기에 진행되더라도 고려할 것들을 하나씩 처리하다보면 1학기 초부터 업무를 시작해도 어느덧 수학여행이 훌쩍 다가오는 경험을 하게 됩니다.

수학여행 업무를 추진하면서 이런 생각이 들었습니다. '수학여행을 가는 것은 우리 아이들인데, 선생님이 모든 것을 짜고 계획하는 것이 맞을까? 아이들이 수학여행을 직접 계획할 수 있도록 기회를 제공할 수는 없을까?'라고 말입니다. 어렸을 때, 부모님의 손에 이끌려 따라간 여행은 쉽게 기억에서 잊히지만, 나중에 직접 내 손으로 계획을 짜고 실행한 계획은 쉽게 잊지 않는 경험도 이 수업을 계획한 계기가 되었습니다. 그래서 수학여행을 계획하고 교사는 아이들의 계획을 실현할 수 있게 돕는 조력자의 역할을 할 수 있는 수업을 기획하게 되었습니다. 아이들의 계획을 바탕으로 숙소, 버스, 코스별 예약을 하려면 이 프로젝트는 1학기 초에 이루어지는 것이 좋습니다.

제가 근무한 학교의 경우, 1박 2일 서울경기권으로 수학여행하기로 학생·학부모 설문조사를 통하여 5학년 말에 결정을 해놓은 상태였습니다. 6학년에서는 구체적으로 서울경기권의 어떤 장소로 수학여행을 갈지 나머지 의사결정을 하면 됩니다. 학생들에게 처음부터 끝까지 일정을 계획하라고 하면 자료 조사와 의사결정 과정이 너무 복잡해지고, 교육과정과 무관한 장소를 선정하거나, 안전이 보장되지 않거나, 흥미 위주의 장소를 선정할 수 있으므로 교사들이 사전에 학생들이 선택할 수 있는 장소의 예시를 주어 고민의 폭을 줄여주는 게 좋습니다.

수학여행 일정 짜기와 여행이 교육적으로 의미 있는 활동이 될 수 있도록 교육과정과 연계하여 수업할 수 있는 성취기준을 찾았습니다. 국어의 의견을 제시하는 글쓰기와 매체를 활용하여 발표하기를 이번 프로젝트를 통하여 학습할 성취기준으로 삼았습니다. 그 외에도 사회, 국어, 진로 관련 성취기준도 꼽았습니다. 2018년 기준, 6학년 사회 교육과정에서는 근현대사, 민주주의 국가기관, 경제, 통일 등을 다루고 있으므로 수원 화성, 궁, 종묘, 국립중앙박물관, 전쟁기념관, 서대문형무소 역사관, 청와대, 국회의사당 등의 장소를 선정하였습니다. 국어 교육과정 중 문법 관련 성취기준과 연계하여 국립한글박물관, 진로와 관련하여 유명 대학교 탐방을 제시하였습니다. 학생들의 의견 수렴 절차 없이 6학년 선생님들이 함께 의사 결정한 부분도 있었는데 숙소와 버스 임차 부분이었습니다. 숙소 부분도 전체 학생 수용 가능 여부, 안전성, 위생 등이 보장되어야 하므로, 학생들이 알아보기에 적절하지 않을 것으로 예상되어 교사가 미리 예약을 해두었습니다. 또한 세종에서 서울까지 1박 2일로 다녀오게 되므로, 시간을 경제적으로 사용하기 위하여 버스 임차를 하기로 결정하였습니다.

(1) [창체] 수학여행 공모전 안내하기

수학여행 일정에 대한 대략적인 윤곽이 나온 뒤, 사전 안내 자료를 제작하면서 학생들에게 프로젝트 안내를 하였습니다. 사전 안내 자료에는 수학여행 일정과 공모전 소개, 수학여행 장소 최종 선정 방법, 공모전 발표 시 넣어야 할 내용, 심사 조건, 수행평가와 관련된 안내를 하였습니다. 선생님들이 추천하는 코스와 함께 일정표를 비워 넣고 제시하여 학생들이 일정표 빈칸에 원하는 장소를 넣어 발표할 수 있게 하였습니다. 학생들이 정할 장소는 각 모둠원의 인원 수가 되면 좋습니다. 공모전 발표 시, 1인당 1~2장소에 대해 자료를 조사하고 그 장소에 가야 하는 이유를 바탕으로 주장하는 글을 써서 발표할 예정이기 때문입니다. 공모전 발표는 학생과 보호자 모두가 수학여행 공모전 장소 선정에 참여하게끔 하고자 하여, 보호자 공개수업이 예정된 날로 잡았습니다. 학생들이 제작할 수학여행 공모전 자료는 장소에 대한 설명, 선정 이유, 관광지 이동 경로, 소요 시간, 식당 등을 조사하여 제작하도록 하였습니다. 학생들에게 공모전을 다음과 같이 안내하였습니다.

○○초등학교 6학년 학생들은 11월 2~3일 1박 2일로 수학여행을 갑니다. 학생 및 보호자 설문조사 결과 수학여행 장소는 서울경기권으로 정해졌습니다. 구체적인 장소는 여러분이 직접 관광 코스를 짜서 준비하고 체험코스까지 설명하는 공모전을 통해 정하도록 하겠습니다. 공모전에는 4~5인으로 구성된 모둠으로 참가를 하며, 1반 3모둠, 2반 3모둠이 참가하게 됩니다.

즐겁게 즐기고 오는 것도 좋지만 학교에서 함께 가는 수학여행이기 때문에 학습적인 요소도 빠뜨릴 수 없습니다. 따라서 선생님들이 추천하는 코스 중 2개는 꼭 넣어주기를 바랍니다. 그 외의 수학여행 코스는 여러분의 안전이나 교육의 목적에 벗어나지 않는 안에서 자유롭게 넣을 수 있습니다. 공모전 발표는 여러분이 수학여행 코스 중에서 왜 그 코스를 추천하는지 주장하는 글을 쓰고 그 글을 발표하는 형식으로 진행하고 평가하겠습니다.

여러분들이 스스로 준비하고 보고 느끼고 겪는 '여행'을 통해서 여러분이 더 많이 배울 수 있을 것이라고 선생님들은 믿습니다.

1. 공모전 발표일 : 4월 ○○일 ○요일 3, 4교시
2. 선정 방법 : 6학년 전체, 보호자, 선생님 투표
3. 수학여행 코스에 넣어야 할 것
   - 관광지에 대한 설명(위치, 사진, 입장료, 여는 시간, 체험할 것, 관람 소요 시간, 관광지 선정 이유 등)
   - 관광지 이동 경로 및 소요 시간(버스 이용)
   - 식당(식사 메뉴, 가격, 위치)

4. 공모전 심사 조건
   - 추천 여행 코스 2개를 넣었는가?
   - 여행지, 체험거리에 대한 설명이 충분한가?
   - 개인당 예산이 식비(점심 2회), 입장료 포함 4만원을 넘지 않는가?
   - 자료를 적절하게 활용해서 알기 쉽게 발표하는가?
5. 기타 사항
   - 이동은 학교에서 버스를 빌려서 갑니다.
   - 이동 시 소요 시간, 위치 등을 검색할 때에는 네이버 지도나 다음 지도를 활용합니다.
   - 발표 시 자료 활용은 PPT에 사진, 동영상 등 다양한 자료를 활용해도 좋습니다.
   - 검색 엔진 : '서울 수학여행 코스' 또는 '서울 여행지'를 검색하면 다양한 자료가 나옵니다.
6. 평가
   - 공모전 코스에 대한 주장하는 글쓰기 및 주장하는 말하기는 '국어 9. 주장과 근거' 부분 수행평가와 연계됩니다.

우리가 만드는 수학여행 프로젝트

1. 수학여행 장소 : 서울 경기권
2. 우리 모둠원(4~5인 구성)

이름	역할

3. 선생님 추천 여행 코스

사회	1-(2) 새로운 문물을 받아들인 조선	수원 화성
	1-(3) 서민 문화의 발달	국립중앙박물관(1~2시간, 단체 프로그램 신청 가능)
	2-(1) 조선의 개항, (2) 자주독립국가의 선포	경복궁(해설 프로그램, 파수 의식, 단체 프로그램 신청 가능)
		창덕궁(단체 프로그램 신청 가능)
		광화문, 독립문
		종묘
	2-(1) 조선의 개항, (2) 자주독립국가의 선포	덕수궁
	3-(2) 민족의 상처 6.25 전쟁	용산 전쟁기념관
	2-(4) 나라를 되찾기 위한 노력	서대문형무소 역사관 (1시간-도슨트 관람 가능)
	2학기 1-(1) 우리나라의 민주정치	청와대
	2학기 1-(1) 우리나라의 민주정치	국회의사당
국어	6. 낱말의 분류	국립한글박물관
실과	1. 나의 진로	서울대(연세대 또는 고려대) 탐방

○○초등학교 6학년 1박 2일 수학여행 일정표

	첫째날	둘째날
7시	학교 등교 및 서울로 출발 (7:30~10:30)	기상 및 세면
8시		아침식사(08:00~09:00) -호텔 조식 및 출발
9시		
10시		⑤
11시	①	
12시	점심식사 : (　) (12:30~13:30)	점심식사 : (　) (12:30~13:30)
13시		
14시	②	
15시		⑥
16시		
17시	③	집으로 출발! (15:30~18:30)
18시	저녁식사 : (　) (18:00~19:00)	
19시		
20시	④	
21시		
22시	취침 준비, 취침 숙소 : ○○호텔	

Ⅲ. 사이즈별 프로젝트 수업 룩북　　　　　　　　　297

(2) [창체] 공모전 팀 구성하고 팀 빌딩하기

프로젝트 안내 후, 제일 먼저 할 일은 공모전에 함께 참여할 모둠 구성입니다. 모둠은 학생들 사이의 선호도도 중요하지만 모둠 구성원이 고루 능력을 발휘할 수 있도록 모둠 활동에 중요한 협력도나 사회적 역량이 비슷하게 나뉘도록 구성합니다. 모둠 구성 전에 학생들에게도 균형 있는 모둠 구성이 중요한 이유에 대해 충분히 이야기를 하면 큰 불만 없이 학습에 참여하는 모습을 볼 수 있습니다. 이어서 간단한 팀 빌딩 활동을 합니다. 수학여행 공모전 참가 팀 이름과 구호, 목표를 만들고, 필요한 역할을 브레인스토밍하여 역할을 나눕니다. 역할을 명확하게 나누었어도 전체적인 모둠의 목표가 원활히 달성될 수 있도록 서로 도와가며 활동하도록 하고, 무임승차 학생이 나오지 않도록 모둠원끼리 서로 도움을 받을 수는 있지만 맡은 부분을 대신 해주는 것은 안된다고 이야기합니다. 수행평가를 할 때, 모둠 평가를 통하여 모둠 안의 친구들이 팀원이지만 동시에 평가자가 되어 서로의 참여도, 기여도를 평가할 수 있다고도 공지하여 모두가 모둠 활동에 기여할 수 있도록 합니다.

(3) [국어] 매체 자료를 활용하여 발표 자료 제작하기

매체 자료를 활용하여 발표를 하려면 학생들이 자료 수집 및 제작 도구에 익숙해질 필요가 있습니다. 제일 먼저 지도한 것은 온라인 지도를 통한 장소 검색 방법 및 정보 읽는 방법입니다. 학생들의 계획에 현실성을 더하고 여행 갈 장소의 지리감을 익히게 하기 위해서 수학여행 장소의 대략적인 위치, 장소와 장소 사이의 거리를 알 필요가 있습니다. 온라인 지도에서 선생님들이 추천한 장소나 가고 싶은 장소들을 쭉 검색해보고 장소 저장하기 기능을 통해서 장소들의 대략적인 위치를 파악합니다. 장소와 장소 사이의 이동 거리를 알고 싶을 때에는 길

찾기 기능을 활용하면 떨어진 거리, 소요 시간, 경로까지 알 수 있습니다. 캡처하기 기능을 익혀 온라진 지도에서 찾은 내용도 매체를 활용하여 발표 시 활용할 수 있도록 합니다.

이어서 정보 검색 및 수집 방법을 지도합니다. 6학년 학생들도 학생들 사이에 정보 검색 능력의 차이가 많이 나기에 기초적인 방법을 지도하는 것이 필요합니다. 검색 엔진에 어떤 검색어를 넣어야 하는지, 주로 어떤 누리집에 들어가면 믿을 만한 정보를 얻을 수 있는지를 중심으로 지도합니다. 검색어를 통해 검색 후 내가 원하는 정보가 있는지 대략적으로 훑어 읽기를 통해 정보를 파악하고, 내가 원하는 정보가 있을 것으로 예상되는 곳에 접속하여 추가 정보를 탐색합니다.

매체 정보 수집 시 유의점도 함께 지도합니다. 인터넷 정보의 경우, 거짓 정보나 최신 정보인지에 유의해야 하므로, 개인의 체험 글보다는 가능하면 가고자 하는 장소의 공식 누리집을 활용하도록 하였습니다. 개인의 체험 글에서 정보를 얻고자 할 때에는 다양한 글을 읽어보고 그 정보가 사실인지 꼭 확인하고 정보를 수집하도록 했습니다. 수집한 자료는 PPT나 활동지에 기록해 두도록 합니다. 모둠원별로 정보 검색 능력에 따라 1~2장소씩 나누어서 자료 수집을 하게 하였고, 2차시 이상 정보 검색 및 수집 시간을 넉넉하게 제공했습니다. 수업 시간에 시간을 내기 어려울 때에는 과제로 제시하기도 하였습니다. 수학여행 관련한 과제라 그런지 학생들이 자율적으로 잘 탐색해 왔습니다.

장소에 대한 탐색이 끝나면 모둠별로 모여 최종적인 수학여행 일정을 확정 짓습니다. 자신이 조사한 장소에 대한 정보를 모둠 학생들에게 설명합니다. 최종적인 장소 선정은 토의를 통하여 정합니다. 전체적인 일정이 정해진 뒤에는 자신이 맡아서 소개할 1~2곳의 장소를 나누어 선정합니다. 이렇게 개인이 조사하고 발표해야 할 책임을 명확히 하면 모둠 활동 시 무임승차를 막을 수 있습니다.

　모둠별 장소 선정이 끝이 나면 교사가 제시한 PPT 예시 틀을 수정하여 발표를 위한 매체 자료를 제작합니다. 구글 프레젠테이션의 사본 만들기 기능을 통하여 학생들이 기본적으로 조사하고 발표해야 할 예시나 틀을 제공해주면 학생들이 매체 자료 제작을 수월하게 합니다. 교사가 미리 만든 예시 자료로 공모전에서 어떻게 자료를 만들어 발표해야 하는지 보여주면 학생들이 감을 잡기 쉽습니다. 학생들에게 예시나 틀 없이 PPT를 만들게 하면 자료 조사보다 PPT를 예쁘게 꾸미는 데 집중을 하거나 발표로 해야 할 상세한 설명을 PPT에 모조리 넣어 가독성이 나빠 전달력이 떨어질 수 있습니다. 매체 자료 제작 및 활용의 예시를 통해 유의할 점을 미리 짚어준 뒤 매체 자료 제작에 들어가는 것이 효율적입니다. PPT에는 장소별 소요 시간, 입장료, 여는 시간, 체험거리, 장소 선정 이유를 넣게끔 합니다.

(4) [국어] 수학여행 장소와 일정 관련 주장하는 글쓰기
　발표 자료 제작을 하면서 발표 시나리오이자 주장하는 글을 쓰게 합니다. 6학년에서 주장하는 글은 서론, 본론, 결론으로 '형식'을 갖추어야 하고, 주장에 따라 타당한 근거를 갖춘 '내용'을 작성할 수 있어야 합니다. 또 주관적 표현, 단정적 표현, 모호한 표현을 사용하지 않도록 해야 합니다. 학생들에게는 수학여행 장소로 자신이 조사한 장소를 가야 하는 이유에 대하여 주장하는 글을 쓰도록 했습니다. 주장은 자신이 조사한 장소가 수학여행 장소로 선정되어야 한다는 것이었고, 이에 대한 근거는 장소에 대한 자료 조사를 바탕으로 해당 장소가 좋은 이유를 쓰게 했습니다.

　먼저 서론, 본론, 결론에 각각 들어갈 내용을 간략히 쓰게 했습니다. 이어서 서론에는 문제 상황이나 글을 쓰게 된 배경과 주장, 본론에는 그 장소에 가야 하는 이유를 뒷받침 문장과 함께 제시하고, 결론에는 주장과 근거를 다시 한 번 강조하여 자세히 글을 쓰게 하였습니다. 내용 생성 및 조직 단계에서 교사의 피드백이 없이 바로 초고를 쓰게 하면 학생들이 고쳐쓰기 단계에서 할 일이 많아질 수 있으므로, 사전에 또래 피드백 또는 교사 피드백을 해주면 보다 완성도 있는 글이 나올 수 있습니다. 학생의 글 예시를 보겠습니다.

일제강점기를 느껴볼 수 있는 서대문형무소

우리나라는 일본에게 지배를 받았던 힘든 역사가 있습니다. 일본의 지배에서 벗어나기 위해 수많은 사람들이 다치고 죽음을 맞이하며 우리나라를 지켰습니다. 그러나 요즘 6학년 학생들은 우리나라의 역사에 대해 잘 알지 못하고 있습니다. 그래서 우리의 아픈 역사에 대해 알 수 있는 서대문 형무소에 갑시다.

첫째, 서대문형무소는 우리나라를 위하여 고통을 참고 견디신 인물들이 어떤 고문을 당하셨는지 경험해볼 수 있습니다. 서대문 형무소 역사관에는 지하 옥사 사형장이나 고문실이 있어 독립을 위해 애쓰신 분들이 어떤 고통을 겪었는지 알 수 있습니다.

둘째, 서대문형무소에는 우리가 교과서에서 배웠던 인물들을 만날 수 있습니다. 유관순 열사님, 김구 선생님 등 여러 독립 운동가들이 한 일들이 전시되어 있기 때문에 이분들이 얼마나 대단하신 일을 하셨는지 알 수 있습니다.

셋째, 관람 가격이 저렴합니다. 여러 독립운동가들을 만날 수 있는 곳인데도 관람 가격은 700원으로 매우 저렴합니다. 수학여행 예산 안에서 알찬 체험을 할 수 있습니다.

서대문형무소는 일제강점기에 독립을 위해 애쓰신 분들의 고통을 체험해볼 수 있고, 교과서 속 인물들을 만날 수 있습니다. 또 알찬 체험에 비해서 관람 가격이 매우 저렴합니다. 그러므로 서대문형무소를 수학여행 장소로 넣어야 합니다.

주장하는 글을 쓴 후에는 최종적으로 발표 자료와 주장하는 글을 바탕으로 모둠별로 발표 준비를 합니다. 발표는 자신이 쓴 글을 다 읽기보다는 주장과 근거 위주로 간단하게 합니다. 발표 연습 시에는 모둠별로 2번 정도 피드백을 해주는데, 사진, 지도를 활용한다면 발표를 할 때 어느 부분을 손으로 짚을지, 동영상을 활용한다면 어느 정도를 활용할지까지도 피드백합니다.

(5) [국어] 수학여행 공모전 열어 수학여행 코스 발표하기

공모전 날에는 모든 학생들이 발표자이자 평가자로 참여하였습니다. 보호자 공개수업에 맞춰 수학여행 공모전이 열리므로, 보호자들도 심사자로 참여합니다. 발표 전에 어떤 심사 기준으로 심사할지 안내합니다. 심사 기준은 프로젝트 시작 시, 교사가 제시하거나 학습을 진행하면서 학생들이 스스로 찾게 하는 것이 좋습니다. 심사 기준을 미리 제시해주면 학생들이 기준에 맞추어 발표를 준비할 수 있습니다. 체험지가 흥미로운지, 교육적인지, 예산 범위에 맞는지, 이동 동선 등이 실현 가능한지, 자료를 적절히 활용하여 발표하는지, 안전한지 등 다양한 평가 기준이 있을 수 있지만 모든 기준을 바탕으로 심사하기 어렵기에,

〈 수학여행 코스 발표 〉

이 중에서 자신이 제일 중요하다고 생각하는 기준을 2~3가지 골라서 심사하도록 하였습니다.

(6) [국어] 투표를 통하여 수학여행 코스 정하기

모든 발표와 심사가 끝난 뒤에는 1위 모둠을 최종 투표를 통하여 정하였습니다. 1위 모둠의 일정을 바탕으로 수학여행 장소를 정하는데, 예약이 불가능하게 되는 등 불가피한 상황이 있을 때에는 2~3위 모둠의 일정을 참고하여 일부 일정이 변경될 수 있음도 함께 공지하였습니다. 이제 수학여행 업무 담당 교사는 예약, 사전답사 등 실제적인 업무로 들어가면 됩니다.

기억에 남는 수업 장면 Talk

아이들의 삶과 연계되어 있어서 그런지 학생들의 참여도와 관심이 참 높은 수업이었습니다. 교과서나 텍스트 위주로 수업을 진행했더라면 볼 수 없을 그런 열정적인 모습을 이 프로젝트를 통해서 볼 수 있었습니다. 1위를 한 모둠의 일정대로 결정이 되었을 때, 나머지 열심히 준비한 다른 모둠들도 눈에 들어왔습니다. 다들 열심히 학습에 참여했기에 실망한 아이들의 모습도 보이더군요. 1위 모둠의 일정으로 수학여행을 가는 것에는 수긍을 해주었지만 말입니다.

프로젝트가 끝나고 한 참 뒤, 보호자 중 한 분께 이런 연락이 왔습니다. 아이가 자기 모둠이 짠 수학여행 코스가 떨어져서 아쉬워했지만 그 일정 그대로 여행을 다녀오고 싶어해서 주말을 이용해서 가족 여행을 다녀왔다고 말입니다. 이 말을 듣는데 뿌듯했습니다. 아이들이 실제 삶 속에서 적용할 수 있는 지식, 기능, 태도를 가르치는 것이 교육일텐데, 어쩌면 조금은 그 이상적인 모습에 가까이 다가간 것은 아닐까 하고 말입니다.

수업을 닫으며

학생들에게 수학여행 코스를 직접 만들어 보게 하는 것이 교육적으로 의미가 있겠지만 업무 담당 교사에게는 번거로운 일일 수 있습니다. 혼자 계획을 수립해서 학생, 학부모님의 의견을 받는 게 훨씬 빠르고 효율적으로 진행되니까요. 처음으로 이 수업을 기획하고 실천하면서 저 역시 그냥 교사가 짜는 게 더 쉽겠다고 생각한 적도 있습니다. 그렇지만 아이들의 역량을 믿고 실제로 적용할 수 있는 기회를 제공했다는 점에서 의미 있는 수업이었다고 생각합니다. 추후 진행된 학교 운영 위원회에서도 아이들이 수업을 통하여 구성한 일정이기에 학부모위원님이나 교장, 교감 선생님께서도 훨씬 이해를 해주시려고 노력하셨답니다. 처음이라 서툴기는 했지만 그 과정에서 교사 역시 업무와 연계해서 수업을 기획하고 실천해 나가는 능력이 성장할 수 있어서 의미 있었던 수업입니다.

수업 흐름도

① [창체] 수학여행 공모전 안내하기
② [창체] 공모전 팀 구성하고 팀 빌딩하기
③ [국어] 매체 자료를 활용하여 발표 자료 제작하기
④ [국어] 수학여행 장소와 일정 관련 주장하는 글쓰기
⑤ [국어] 수학여행 공모전 열어 수학여행 코스 발표하기
⑥ [국어] 투표를 통하여 수학여행 코스 정하기

에필로그

이민아 디자이너의 Epilogue

    수업 양장점 글을 처음 쓸 때, 벚꽃이 만발한 봄이었습니다. 그런데 어느덧 낙엽이 지고 서늘한 바람이 불고 있습니다. 김수미의 제안으로 책을 쓰기 시작했지만, 이 책의 초고를 쓰면서 내가 책을 쓸 정도로 준비가 되어 있는지 의문이 들어 많이 망설였습니다. 내 수업들이 어디에 내놓고 책으로 길이 남길 만한 대단한 수업은 아니라고 생각했고, 이 글을 읽을 독자들에게 미안한 글을 쓰면 안될텐데 하는 걱정이 앞섰습니다. 옆에서 함께 책을 쓰며 끊임없이 용기를 주고 격려를 해준 김수미의 공으로 책을 끝내 완성하고 나니, 저도 비로소 이 책의 의미를 찾을 수 있게 되었습니다. 이 책은 두 디자이너가 10년간 교실에서 아이들과 애써온 반성과 성장의 기록이라는 것 자체만으로도 의미가 있다는 것을 깨닫게 되었어요. 아이들의 배움과 성장을 돕기 위해서, 부끄럽지 않은 교사가 되기 위해서, 나 스스로를 발견하기 위해서 노력한 그 발자취들을 그저 담담하게 담을 수 있어 글을 다 쓰고 난 지금은 행복합니다.

더불어 기쁜 소식을 전하자면 한 편씩 글을 써가는 사이에 우리 두 디자이너에게 소중한 축복이 찾아왔습니다. 귀엽고 사랑스러운 아기, 라곰이와 까꿍이가 찾아왔어요. 덕분에 이 책을 쓰는 과정은 쉽지 않았습니다. 입덧을 하느라 한동안 책 쓰는 것을 손에서 놓기도 했고, 누워서 책 교정본을 들고 씨름하기도 했습니다. 책의 마무리 작업 중인 지금은 둘 다 아기들이 건강하게 자라주고 있는 덕분에 매일 소중하고 감사한 시간을 보내고 있습니다.

저희 두 디자이너의 수업 양장점은 아가를 돌보느라 잠시 휴점 상태에 들어가게 됩니다. 이 책은 길면 길고 짧으면 짧은 10년간 쌓은 수업 기록을 되짚어보며 휴점을 위한 마음의 준비를 하며 쓴 글이기도 합니다. 온 에너지를 수업 디자인에 쏟았던 이 시기를 되돌아보면서, 우리 열심히 살았다며 스스로 다독해 하기도 하고 칭찬해 주기도 했습니다. 다시 수업 양장점을 개점하게 되면, 이 책을 읽으며 온전히 교사로서 산 삶을 되짚어보며 어떤 수업을 디자인해 볼지 자신감을 얻을 수 있을 거예요. 잠시 교사로서의 삶을 내려놓고, 바쁘고 정신없겠지만 엄마로서의 삶도 힘껏 살아보려 합니다. 엄마가 되고 나면 아이들을 보는 눈이 또 한 번 달라진다는데, 다시 교실로 돌아온 뒤 우리의 수업이 또 어떻게 달라질지도 기대가 됩니다.

다시 교실로 돌아오게 되면 다시 챙겨오고 싶은 세 가지가 있습니다. '배우려는 마음', '꾸준히 기록하는 습관', '일상을 나누는 소모임'입니다. 교실과 아이들은 시시각각 변합니다. 달라지는 교실에 맞춰 새로운 것들을 책과 연수를 통해서 배우고, 아이들로부터, 아이들과 함께 배워나가려는 노력을 계속할 겁니다. 또 내가 부족하다는 마음을 가지고 겸손한 사람으로 끊임없이 성장해 나가려는 모습을 나의 아이와 교실의 아이들에게 보이고 싶습니다.

에필로그

또 어딘가에 기록해두는 습관도 잊지 않고 가져오려 합니다. 교실 속에서는 놓치고 싶지 않은 아이들의 소중한 말 한마디, 수업 중이나 수업이 끝나고 난 뒤의 인싸이트를 기억해두고 싶을 때가 있습니다. 그 소중한 찰나를 기록으로 남겨두면 몇십 년간 장롱에 묵혔다 꺼내 읽어도 즐거운 일기장처럼 읽을 때마다 기분이 좋아지는 경험을 하게 됩니다. 나에 대해 알게 되고 자기 성장을 경험하게 되는 것은 덤이고요. 그래서 일상의 기록을 꾸준히 하는 습관을 계속 간직해 나가고 싶습니다.

마지막으로는 삶을 나누고 함께 성장하는 모임에도 꾸준히 참여할 겁니다. 이 책을 함께 써보자고 먼저 제안해 준 김수미를 포함하여 어린이책을 함께 읽으며 교실 속 삶을 나누는 그들쌤 선생님들, 모임과 나눔의 힘을 알게 해주었고 음악 수업에 대해 나누며 서툰 초임 시절을 함께 나누며 성장했던 세종음악수업탐구공동체 선생님들이 벌써 그립습니다. 또, 옆에서 항상 수업 이야기를 주고받으며 힘이 되어주는 우리 신랑 역시 저에게는 가정 속 훌륭한 수업 모임 친구라, 고맙다는 말을 이 책에도 남겨두고 싶습니다.

무슨 영영 떠나는 사람 마냥 비장하게 글을 쓰고 있는데, 저에게 이 글은 정리이자 다짐의 글입니다. 그동안 교실 속에서 만난 소중한 아이들과의 인연 그리고 소중한 수업의 기록을 정리하며 다시 수업 양장점을 개점할 그 날을 위해 약속의 글을 남깁니다.

이 책을 예쁘게 만들고 꾸며주신 출판사와 책을 쓸 기회를 제공해 준 교육청, 마지막으로 이 글을 읽어주신 독자분들께 소중한 시간 내어주셔서 감사하다는 말씀을 마지막으로 글을 마칩니다.

김수미 디자이너의 Epilogue

원고를 다듬는 마지막 날이었습니다. 이민아가 저에게 물었습니다.

"수미에게 이 책은 어떤 의미였어?"

순간 그간 사랑했다, 놓았다 했던 것들이 머리를 스쳐 지나갔습니다. 교사 생활 첫 3년은 춤추는 일을 가장 사랑했습니다. 방황하던 초임 교사 시절, 학교가 너무 무겁고 힘에 부쳐 학교 밖 공간에서 신체 언어로 나를 표현하는 일에 시간과 에너지를 쏟아부었습니다. 음악과 내 몸이 하나가 되는 일에 집중하다 보면 모든 상념이 사라졌으니까요. 그러다 그 춤을 아이들과 함께 추기 시작했고 아이들을 무대에 세우는 일에서 기쁨과 보람을 얻었습니다. 아이들 발에 처음 슈즈를 신겨주던 날, 방과후 함께 호흡을 맞추던 시간, 그리고 그 아이들이 무대에 선 날이 가장 먼저 떠올랐습니다.

몸으로 나를 표현하는 일만을 영원히 사랑할 것 같았는데 좀 더 어린아이들을 만나고는 인간의 언어 습득 과정에 꽂혀 이를 탐구하는 데에 시간과 에너지를 쏟아부었습니다. 다음 3년은 영어를 가르치는 일을 가장 사랑했습니다. 자기만의 영어 수업 커리큘럼이 있는 선생님들의 교실을 찾아다니고 방학 때도 관련 연수를 듣기 바빴습니다. 그림책을 처음 접한 것도 영어교육의 '도구'로 접하게 되었습니다. 언어 습득의 공통점을 탐구해보려 중국어, 스페인어 공부를 시작하기도 했습니다.

그러다 언어를 '통해' 창조된 아이들의 '세계'에 매력을 느껴 아이들에게 어떤 지적 자극을 줄지 고민하고 아이들의 말과 글을 모아 담는 일에 시간과 에너지를 쏟아부었습니다. 다음 5년은 아이들의 말과 글을 가장 사랑했습니다. 가을이 되면 노랗게 익은 은행잎이 비가 되어 쏟아집니다. 싱싱한 자극을 받은 아이들도 때가 되면 익을 대로 익은 말과 글을 쏟아냅니다. 저는 '아이'라는 나무 아래에서 그저 그 고운 말과 글이 아름답게 휘날리기를 기다리면 됩니다. 긴 시간을 돌고 돌아 어릴 적 제가 가장 사랑했던 읽고 쓰는 일이 지금 교실에서 가장 사랑하는 일이 되었습니다. 이 책은 그 시절의 이야기를 담고 있습니다.

무언가를 얄팍하고 짧게 사랑하는 나에게 실망했던 날들이 많았습니다. 뚝심 있게 한 가지만 오래 사랑하지 못하는 나를 자책했던 날도 많았습니다. 책을 쓰며 10년을 돌이켜보니 하나도 허투루 쓰인 시간은 없었다는 것, 제 사랑의 알맹이에는 '창조하는 삶'이 있었다는 것이 보입니다.

또 나는 언제든 다시 시작할 수 있는 사람이라는 것도 알게 되었습니다. 지금은 말과 글을 가장 사랑하고 있지만 몇 년 뒤에는 교실에 또 다른 무언가를 사랑으로 담고 있을지도 모를 일입니다. 책을 쓰며 저는 얄팍하게 사랑하고 쉽게 포기하는 사람이 아니라 제가 무엇이든 다시 사랑하고 다시 시작할 수 있는 사람이라는 것을 알게 되었습니다.

이민아와 이 책을 쓰면서 우리의 수업이 많은 선배 디자이너에게 빚졌다는 이야기를 했습니다. 이민아보다 먼저 프로젝트 수업에 빠져있던 선배에게 빚지고 김수미보다 먼저 창작하는 수업에 빠져있던 선배에게 빚지고. 교실 문을 열어 수업을 보여주신 선배에게, 먼저 우리 교실 문을 열고 다가와 우리를 격려해 주신 선배에게 많이 빚졌다고요. 앞서며 뒤서며 함께 걸어주신 동료 수업 디자이너에게 감사의 마음을 전합니다. 혹시 이 책이 그 빚을 조금 갚는 의미가 있었으면 좋겠습니다. 다음 디자이너에게 시작할 용기와 작은 영감을 줄 수 있다면 더 바랄 것이 없겠습니다.

저는 책을 내놓는 2022년을 기점으로 잠시 학교를 떠납니다. 다시 학교에 돌아왔을 때 지난 10년처럼 넘치는 마음으로 수업을 사랑하는 삶을 살아갈지는 알 수 없지만 지난 10년처럼 다가올 10년도 사랑하다가 또 사랑하길 쉬었다가 하며 살겠습니다.

초등교사에게 정체성에 대한 고민은 평생 지고 갈 숙제인 것 같습니다. 여러분도 무엇이든 사랑하다, 쉬다 또 사랑하길 바랍니다. 한 인간으로서의 나, 교실 속의 나, 수업하는 나를 계속 고민하는 여러분의 삶을 많이 응원하고 지지합니다.

2022년 10월의 어느 멋진 날,
앞선 디자이너가 다음 디자이너에게

수업 양장점
정성으로 지은 그림책 & 프로젝트 수업 이야기

2022년 12월 15일 초판 1쇄 발행
2023년 05월 01일 초판 2쇄 발행

저자	김수미, 이민아
교정·윤문	전병수

발행인	전병수
편집 디자인	배민정
표지 디자인	은희주

발행   도서출판 수류화개
       등록 제569-251002015000018호 (2015.3.4.)
       주소 세종시 한누리대로 312 노블비지니스타운 704호
       전화 044-905-2248
       팩스 02-6280-0258
       메일 waterflowerpress@naver.com
       홈페이지 http://blog.naver.com/waterflowerpress

값 20,000원
ISBN 979-11-92153-09-4(03370)

이 책은 저작권법에 따라 보호받는 저작물이므로 무단전제와 무단복제를 금지하며, 이 책 내용의 전부 또는 일부를 이용하려면 반드시 저작권자와 도서출판 수류화개의 서면동의를 받아야 합니다.

잘못된 책은 바꾸어 드립니다.